KB266631

취업 면접 리허설

서정운 저

하이비전

취업 면접 리허설

초판 1쇄 인쇄 2011년 9월 20일
초판 1쇄 발행 2011년 9월 27일

지은이: 서정운
교정/편집: 김현미 / 이수영
표지 디자인: 이상근
펴낸이: 서지만
펴낸곳: 하이비전
신고번호: 제6-0630
신고일: 2002년 11월 7일
주소: 서울시 강동구 길동 90-1
전화: 02)929-9313
E-mail: sboaga02@naver.com

값: 13,800원
ISBN 978-89-91209-27-5(13300)

* 저자와 협의하여 인지첨부를 생략합니다.
* 잘못된 책은 바꾸어 드립니다.

취업 면접 리허설

머리말

　취업하기가 그야말로 하늘에 별따기이다. 취업시장의 수요·공급의 불균형은 취업 지망생들에게 젊음과 낭만을 즐길 여유를 허용하지 않아 오로지 취업 준비에만 올인해야 하는 게 현실이다.

　기업들은 예전의 서류전형과 간단한 면접방식에서 벗어나 채용 방식의 다양화와 다단계 절차 등으로 기업 인재상에 맞는 역량있는 지원자를 선발하고 있다. 기업에서 원하는 인재는 스펙이 좋은 사람이 아니라 빠르게 변화하는 대내외 환경에서 창의적이고 능동적으로 업무를 수행할 수 있는 사람이다. 이에 따라 면접의 주 평가 항목도 지원자의 학력이나 스펙이 아니라 인품과 문제해결능력·창의력·조직적응력 등을 직접 측정하기 위해 면접 방법 역시 심층적이며 다양하게 실시하고 있어 면접은 취업 희망 기업 분석을 토대로 맞춤형으로 준비해야 한다.

　면접에서 중요한 것은 '나'라는 상품이 그 기업에 대단히 유용하여 뽑지 않으면 손해볼 것 같은 느낌을 주어야 한다는 것이다. '나'의 어떤 장점, 어떤 역량이 기업에 꼭 필요하며 그것을 면접관에게 어떤 방식으로 보여줄까를 연구해야 한다.

　그런데 많은 취업 준비생들은 면접이 힘든 과정이라는 것을 알면서도 준비를 소홀이 하고 면접에 임하고 있는 것이 현실이다. 이런 지원자들은 대부분 면접관이 '듣고 싶어 하는 말, 알고 싶어 하는 직무에 필요한 능력'이 아니라 '자신이 하고 싶은 말, 보여주고 싶은 능력'만 보여주려고 한다. 준비하지 않은 지원자는 여기에서 어긋나게 되어 낙방하는 것이다.

　본 책에서는 면접에서 임기응변으로 답변하는 방법·요령을 제시하지 않는다. 본 책은 철저하게 기업과 면접관의 입장에서 '기업'이 어떤 조직인가를 이해하고, '기업에서 필요로 하는 인재'는 어떤 사람인지, 어떻게 면접관에게 자신의 잠재력을 보여줄 수 있는지에 대한 방향을 제시하고 있다. 즉 면접관이 알고 싶어 하는 것이 무엇이며, 지원자는 그것을 어떻게 보여줄 것인가에 대한 방법을 제시하는데 충실하고자 했다.

본 책의 특징은 실제 기업에서 20~30분간 진행되는 면접 현장을 리얼하게 재현하고 있다는 점이다. 면접 현장을 보는 듯한 구성으로 자연스럽게 면접 분위기와 답변 스킬을 익히도록 했다. 특히 면접관의 질문과 지원자의 답변에서 양측의 반응과 분위기를 생동감 있게 전달하려고 노력했다.

* 〈40개 직종 면접 리허설〉에서는 직종에 따른 예상 질문과 답변의 예를 들고, 어드바이스를 통해 직종에서 요구하는 답변 스킬을 익히도록 했다.
* 〈117개 질문·답변 리허설〉에서는 모든 직종이 공통적으로 참고할 수 있는 질문을 다루었고, 어드바이스를 통해 자연스럽게 면접 분위기와 답변 스킬을 익히도록 했다.
* 〈18개 집단토론〉은 출제될 가능성이 높은 최근 이슈가 되고 있는 사회문제, 시사문제, 기업 관련 주제를 선정하여 〈찬성·반대의 토론 예문〉을 실었다.

필자는 실전 면접에 대비해 지원자의 자세·사고·답변 방식을 면접관이 원하는 인재에 가깝게 자신을 다듬어갈 수 있도록 실제 면접 상황 재현을 통해 전하고자 노력했다.
독자는 현장감 있는 질문과 답변의 예, 어드바이스를 통해 자연스럽게 분위기와 답변 스킬을 터득하여, 한층 업그레이드 된 면접 역량으로 실전 면접에서 자신감을 갖고 실력을 발휘할 수 있을 것이다.

서정운

CONTENTS

제1장 취업 면접 전략

1. 취업, 면접 준비 어떻게 해야 하나

2. 면접 답변의 포인트

3. 면접 업그레이드 기술

4. 여성 면접 업그레이드 기술

5. 영어면접 예상질문

6. 외모를 업그레이드하라

1. 취업, 면접 준비 어떻게 해야 하나

1. 취업 준비 - 전략과 순서가 중요하다

대충 자신이 좋아하고 잘할 것 같은 일을 생각하고, 입사하고 싶은 기업을 지원해서는 낙방의 고배를 무수히 마시게 될 확률이 대단히 높다. 취업의 전략을 짜고, 전략의 순서대로 충실히 준비해 가야 한다.

그러면 어떤 전략과 순서로 준비를 해가야 할까? 자신이 하고 싶은 일, 남들보다 잘할 수 있는 일을 진지하게 연구해야 한다. 그 다음, 그 직종에서 필요로 하는 실력과 능력을 키우고, 자신이 취업하고 싶은 기업을 미로를 찾듯이 찾아 침착하게 준비하며 한발 한발 그 기업을 향해 전진하여 기업에 도착해야 한다. 마지막으로 자신이라는 상품이 그 기업에 대단히 유용하다는 것을 보여주어야 한다.

취업 준비는 단계적으로 해야 한다. 첫 번째, 자기분석을 면밀히 하고, 두 번째, 적성을 고려하여 미래 유망산업이 무엇인가를 연구해야 한다. 세 번째, 여러 직종 중에서 자신의 적성, 전공, 가치관, 비전을 토대로 자신에게 맞는 최상의 직종을 결정하여야 하고, 네 번째, 자신의 스펙에 맞는 기업을 분석하여 취업 목표 기업을 정해야 한다. 다섯 번째, 취업 목표 기업을 연구하여 그 기업에 맞는 맞춤형 이력서, 자기소개서를 작성하고, 여섯 번째, 자신의 역량을 최대한 보여줄 수 있도록 면접을 준비를 해야 한다.

면접 준비는 기업 분석을 토대로 치밀하게 맞춤형 면접을 준비해야 취업 가능성을 높일 수 있다. 이 여러 과정 중 한 가지만 소홀히 해도 희망 기업에 취업하기는 매우 힘들게 된다.

2. 면접의 목적을 이해하자

기업에서 면접을 실시하는 목적은 기업의 인재상에 부합하는 역량 있는 인재를 뽑기 위해서이다. 날로 치열해져가는 경쟁 환경에서 기업활동을 하기 위해서는 역량 있는 인재를 선발해야 할 필요성이 점점 더 커지고 있는 게 기업의 현실이기 때문이다.

면접은 기업의 이익을 향상시키기 위한 경영전략으로, 몇 명의 인재를 채용하더라도 사업계획, 인재 배치, 코스트 계산, 이익 전망 등을 검토한 후 실시하게 된다.

최근의 채용 경향은 인재육성의 시간과 코스트를 절감하기 위해 바로 실무를 효과적으로 수행할 수 있는 인재를 적극 채용하고 있다. 학력·실력보다는 실무 능력·잠재능력을 평가하고 있다. 이 중에서 가장 중요한 것이 창의력이다. 창의력 있는 사원이 업무도 효율적으로 수행하고, 새로운 트렌드를 선도해갈 수 있기 때문이다.

구직자들은 이러한 기업의 채용 평가 기준의 변화를 염두에 두고 준비한 후 도전해야 성공 가능성을 높일 수 있다.

3. 면접 준비 어떻게 해야 하나

면접 준비, 자기분석에서 시작하라

면접에서 자신을 효과적으로 어필하기 위해서는 자기분석이 선행되어야 한다. 주관적인 판단보다 객관적 판단이 중요하다. 자신은 적극적이라 대체로 모든 것을 잘할 수 있다고 생각하지만 객관적으로는 그렇게 평가받지 못하는 경우도 많기 때문이다.

철저한 자기분석을 토대로 희망 업무·직종·기업을 선정하고 목표를 정하여 준비한 후 취업 현장을 뛰어야 한다. 이를 바탕으로 실전 면접에 앞서 여러 가지 면접 질문과 상황을 대비하고 준비해야 한다.

직종에 대해 연구하라

수많은 직종 중에 자신이 하고 싶은 일이 무엇인가를 깊이 생각하여야 한다. 자신의 인생에 중요한 출발점이므로 신중히 생각하고 판단해야 한다. 직종은 자기분석의 결과를 토대로 결정하는 것이 바람직하다. 즉 성격·적성·가치관·비전 등을 종합하여 결정해야 한다. 일반적으로 취업이 잘되는 직종, 향후 전망이 좋은 직종을 선택하는 경우 적성에 맞지 않아 적응하지 못하고 유턴하는 일이 있을 수 있다. 생산관리·연구개발·마케팅·서비스… 등 수많은 직종 중에서 자신의 적성에 가장 맞고, 좋아하며, 하고 싶은 일, 다른 사람보다 더 능력을 발휘할 수 있는 일이 자신에게 맞는 직종이다.

직종의 선택에 대하여는 바로 면접에서 지원동기와 연관하여 질문받게 되고, 이에 확신과 비전을 갖고 답변하지 못하면 취업의 관문을 통과하기 어렵다.

직종의 선택은 자신이 어떤 일에 종사할 것인가에 대한 문제이고, 다음으로 연구할 것이 업계와 회사연구이다.

회사에 대해 연구하라

직종에 대한 연구를 한 다음에는 그 업계의 회사 중에서 자신에 맞는 회사를 선택하여 연구해야 한다. 기업마다 채용 방식이 다르고, 평가기준이 다양하기 때문이다. 기업철학, 기업문화, 기업이 추구하는 가치 등도 다르다. 목표로 하는 기업을 몇 군데 선택한 다음 각 기업에 맞게 충실하게 준비해야 한다.

업계에 대한 공부를 완벽하게 했다고 생각하는 사람일수록 빠지기 쉬운 함정이 회사연구가 부족하다는 점이다. 이 두 가지는 동일한 것이 아님을 분명히 인식해 두도록 하자. 예를 들어 제1지망 직종의 회사를 3곳에 지원했다고 하자. 모든 회사가 같은 직종이라도 지원동기는 지원회 사에 맞게 준비해야 한다. 반대로 어느 곳이나 통용될 듯한 동기가 있다면 '왜 **사가 아닌 저희 회사입니까'라는 질문을 받을 수도 있다.

적어도 인터넷에 실려 있는 정도의 자료, 즉 설립연도 · 자본금 · 연간 매출액 · 대표자의 이름 · 대략적인 직원 수 · 사업분야 · 제품 및 서비스 등은 알고 있어야 한다. 업계의 동향과 현재 문제점도 자주 묻는 질문이기 때문에 공부해야 한다.

면접에서 다양한 질문을 받게 되지만 면접관이 내심으로 좋아하는 지원자가 있다. 자기 회사에 대해 많이 알고 있고, 준비한 사람이다. 면접관은 자기 회사에 대해 깊은 관심을 가지고, 사전에 철저한 준비를 한 지원자에게 좋은 점수를 준다는 사실을 명심하자.

4. 면접의 스킬을 익혀라

면접은 기업에서 지원자를 파악하기 위한 과정이다. 가치관, 업무수행 능력, 의사전달능력 · 성실성 · 적극성 · 창의성 등이 회사와 직무에 적 합한 인물인가를 판단하는 시간이다.

이러한 면접에서 출신학교 · 성적 · 외국어 실력 · 자격증 등 스펙이 좋은 지원자들이 수없이 낙방하기도 한다. 면접에 대한 자세, 사고의 유연성, 답변의 기술 등에 문제가 있기 때문이다.

면접에는 분명 스킬이 필요하다. 면접관의 눈빛을 읽어내고 그에 맞는 답변을 하는 요령은 바로 질문의 핵심을 읽고 자신의 생각, 경험 등을 짧게 정리(면접관이 원하는 답변)하여 표현하는 방법을 키우고 마지막으로 각오로 마무리하면 된다. 시사상식을 묻는 질문이 아니면 대부분 이 범주에 속하는 답변을 원하는 질문이다.

5. 면접 - 실전연습이 중요하다

자연스러울 때까지 반복 연습하라

실전과 같이 면접연습을 해보라. 아마도 잘되지 않는 부분이 많을 것이다. 더듬거리고, 버벅대고, 잘할 것 같지만 마음대로 되지 않을 것이다. 실전에서는 당황하여 실수도 많이 하게 되고 자신의 생각을 제대로 피력하지 못하는 경우가 많다.

면접에서 지원자는 자신을 최대한 좋게 보이고 싶어 하기 때문에 아무래도 모범적인 답이나 판에 박힌 듯한 답변을 하기 쉽다. 실제 면접에서는 지원자의 위기상황 때의 모습 등을 보기 위해 위압적인 태도를 보이거나 반대로 치켜세우거나 하는 식으로 지원자의 참모습을 끌어내려고 하는 기업도 있다.

결론은 자연스러울 때까지 반복 연습을 하는 것이 최선의 방법이다. 이때 예상질문에 대한 자신의 답변을 200자~400자 정도의 문장으로 만들어 보자. 답변 전체를 외우지 말고 핵심 내용을 메모하여 자연스러운 답변이 되도록 해야 한다. 여기에서의 포인트는 물론 '자기 스타일의 언어구사'이다.

모의면접을 활용하라

모의면접을 많이 한 사람은 답변의 내용도 좋게 마련이다. 그러므로 그동안 연습을 하지 않았다면, 급한 대로 회사를 방문하기 전에 모의면접을 받아보는 것도 좋은 방법이다. 한 번의 모의면접으로 실력이 늘지 않더라도 최소한 자신감 정도는 갖게 될 것이다. 대학에 따라서는 취업상담실에서 모의면접을 주최하는 경우도 있고, 구직자를 대상으로 학원에서 모의면접을 실시하는 곳도 느는 추세이다. 스터디그룹을 만들어 연구하는 것도 좋은 방법이다.

연습 장면을 동영상으로 촬영하여 자세는 어떤지, 옷매무새는 어떠한지, 표정은 밝고 자신감이 있는지, 목소리는 명확하고 크거나 작지 않은지, 시간 내에 자신의 생각을 제대로 표현하는지 등을 살펴보고 많은 연습을 하는 것이 좋다.

면접 연습을 하면서 모범답안을 외우라는 것이 아니라 답변의 스킬을 익혀가며, 사고의 유연성과 표현력을 높이고 분위기에 익숙해지도록 해야 한다.

6. 시사상식을 준비하라

면접 전 최근 이슈가 되고 있는 사안에 대해 공부를 하고 가야 한다. 최근의 사회적 이슈, 업계의 흐름, 시대감각과 논리성을 보는 시사성이 강한 질문을 받을 수 있기 때문이다. 언론 매체나 책을 통해 폭넓게 알고 면접을 준비하는 것이 좋다. 면접 전날과 당일 신문을 읽고 헤드라인을 머릿속에 잘 정리해 두는 것도 잊지 않도록 하자.

7. 선배에게 면접정보를 수집하라

　면접패턴은 회사에 따라 다양하다. 그렇지만 한번 형식이 정해지면, 그 회사는 몇 년간 같은 절차로 면접을 진행해 가는 경우가 많다. 그러므로 지원하는 회사에 선배가 있는지 알아보고, 그 선배가 어떤 면접을 체험했는지 가능한 한 상세히 듣도록 한다. 면접 형식이나 질문 내용도 비슷할 수 있다. 이것도 미리 알아내어 참고하도록 하자.

2. 면접 답변의 포인트

1. 면접관이 듣고 싶어 하는 답변을 하라

면접관의 질문에는 의도하는 바가 있으며 체크 포인트가 있다는 것을 염두에 두어야 한다. 예를 들어 '아르바이트는 무엇을 했는가?'라고 질문하면 대답은 지원자마다 다를 것이다. 사고 방법 · 성격 · 경험 · 표현 방법 등이 모두 다르기 때문이다.

여기에서 중요한 것은 면접관은 어떤 답변을 원하는가이다. 여러 가지를 경험했다고 좋은 점수를 받는 것은 절대 아니다. 단기간의 아르바이트로 세상을 다 알게 된 것처럼 거창하게 말하면 이 역시 좋은 점수를 받지 못한다.

'아르바이트는 무엇을 했는가?'의 답변 예를 보자.

저는 1.물류회사에서 유통아르바이트 · 영어 과외 · 설문지 조사 등 여러 가지를 해보았습니다만, 2.어느 것도 쉽지 않았습니다. 유통아르바이트는 육체적으로 많이 힘들었고, 과외지도는 학생이 알아듣기 쉽게 설명한다는 것이 쉽지 않았습니다. 다른 것들도 나름대로 어려운 점이 있었습니다. 그러나 3.배우고 얻은 것도 많습니다.

이렇게 답변한다면 좋은 평가를 받기 어렵다. 1. 몇 가지를 했는지를 묻는 질문이 아니다. 2. 아르바이트 정도가 힘들다면 회사일은 힘들어 절대 못할 사람이라고 판단할 것이다. 3. 배우고 얻은 것을 구체적으로 말해야 한다. 질문 의도는 어떤 일과 경험을 통해 무엇을 얻었는가가 포인트이다.

동기와 열정, 경험으로 얻은 것만을 간단히 말해야 한다. 이때 에피소드와 함께 열정적으로 일했다는 것을 설명하거나 희망 업무와 연계하여 답변하면 좋은 평가를 받게 될 것이다.

이렇게 면접관이 어떤 의도로 질문하는가를 알아차리고 그에 맞게 답변하여야 한다.

2. 패기 있는 모습으로 면접관의 호감을 사라

첫인상에 승부를 걸어라

면접의 성패 여부는 첫인상이 어떤가에 달려 있다 해도 과언이 아니다. '첫인상이 당락의 50%를 결정한다'는 말이 있을 정도다. 그러므로 맑고 밝고 패기 있는 인상은 무엇보다도 중요하다. 첫인상을 결정짓는 시간은 6~7초라고 한다. 밝은 표정에 약간의 미소가 있는 얼굴이 가장 좋다. 침착하고 바른 자세를 유지하면서 면접관에게 건강한 이미지를 심어주도록 해야 한다. 지나치게 긴장하여 굳어 있는 얼굴이나 어둡고 우울한 표정, 경계하는 듯한 모습은 금물이다. 온유하면서 패기 있는 인상으로 자신에게 호감을 갖게 해야 한다.

자기소개 연습으로 자신감을 키워라

면접에서 빼놓지 않고 나오는 단골 질문이 바로 '자기소개'이다. 자기소개는 보통 1분에서 5분 정도의 제한된 시간에 자유롭게 대답해야 하는 경우가 많기 때문에 어지간한 준비 없이는 자신 있게 표현하지 못한다. 따라서 반드시 면접 전에 자기소개 연습을 확실히 해두는 것이 필요하다. 연습을 통해 자신감을 키우고, 문제점을 고쳐가다 보면 자신감이 생길 것이다.

입사 의지가 강함을 보여주라

강력한 '입사 의지'를 보여주기 위해 답변은 자신감 있게, 적극적이고 의욕적으로 해야 한다. 또 솔직하면서도 설득력 있게 하는 것이 좋다. 밝은 표정에 약간의 몸동작을 가미하여 답변하는 것도 적극적으로 보일 수 있다. 결론은 '이 사람은 우리 회사에서 분명히 무언가를 해낼 사람이다'라는 기대를 심어줄 수 있도록 어필하라는 것이다.

명료하게 말하되 핵심을 말하라

면접관의 질문 의도를 파악하여 명확하게 답변해야 한다. 말하고자 하는 내용의 결론을 먼저 제시하고 설명을 하는 형식이 답변의 내용을 정확히 전할 수 있다. 여기에서 결론이나 핵심을 말하고 설명을 이어가는 과정에서 경험담·구체적인 근거·자신이 성취한 일들을 제시하는 것이 중요하다. 명료하게 답한다고 짧고 밋밋하게 설명을 이어가면 낙방 가능성이 크다는 것을 염두에 두어야 한다. 이때 적절한 경어와 함께 상대가 알아 듣기 쉽게 말해야 한다.

당황하지 말고 성실하게 답변하라

모르는 질문이나 답변이 잘 떠오르지 않을 때에 애써 아는 체하거나 변명을 늘어놓는 것은 절대 금물이다. 당황하여 횡설수설하면 오히려 감점만 커질 뿐이다. 모르면 모른다고 솔직하게 답변하고 더 공부하겠다는 태도를 보이는 것이 좋다. 그러나 조금이라도 알면 아는 데까지 성실하게 답변하고 모르는 부분을 인정하도록 하자. 면접은 한 가지 질문으로 끝나지 않으므로 포기하지 말고 마지막 질문까지 최선을 다해야 한다.

소신과 열정을 최대한 강조하라

대학시절, 또는 졸업 후 지금까지의 전공 · 관심분야 · 활동 내용 · 성취 경험 등을 제시하도록 하자. 이것을 지원분야의 실무능력으로 연결시켜 기업에서 찾는 인재가 바로 자신임을 열정적으로 피력하여야 한다. 소신과 열정이 넘치는 사람은 면접관에게 좋은 인상을 주게 되고 기업은 그런 사람을 필요로 한다.

3. 면접 10계명을 숙지하라

① **결론부터 이야기하라**: 질문과 상황에 따라 다를 수 있지만 결론부터 말한 다음에 설명을 덧붙이면 논지가 명확해진다. 서론이 길면 무슨 말을 하려는 건지 파악하기 어렵고 면접관은 그럴 여유가 없다.

② **말끝을 분명히 하라**: 질문의 요지를 정확하게 파악하고 말끝을 얼버무리지 말고 분명하게 말한다. 말끝을 흐리면 자신감이 없고 우유부단한 사람으로 보인다.

③ **미소 띤 얼굴로 면접관의 눈을 응시하라**: 긴장을 풀고 미소를 지어라. 웃는 얼굴은 인상이 좋아 보인다. 눈을 마주보는 것은 지원자의 자신감과 집중력의 표현이 된다.

④ **외모를 너무 튀게 치장하지 말라**: 면접관들은 신세대가 아닌 경우가 많다. 일반 직무 면접에서 얼굴 화장, 의상이나 헤어스타일이 튀면 부정적인 이미지를 줄 수도 있다.

⑤ **대답하는 패턴을 정하라**: 예(발랄), 한마디로 말씀드리면(결론), 예를

들면(구체적인 예), 이상입니다(끝) 등의 멘트를 적절하게 활용하자.

⑥ **천천히, 또박또박 말하라**: 차분하게 천천히, 그리고 적당한 톤으로 또박또박 말한다. 이렇게 하면 침착한 인상을 줄 수 있다. 말을 빠르게 높은 톤으로 말하면 성격이 급한 사람으로 보일 수 있다.

⑦ **자신감 있는 목소리로 말하라**: 너무 크지 않게 상황에 따라 적당히 큰 목소리가 자신감이 있어 보인다. 목소리가 너무 작아도, 너무 커도 좋은 인상을 줄 수 없다.

⑧ **올바른 경어를 사용하라**: 지원자 또래에서 흔히 쓰는 용어·유행어·속어·비어 등은 사용하지 않도록 한다. 면접은 공적인 중요한 자리이므로 격식을 차리는 것이 좋다. 그렇지 않으면 경박하고 사회에 적응하기 어려운 사람으로 보일 수 있다.

⑨ **난처한 상황은 재치 있게 대처하라**: 난처한 질문이나 예상하지 못한 황당한 말을 들을 경우 당황하지 말고 상황에 맞추어 재치 있게 답변하자. 또한 상황에 맞는 유머는 대화의 윤활유가 된다. 딱딱한 주제를 만나거나 격앙된 토론에 대비해 몇 가지 유머를 준비하자.

⑩ **철부지나 늙은이처럼 보이지 말라**: 잘 보이려고 상황에 맞지 않는 애교를 부리면 철부지로 보인다. 천방지축도 안 되지만 실수하지 않으려는 의도나 점잖게 보이려고 하는 것도 패기가 없고 젊은이답지 않게 보인다.

3. 면접 업그레이드 기술

1. 돋보이는 답변 기술

창의성이 가장 중요하다

최근 잠재력 중에서 창의성이 있는가를 평가하는 기업이 늘어나고 있다. 새로운 아이디어의 발상력이 있는 사원이 업무도 창의적이고 효율적으로 수행한다는 것과 급변하는 환경에서 무엇보다 새로운 발상, 시대를 앞서가는 사고를 하는 인재가 필요하기 때문이다.

기업의 이러한 상황은 면접에서 그대로 적용된다. 즉 돋보이는 답변에서 가장 중요한 것이 '창의성'이다. 모든 질문에 대해 창의적인 답변을 할 수는 없지만 다른 지원자들보다 돋보이는 답변을 한다면 합격은 수월할 것이다. 중요한 것은 면접 장소의 분위기, 이야기의 흐름과 면접관의 질문 의도에 유연하게 대응할 수 있도록 머릿속을 정리하는 것이다. 여기서 드는 예를 참고로 하여 자신에게 맞는 독창적인 답변을 도출하는 방법을 연구하자.

독창적인 대답을 생각하기 위해서는 우선, 앞서 설명한 핵심 포인트를 확실하게 파악하고 있는가의 여부를 확인하는 것부터 시작해야 한다.

① 자신에 대한 객관적인 분석(자신의 욕구)
- 왜, 이 일을 하려고 하는가?
- 왜, 이 회사에 들어가려고 하는가?

- 이 회사에 들어가 무엇을 하고 싶은가?
② 자신에 대한 객관적인 분석(성격 · 적성 · 능력 등의 자기분석)
③ 이 회사를 선택한 중요한 이유
④ 업계연구, 기업연구의 성과

이들 네 가지 종류의 중요한 질문에 대하여 무엇을 화제로 하여 어떻게 자기 자신을 어필 할 수 있는가를 생각해 봐야 한다. 이 작업은 머릿속에서만 이것저것 궁리해서는 잘 정리되지 않는다. 다소 번거롭더라도 한 가지, 한 가지씩 메모 · 정리해두면 나중에 답변의 상호관계를 쉽게 알 수 있으며, 시각적으로도 전체를 이해할 수 있게 된다.

핵심이 되는 화제를 선정하라

어떤 질문이건 답변하기 전에 우선 핵심이 되는 화제를 선정해야 한다. 화제는 자신의 경험 · 사례 · 근거와 열정 등 자기인식과 관련이 있는 내용으로 선정하는 것이 좋으며 또 그 화제를 통한 이야기의 내용이 '자신에게 얼마나 플러스가 되었는가?'를 확실하게 보여줄 수 있는 것이 좋다. 자신이 없는 화제를 막연히 선택하여 날카로운 질문에 답변을 제대로 하지 못하는 어처구니없는 일이 생긴다면 답변을 준비하는 의미가 없다. 이런 식으로 화제를 정했다면, 다음은 자신을 어떻게 어필해 갈 것인가를 생각하도록 한다.

키워드를 강조하라

전하고자 하는 내용의 핵심 단어 즉 키워드는 특히 약간 높은 톤으로 속도를 조절하여 강조한다. 이렇게 하면 인상에 강하게 남는다. 강조하지 않으면 다른 내용에 섞여 부분적으로 전달되어 기억에 남지 않는다.

또한 키워드 전에 '누구보다…' '특별한…' 등 수식어를 동원하여 강조하도록 하자. 다음 이 키워드를 2~3 차례 반복하여 면접관이 확실히 기억하도록 하는 것도 중요하다.

2. 중요 질문 6개 - 업그레이드 기술

그럼 여기서는 면접의 지정곡과 같은 6개의 중요한 질문에 대해 분석하고 그 형식과 패턴을 살펴본 후 과연 어떻게 대답을 해야 하는가를 집중적으로 살펴보자.

(1) 지원하게 된 동기는 무엇인가?

면접관이 만족할 만한 지원동기를 준비하라

어떠한 회사의 면접에서도 반드시 묻는 질문이 있다. 바로 '왜 우리 회사인가'라는 질문이 그것이다. 따라서 면접관은 납득할 때까지 이런 질문을 반복하게 된다.

이때는 '자신에게 있어 좋은 회사인가 아닌가'를 핵심으로 스스로 만족할 만한 동기를 얻어 낼 필요가 있다. 만약 아무래도 지원자가 만족할 만한 희망 동기가 떠오르지 않는다면 그 회사는 지원자에게 '좋은 회사'가 아니라고 하겠다. '상장회사니까', '유명하니까' 식의 브랜드 지향으로 회사를 선택했다면 잘못하는 것이다.

회사선택과 인생관을 연계하라

적성 · 직업관 · 비전 등을 기초로 하여 신중하게 업계연구 · 회사연구를 한 끝에 어떠한 이유로 그 회사를 선택했는가를 말한다면 면접관은 납득할 것이다.

이러한 점을 알기 위하여 면접관은

① 지망을 결정하기까지, 어떤 방법으로 업계연구와 회사연구, 자기분석을 했는가?

② 그 결과 어떤 '자기 나름의 생각'으로 지망을 결정했는가?

이 두 가지를 특히 질문한다. 다른 표현으로 말하자면 '자신을 알고 회사를 안 다음 이 회사에서 무슨 일을 하고 싶은가'이다.

지원의지에 대한 열의를 보여라

지원동기 질문에서 어필할 것은 보다 적극적인 태도로 직종을 좁혀 **회사를 지망했다고 말해야 한다. 그 회사에 지망을 신중히 생각했는가 아닌가는 입사의 열의를 판정하는 기준이 된다. 회사연구와 결론 부분에서 반드시 이 열의에 대한 어필을 해야 한다. 어느 회사를 지망하든 '이 회사에 입사하고 싶다'는 납득할 만한 이유를 설명하는 것이 중요하다.

적절한 사례를 준비하라

면접에서는 많은 지원자들이 동일한 회사를 목표로 하기 때문에 비슷한 답변이 나올 수 있다. 그러므로 보다 창의적인 답변으로 믿음을 주는 것이 바로 사례와 언어 구사력이다, 즉 지원자의 비슷한 체험의 경우에도 거기서 느낀 것, 힘들었던 일, 배운 것 등은 개인마다 다르게 마련이다. 답변을 준비할 때도 이 점을 유념하여 확실히 준비하도록 하자. 그것에 대한 '자기 나름대로의 관점과 의미부여'는 지원동기뿐 아니라 어떠한 질문에서도 창의력을 어필하는 중요한 무기가 될 것이다.

면접관이 싫어하는 유형의 답변을 하지 말라

자기 매뉴얼대로의 모범답변은 물론이고 '장래성', '안전성'을 시작으로 추상적인 언어를 남발하는 것은 면접관이 싫어하는 답변 중의 하나이다. 또한 '사풍(社風)에 끌렸다'란 말도 마찬가지이다. 지원자가 알아본 사풍은 회사안내나 선배로부터의 정보에 근거한 '이미지'에 불과하다. 진정한 사풍은 지원자의 실제 경험에서가 아니면 모르는 것이다. 사풍 외에 '의사소통이 잘된다', '활기가 있다', '분위기가 좋다' 등은 지원자가 회사를 선택할 때의 주관적인 이유이고 면접관이 납득할 만한 객관적인 이유는 될 수 없다. 이처럼 주관과 객관을 확실히 구별하는 것은 지원동기를 생각할 때 매우 중요하다.

(2) 어떻게 회사를 연구해왔는가?

화제를 좁히고 포인트에 집중하라

지원동기 가운데 특히, 회사연구에 핵심 주안점을 두고 '왜 우리 회사인가'를 묻는 질문의 패턴에서 핵심은 역시 '회사에 들어와 무엇을 하고 싶은가'이다. 회사연구에 대한 질문에서는 다음과 같이 답변하는 것이 중요하다.

① 최초로 관심을 갖게 된 이유

② 구체적인 회사연구 · 업계연구 방법

③ 거기서 얻은 것(직종 · 회사에 대한 인식)

④ 왜, 이 회사인가?

⑤ 이 회사에서의 비전은 무엇인가?

위 순서대로 명확하게 답변할 수 있도록 준비해야 한다. 이를 통해

회사에 대한 연구를 토대로 열의를 전할 수 있어야 한다. 가장 관심을
갖게 된 계기와 이유, 자신의 강점을 포인트로 좁혀 답변하도록 하자.

(3) 어떠한 회사들을 지원하였는가?

다른 회사 지원에 대한 답변을 준비하라

면접에서 취업활동의 진행 상태에 대한 질문을 받는 경우도 많다.
예를 들어, 제조회사의 면접에서 이런 질문을 받고, 무역상사 1개사,
유통회사 2개사 등등을 지원했었다고 한다면 어떻게 되겠는가? 아마
면접관은 대충 생각나는 회사를 지원했다고 생각할 것이다.

즉, 확실한 업계·회사연구를 완료한 상태에서 회사를 지망하였는가
를 알고자 하는 것이다. 이러한 것들을 참고로 답변을 준비하도록 한다.

이 회사가 제1지망이라고 말하라

'만약 합격통지서를 이 회사 외에 다른 곳에서도 받는다면~'의 질문에도
마찬가지로 '이 회사가 제1지망'이라고 대답하는 것이 기본이다. 단, 여기
서도 '어째서 이 회사인가'를 답할 수 없다면 제1지망이라고 말한 근거가
애매하게 된다. 이 점도 확실히 답변할 수 있도록 준비해야 한다.

(4) 자기소개를 해보세요

자신을 어느 정도 객관적으로 평가하는가를 본다

면접의 목적은 지원자의 내면·능력·잠재성 등을 파악하여 지원자가
그 회사의 사원으로서 적합한가의 여부를 판단하는 일이다.

한 가지 질문에서 지원자의 많은 것을 알아낼 수 있는 것이 곧 자기소개

에 관한 질문이다. 이 질문에는 지원자를 여러 각도에서 알고자 하는
본래의 목적 외에 지원자가 자기 자신에 대해 어느 정도 객관적으로
파악하고 있는가, 회사를 지망할 때 '자신에 대한 객관적 평가'의 정도를
확인하는 것이다. 사물을 냉정하고 객관적으로 볼 수 있는가, 자기 인식은
확실하게 하고 있는가 등은 회사라고 하는 조직의 일원으로서 적합한지
아닌지를 판단하는 기초가 된다.

자기소개는 자기 PR이다

자기분석을 하고 있는지, 인성·가치관은 어떤지, 꿈을 이루고자
무엇을 어떻게 노력하고 있는가가 평가 항목이다.

지원 분야와 관련하여 도움이 될 수 있는 특별한 경험이나 경력·실
력·재능·감각·포부 등을 면접관의 귀가 쫑긋 설 수 있게 논리적(서론,
본론, 결론)이고, 재미있게 표현해야 한다.

컨셉트를 미리 정하고 면접관에게 각인시킬 수 있는 키워드로 신선하
게 표현하면 좋은 평가를 받을 것이다.

어필할 테마는 한 가지로 집중하라

답변할 때 주의할 점은 지원동기의 경우와 대체로 같다. 특히 다음
사항에 신경을 쓰도록 하자.

① 어필할 포인트는 한 가지, 핵심이 되는 화제도 하나로 좁혀간다.

② 이력서와 자기소개서의 내용과 자기소개의 내용이 모순이 없도록
　구체적인 예를 들어 말한다.

③ 강점은 당당히 어필한다.

④ 지원동기와 희망 직종에 관련된 PR임을 명심한다.

추상적인 말보다 경험, 사례를 중심으로

흔히 면접관을 너무 인식한 나머지 추상적인 자기 PR 즉 '책임감이 강한 성격입니다'라든가 '적극적인 타입입니다'라고 말하는 사람들이 있다. 추상적인 표현을 하기보다 사실적인 내용·근거·사례를 들어 표현하는 쪽이 훨씬 설득력이 있다.

답변의 현장감으로 신뢰도를 높이도록 하라

성격과 장점을 화제로 하는 경우 친구와 선배, 대학교수 등이 지원자에게 했던 코멘트를 활용하면 이야기에 객관성이 있어 신뢰가 간다. 또 체험을 이야기할 때는 면접관이 연상하기 쉬운 최근의 사례를 인용하는 것도 현실성을 높이는 효과가 있다. 이와 같이 자기 PR에서는 대화에 현장감을 높이는 것이 중요하다. 그 외에 구체적인 이름(고유명사)을 넣어 면접관의 기억에 오래 남을 수 있도록 한다든가 강한 인상을 주기 위해 흔하지 않은 표현을 한다든가하는 세심한 테크닉도 중요하다.

(5) 아르바이트를 해본 적이 있는가?

업무에 어떻게 활용할 것인가를 말하라

학교생활에서 동아리 활동에 이어 화제가 되기 쉬운 것이 아르바이트 경험이다.

아르바이트를 화제로 할 때에는 아무래도 일의 내용과 고생한 이야기가 중심이 되기 쉽다. 하지만 면접관은 내용을 중시하지 않는다. 매우 색다른 일이었다면 흥미를 가질지 모르지만, 그것보다 그 일에서 얻은 내용을 듣고 싶어 한다. 따라서 수많은 아르바이트를 경험했다든가 그 일이 힘들었다는 것은 어필 포인트가 되지 않는다. 아르바이트를 한 목적은 그것이 자신에게 어떠한 플러스가 되었는가와 그 플러스를 일에 어떻게 활용해가고 싶은가가 포인트가 되어야 한다.

(6) 우리 회사의 제품, 서비스를 몇 가지 들어보시오

회사에 대해 연구하라

회사에 관한 질문은 지원동기와 연결하여 묻는 경우가 많다. 회사에 대해 알고 있는가를 대부분 체크하는데 거기서 질문이 직업관으로 연결되는 경우도 많다. 또 유사질문과 같이 '~에 대해 어떻게 생각하는가'라는 질문형식도 많다. 구체적인 회사연구의 성과와 그것에 대한 의견을 묻기 때문에 얼버무리면 곤란하다. 이것은 사전에 준비하기 쉬운 항목이므로 반드시 정리해 두도록 하자.

현실적인 지식과 시각으로 연구하라

그 회사·직종에서는 실제로 어떤 일을 하는가, 그 회사의 중요한 라이벌(동업계의 타사) 등은 필수항목이다. 업계의 흐름은 어떤가, 그 외에도 현재 어떤 일이 화제인가, 장래 비전은 일반적으로 어떻게 인식되고 있는가, 어떤 전문용어가 있는가 등 체크할 정보가 많다.

여기에서 주의해야 할 사항은 업무내용에서나 전문용어에서 애매한 지식으로 답변하지 말라는 것이다. 지식을 묻고 있는 만큼, 섣불리 답한다면 오히려 나쁜 인상을 줄 수가 있다. 면접관은 면접의 프로이기 전에 그 회사업무의 프로라는 점을 잊지 않도록 하자.

3. 압박면접을 돌파하는 기술

압박면접은 대응 자세가 중요하다

지원자를 놀라게 하거나 긴장시키거나, 일부러 화를 내게 한다든가 하여 지원자의 반응을 보며 성격, 위기관리능력 등을 파악하고자 하는 면접방식이 '압박면접법'이다. 갑자기 의미심장한 질문을 던지거나 토론을 시작하려는 변화무쌍한 질문도 있다. 곤란한 상황으로 몰고 가 지원자를 함정에 빠뜨려보는 것이다. 이런 질문에 놀라 긴장하고 위축된 상황에서 지원자의 본모습을 보려고 하는 면접의 한 가지 테크닉이다.

따라서 어떠한 압박을 받더라도 성실하게 답변할 수 있으면 합격 가능성이 높게 되고, 감정 조절을 못하고 표정이 변하거나, 당황한다든가 운다든가 하면 실격이다.

압박질문은 침착하게 답변하라

압박면접과 의미가 불분명한 질문이 시작되면, 무엇보다 마음을 단단히 하여 신중한 태도로 답변하는 것이 중요하다. 곤란한 질문이 계속될 수도 있지만 '냉정하게, 솔직하게, 진취적인' 마음으로 성실성·인내력·위기관리능력을 어필하도록 하자. 반대로 다음과 같은 태도는 삼가야 한다.

① 웃으며 얼버무리려 한다.
② 변명을 시작한다.
③ 토론을 시작한다.
④ 위축되어 고개를 숙이거나 잠자코 있다.
⑤ 울음을 터트린다.

이러한 자세를 보이면 단번에 인상이 나빠지게 된다. 어쨌든 면접관은 지원자가 싫어서 그러는 것이 아니다. 오히려 허점이 보이지 않고 유망하게 보이기 때문에 압박을 준다는 가능성을 잊지 말자. 이 과정을 통과해야 합격하므로 침착성을 잃지 않도록 하자.

압박질문의 패턴을 알고 준비하라

① **성적에 문제가 있는 경우**: 성적이 좋은 편이 아니거나 눈에 띄게 성적이 나쁜 과목이 있거나 하면 그 이유와 결점을 커버할 수 있는 플러스 지향의 답변을 준비해 두지 않으면 안 된다.

② **입사의 열의를 묻는 것**: 지원자에게 아무런 잘못이 없는데 갑자기 묻는 패턴이다.

③ **지식 부족과 사전 준비의 결점을 지적하는 방법**: 갑자기 '실력이 없군요' 한다면 누구라도 위축될 것이다. 그래도 지적 받은 부분을 순수하게 받아들이고, 용기를 내어 열심히 답변해야 한다.

④ **매뉴얼 답변임을 지적하여 그 반응을 보는 패턴**: 그것이 지원자가 생각한 독창적인 답변일지라도 이러한 질문이 온다. 자신의 언어로 구사할 수 있는 것이 가장 중요하지만, 그 장소의 분위기에 보조를 맞추는 것도 필요하다.

⑤ **인상에서 압박면접이 시작되는 케이스**: 외모나 성격을 지적하는 것은 참기 힘들겠지만, 여기서 당황하거나 순간적으로 화를 낸다거나 위축되거나 하면 면접관의 술수에 넘어 가는 것이다. 이러한 종류의 질문은 이른바 압박면접이 시작되는 신호이다. 어떠한 식으로 답변을 해도 말꼬리를 잡거나 억지로 토론하게끔 힘든 질문을 계속한다. 침착하게 대처하는 것이 최선이다.

(1) 성적이 좋지 않군요.

- 성적이 안 좋은 이유를 말씀해보세요.
- C학점이 꽤 많은데 공부는 안 했나요?
- 공부보다 동아리 활동이 더 중요하다고 생각했나요?
- 놀기만 했나요?

(2) 아무래도 우리 회사에 맞지 않는 것 같군요.

- 우리 회사 말고도 더 좋은 회사가 있지 않습니까?
- 다른 회사가 맞을 것 같은데…
- 우리 회사에서 떨어지면 어떻게 할 건가요?
- 우리 회사의 일은 무리일 것 같은데요.
- 희망하는 부서가 아닌 부서에 합격된다면 어떻게 하겠습니까?
- *** 씨 성격으로는 그 일이 맞지 않을 것 같네요.

(3) 우리 회사에 대해 아는 게 없군요.

- 그런 것도 모르면서 정말로 회사에 대해 연구를 했다고 말할 수 있습니까?
- **에 대해 생각한 적이 없는 것 같네요.
- 그것도 모르면 도대체 아는 것은 뭐가 있습니까?
- 우리 회사가 몇 번째 지망입니까?
- 그동안 왜 떨어졌다고 생각합니까?

(4) 완전히 매뉴얼 대답이군요.

- 추상적인 답변만 하니까 어떤 사람인지 알 수가 없습니다.
- 답변을 외어온 것 같은데 자신의 생각을 말해보세요.
- 답답하네요. 창의성이 전혀 없어요.

(5) 목소리가 작아 무슨 말을 하고 있는지 알아들을 수가 없네요.

  – 어디 아픈가요?

  – 늦잠 잔 얼굴이네요.

  – 이상한 성격이라고 친구들이 말하지 않던가요?

  – 실수를 많이 하네요. 침착하지 못한 것 같습니다.

  – 인상을 보면 대인관계가 원만하지 않을 것 같습니다.

압박면접을 극복하는 세 가지 키워드

앞서 압박면접을 극복할 때는 '냉정하게, 솔직하게, 진취적으로' 하라고 했다. 그렇다면 그것의 구체적인 의미가 무엇인지 살펴보도록 하자.

① 냉정하라

짓궂은 질문에 대한 압박에 눌려 머리가 멍하게 되거나, 무엇을 말하고 있는지 알 수 없는 혼란상태가 가장 위험하다. 무엇보다도 냉정함을 잃지 않도록 한다. 몇 번이고 심호흡을 하거나, 잠시 사이를 두고 생각한 다음 답변을 하도록 하자.

② 솔직하라

예를 들어 면접관이 심한 태도를 보인다 해도 지원자는 예의를 지켜 솔직하게 대답하면 되는 것이다. 여기서 말하는 순수함은 생각하는 것을 그대로 솔직하게 말한다고 하는 의미와는 조금 다르다. 예를 들어 'C학점이 꽤 많네요' 하는 질문에 생각한 그대로 '단순히 공부를 좀 게을리 해서…'라고 답변한다면 어떻게 될까. 거기서 다음의 '진취적으로'가 포인트가 된다.

③ 진취적으로 답변하라

면접관을 납득시키는 데에는 플러스 지향이 제일 큰 무기가 된다. 성적에 관해 지적 받았을 때 '**에 몰두한 나머지 공부를 소홀히 하게 되었습니다. 하지만 그것을 만회하기 위해 1년 동안 열심히 공부한 결과, *과목 가운데 *과목에 A학점을 받았습니다. 물론 **도 인생에 있어 플러스가 된다고 생각합니다. 이유는… '과 같이 진취적으로 답변을 한다면 단점을 커버할 수 있다.

4. 여성 면접 업그레이드 기술

1. 여성 면접 업그레이드 기술

당황하지 말고 진실하게 답변하라

일상에서는 별 문제가 되지 않으나 취업활동에서 여성이라는 이유로 부딪치게 되는 것이 남녀차별의 벽이다. 취업 과정에서 확실한 형태로 드러나는 것이 바로 면접이다. 결혼·출산·지방근무 등 여자이기 때문에 받아야 하는 여러 가지 형태의 질문은 생각해보면 이치에 맞지 않는 것들이다. 하지만 면접관도 회사의 입장에서 중요한 문제이기 때문에 반복 질문하는 것이다. 물론 그중에는 불합격을 위한 질문도 있지만, 잘 생각하면 여기서 받는 질문은 지원자 자신에게 가장 가까운 문제들일 것이다. 그렇기 때문에 면접을 극복하기 위한 '모범답변'이 아니라, 자신의 문제로서 '진실한 대답'을 해야 한다.

편견과 차별의 문화를 극복하라

차 심부름, 복사 등에 관한 질문도 있다. 기업사회는 남성우월 사회이다. '여자에게 일을 맡길 수 있는가'와 같은 편견들이 있다. 특히 일부 재벌기업이나 오랜 전통의 회사에는 일에 차이를 두고 있는 경우도 있다. 이러한 선입견에서 나온 것이 '차 심부름에 대해 어떻게 생각하는가' 라는 종류의 질문이다. 이러한 질문을 받고 '여성차별이다!'라고 분노하는 사람도 있겠지만 이를 극복할 수 없다면 면접 또한 극복할 수가 없다. 차별문제는 회사에 들어간 후 개선해도 늦지 않다. 우선은 회사에 들어가는 것을 제1의 목표로 삼자.

상대방 입장을 이해하고 답변하라

그 외에도 이상한 질문은 많다. 혼자 생활을 하는가, 출근시간은 얼마나 걸리는가 등은 남자에게는 거의 묻지 않는 질문이라 할 수 있다. 여대를 선택한 사람은 '왜 여대인가'를 묻고 설명을 요구한다.

여기서 차이를 느끼겠지만, 비즈니스 사회에서는 20대의 젊은 사원이라도 이러한 고정관념을 가지고 있는 사람이 많다.

답변을 준비할 때는 면접관이 이러한 생각으로 질문한다는 사실을 그 나름대로의 방식으로 생각했으면 한다.

♠ 여자에게만 묻는 여러 가지 질문 ♧

① **직을 선택한 이유는
② 차 심부름이나 복사 등의 일을 어떻게 생각하는가
③ 지방근무 · 해외 근무가 가능한가
④ 우리 회사는 야근이 많은데, 괜찮은가
⑤ 부모님은 지원자의 취업에 대해 어떻게 생각하는가
⑥ 몇 살까지 일할 수 있는가
⑦ 결혼하면 일은
⑧ 이상적인 결혼관은
⑨ 아이가 태어나면 일은
⑩ 양육과 일이 둘 다 가능하다고 보는가
⑪ 애인이 있는가

⑫ 여성의 사회진출에 대한 의견은

⑬ 커리어우먼에 대해 어떻게 생각하는가

⑭ 우리 회사까지 출근 시간은 얼마나 걸리는가

⑮ 직장에서의 여성의 역할이란

⑯ 여성다움이란 무엇인가

⑰ 집에서는 어떠한 가사 일을 돕고 있는가

⑱ 출근 복장에 대해 어떻게 생각하는가

⑲ 일하는 여성의 차림새에 대한 생각은

2. 질문의 아킬레스 - 결혼을 하면

결혼에 대한 질문에 과잉반응하지 말라

결혼에 대해 물으면, 그것이 짓궂은 질문이라 판단하여 곧 과잉반응을 보이는 지원자가 있다. 이는 기본적으로 지원동기와 업무관계의 질문인 것이다. '아직 결혼할 계획이 없습니다'와 같이 짓궂은 질문을 피하려는 대답은 질문의 의도 그 자체에 대한 대답이 아니지만 피해갈 수 있는 답변이다.

질문 의도에 맞게 답변하라

여러 가지를 질문하지만 면접관이 듣고자 하는 것은

① 결혼을 포함하여 5년 후, 10년 후의 자신의 모습을 확실히 상상할 수 있는가?

② 생활(인생) 가운데 일이 차지하는 비중은 어느 정도인가?

③ 결혼을 이유로 일을 그만둘 것인가, 계속 할 것인가의 문제이다.

경력자로서 역할을 잘할 수 있는 시점에서 회사를 그만 두는 것은 회사로

서 큰 손실이다. 회사는 결혼 후에도 계속 일할 수 있는 사람이 필요한
것이다.

미래에 대한 희망을 토대로 답변하라

결혼이란 것을 아직까지 현실적인 것으로 생각하는 사람은 많지 않을
것이다. 미래는 아무도 모르기 때문에 당연하다고 할 수 있다. 그래도
'잘 모르겠습니다'라는 대답으로 면접관이 납득해 주기를 바라서는 안
된다. 여기서 묻고 있는 장래의 모습은 '정말로 그렇게 될 것인가' 하고는
별개의 문제이다. 말하자면 '현 시점에서 인생의 목표'가 뭐냐는 것을
묻는 것이다. 이것이 확실해지면 답변을 준비하기가 쉬워질 것이다.

남자들과 똑같이 하겠다는 답변이 최상의 답변이다

예를 들어 남자친구가 '있다'고 하면 '데이트하는 날 야간근무를 해야
한다면 어떻게 하겠는가'라는 질문할 것이고, '없다'고 하면 '우리 회사에
는 남자사원이 많은데 잘 어울릴 수 있겠는가' 하고 질문할 것이다.
어떻게 답변하든 바로 의구심을 갖고 관련된 질문이 나온다는 각오로
머리를 풀 회전시켜 답변하도록 하자.

5. 영어면접 예상질문

어학 기준 완화, 회화 능력 중요

면접 강화와 함께 가장 주목받은 채용시장의 변화는 영어면접의 강화
이다. 특히 대기업에서는 글로벌 업무 능력을 지닌 인재를 채용하기
위해 어학실력 평가에 대한 잣대를 높이고, 토익이나 토플로 대표되던
영어시험 또한 영어회화와 실무영어 능력의 평가비중을 높이고 있다.

1. 영어면접의 예상질문

1. 인적사항

① Would you tell me your name? (이름)

② When were you born? (생년월일)

③ Where were you born? (고향)

④ Where is your family from? (본적)

⑤ What is your present address? (주소)

⑥ How many are there in your family? (가족의 수)

⑦ What school did you graduate from? (출신학교)

⑧ Tell me a little bit about yourself, please. (자기소개)

2. 성격

① Do you get along with others?

(남들과 잘 어울리는 편인가요?)

② What kind of personality do you think you have?

(자신을 어떤 성격의 소유자라고 생각합니까?)

③ What are your strong points?

(강점은 무엇입니까?)

④ What do you think your weakness is?

(단점은 무엇이라고 생각합니까?)

3. 경력 / 자격

① Do you have any licenses or other special qualifications?

(어떤 면허나 자격을 가지고 있습니까?)

② Do you have any special skills? (특별한 기술이 있습니까?)

③ Can you make yourself understood in English without too
 much difficulty?

(별 어려움 없이 영어로 의사표현을 할 수 있습니까?)

4. 지원동기

① Why do you apply for this company?

What made you choose this company?

What was it that made you decide to choose this company?

What made you pick this company? (이 회사의 지원동기는?)

② Do you expect you'll be satisfied with this field?

(이 분야의 일에 만족할 수 있을 것 같습니까?)

③ How did you hear about the job?

(우리 회사에서 사원을 모집한다는 것을 어떻게 아셨습니까?)

④ What made you choose a company in this area, instead
 of one in Seoul?

(왜 서울에 있는 회사에 응시하지 않고 이곳에 있는 회사를 택했습니까?)

5. 직업관

① Why do you think we need a job?

(사람은 왜 직업이 필요하다고 생각하십니까?)

② Why are you looking for a job?

(지원자는 왜 직업을 구하려고 합니까?)

③ Tell me what you think a job is.

(직업이란 것을 어떻게 생각하고 계신지 말씀해 주세요)

④ How do you feel about independence?

(지원자에게 자립이란 것은 어떤 뜻입니까?)

⑤ What success do you expect as a professional woman?

(지원자는 직업인으로서 어떤 성공을 바라고 있습니까?)

6. 취미·기호

① Do you have any hobbies?

What kind of hobbies do you have? (취미는?)

② Do you play any sports? (어떤 운동을 하시죠?)

What's your favorite sports? (좋아하는 운동은?)

③ How do you spend your free time?

What do you enjoy doing when you aren't at work?

(여가를 어떻게 보냅니까?)

④ Do you smoke or drink? (술, 담배를 하십니까?)

⑤ What kind of books do you like? (어떤 종류의 책을 좋아합니까?)

7. 학창생활

① What was your major? (전공은 무엇이죠?)

What was your favorite subject at school? (좋아했던 과목은?)

② What was your worst subject? (제일 못했던 과목은?)

③ When you were a student, was there anything you got really seriously involved in?

(학창시절에 어떤 일에 몰두해 본 경험이 있습니까?)

④ Was there any teacher who impressed you very strongly?

(특별히 기억에 남는 선생님이 계십니까?)

⑤ Tell me something about your experiences in high school.

(고등학교 시절의 추억이 있으면 말씀해 보십시오)

⑥ What was the subject of your graduate thesis?

(졸업논문 주제는 무엇이었습니까?)

8. 동아리 활동

① What club activities were you involved in during your school days?

Were you involved in any club activities at your university?

(대학시절에 동아리 활동을 했습니까?)

② And if you were, what did you learn from them?

(동아리 활동을 했다면 거기에서 배운 점은 무엇입니까?)

9. 교우관계

① Do you have any people you'd call really close friends?

(정말 가까운 친구라고 할 수 있는 사람이 있습니까?)

② Would you say you have a lot of friends, or just a few?

(당신은 친구가 많은 편입니까, 아니면 적은 편입니까?)

10. 입사 후의 희망

① What section would you like to work in?

If you enter this company, what department do you like to work in?

(입사 후 어떤 부서에서 근무하고 싶은가요?)

② What starting salary do you want?

What starting salary would you expect?

(초봉은 어느 정도 원합니까?)

③ Do you have any particular conditions that you would like the company to take in to consideration?

(회사에 특별히 바라는 것이 있는지요?)

11. 다른 회사에 지원유무

① Have you applied for (work with) any other companies?

(다른 회사에도 지원하셨나요?)

② If you are accepted at both places, which company will you choose?

(양쪽에 모두 채용되면 어느 회사를 택하겠습니까?)

12. 회사에 관한 지식

① Tell me what you know about our company.

(우리 회사에 대해 알고 있는 것을 말해 보시오)

② Please tell me of your information about our company.

(우리 회사에 대해 알고 있는 것을 말씀해 보시오)

③ Do you know what companies are stockholders in this company?

(우리 회사의 주주들 중에 어떤 회사들이 들어 있는지 알고 계십니까?)

④ What first got you interested in this sort of work?

(이 업계에는 어떻게 해서 관심을 갖게 되겠습니까?)

⑤ Do you know about our share of our products of the market?

(우리 회사 제품의 시장점유율을 알고 있습니까?)

6. 외모를 업그레이드하라

1. 태도와 표정도 중요한 평가요소이다

미국의 심리학자 메라비언의 연구결과에 의하면, 커뮤니케이션에서 표정·몸짓 등 시각언어가 차지하는 비중이 55%이고, 말투·톤·성량 등 음성언어는 38%를 차지하는 데 비해, 말의 내용은 단지 7%밖에 되지 않는다고 한다. 어느 정도는 맞는 말이다. 많은 인사담당자들도 첫인상을 결정짓는 요소로 남성은 표정·눈빛과 눈매이고, 여성의 경우엔 표정·메이크업·눈매라고 말한다. 패기 있는 바른 자세, 웃는 얼굴, 생기 있는 눈, 적절한 보디 랭귀지로 비언어 메시지를 전하도록 하자.

패기 있는 바른 자세

면접관에게 공손히 인사하고 자리에 앉으라고 할 때 자리에 앉아야 한다. 앉을 때는 가슴은 활짝 펴고 등뼈를 의자에 대고 허리를 바로 세운다. 다리는 가지런히 모으고, 손은 양다리에 살짝 올려 놓는다. 경직된 자세가 아니라 바른 자세이어야 한다.

상쾌하게 웃는 얼굴

면접실에 웃는 얼굴, 밝은 표정으로 입실하면 첫인상이 매우 좋아진다. 면접 중에 비록 어려운 질문을 받아도 웃는 얼굴은 유지하도록 하자. 그러면 인품, 인성의 평가가 좋아지고 정신력이 강한 이미지를 줄 수 있다. 인사담당자들이 가장 싫어하는 스타일이 무표정한 지원자이다.

열의 넘치는 아이콘택트

눈은 열의를 가장 강력하게 전할 수가 있는 무기로, 면접관의 마음을 크게 움직이고 호감을 갖게 할 수 있다. 반대로 시선을 맞추지 않으면 자신이 없는 것인지, 혹은 거짓말을 하고 있는 것은 아닐까 의심할 수 있으므로 특히 주의해야 한다.

분위기에 맞는 적절한 보디 랭귀지

밝은 목소리, 말투의 적절한 강약이 필요하고, 중요한 말에서는 적절한 동작으로 몸짓이나 손짓을 가미하고, 눈빛·표정으로 강조하면 전달의 효과가 높아지고 좋은 인상을 줄 수 있다.

2. 외모의 세심한 곳까지 신경 써라

면접에서는 '외모'도 중요하다. 특히 성공적인 면접을 위해서는 그 회사에 대한 연구와 질문, 답변의 사전준비 등 '소프트웨어'가 중요하지만 옷·가방·외모 등 '하드웨어'도 많이 신경을 써야 한다. 왜냐하면 면접관이 갖는 첫인상은 면접 진행 중에는 물론, 채용 여부의 최종 판단에까지 영향을 주기 때문이다. 첫인상은 주로 '하드웨어'로 판가름난다.

외모에서 가장 중요한 것은 깔끔하고 단정한 인상과 신뢰감, 호감을 줄 수 있는 옷차림이다.

평소에는 문제가 되지 않는 것들이 때로는 면접관에게 나쁜 인상을 심어준다. 닦지 않은 구두·헝클어진 머리·딸랑거리는 장신구·바지에 맞지 않는 양말·색상 조화가 맞지 않는 옷·너무 큰 액세서리·색깔 있는 긴 손톱 등은 종종 조직생활에 부적합한 사람으로 평가될 수 있다.

너무 튀는 옷은 입지 말라

개성·창조성·연출 등을 강조하는 예술 등 일부 분야 외에는 유행 중인 대담한 패턴이나 튀는 색깔의 옷은 오히려 면접관의 관심을 본인 외에 딴 데로 돌릴 수 있다. 약간 보수적이고 관례적인 옷이 좋다. 단 광고·디자인·연예계 등의 전문 직종은 개성연출이 필요한 직업이므로 노타이나 센스가 돋보이는 트렌디한 옷차림을 시도할 만하다. 칙칙한 색보다는 밝은 색상으로 자연스런 멋을 풍기게 하는 것도 좋다.

본인의 스타일에 맞는 정장이 무난하다

대기업이나 공사와 같이 보수적인 분위기의 기업은 클래식하고 단정한 스타일이 어울린다. 대기업 면접에는 단정하고 자신감이 넘쳐 보이는 복장과 태도가 가장 중요하다. 가끔 정장을 입어보는 것도 좋은 방법이다. 면접관에게 잘 보이려고 자신이 평소 입던 스타일과 너무 다른 옷을 갑자기 입으면 스스로 심리적으로 불편해져서 면접을 망칠 수 있기 때문이다. 일반 기업의 면접에는 본인의 평소 옷 입는 습관에서 너무 벗어나는 복장은 피하는 것이 좋다. 단, 평소 입는 활동하기 좋은 옷보다는 조금 더 의례적인 복장이 좋다.

본인을 돋보이게 할 수 있다면 옷에 투자하라

비싼 새 옷이라도 면접을 위해 필요하다면 투자할 만한 가치가 있다. 맵시있는 옷은 본인을 돋보이게 함과 동시에 스스로에게도 자신감을

주기 때문이다. 물론 새 옷을 살 때는 회사의 분위기를 적절하게 감안해야
한다.

특히 남자의 경우 넥타이가 옷맵시 못지않게 중요하다. 멋진 넥타이
하나가 돋보이게 하기도 하고, 반대로 어울리지 않는 넥타이 하나가
전체 외모와 이미지를 망칠 수도 있다.

매일 다른 옷을 입는다

면접이 하루에 끝나지 않고 며칠에 걸쳐 진행된다면 되도록 그때마다
다른 옷을 입는 게 좋다. 면접 보는 날마다 새로운 옷을 입게 되면,
적극적이고 참신한 이미지를 줄 수 있기 때문이다. 만일 사정상 같은
옷을 입을 수밖에 없다면 적어도 셔츠나 넥타이, 블라우스, 스카프라도
바꾸는 게 좋다.

종교 · 정치 · 학교 관련 액세서리는 피하라

특정한 종교 · 정치 · 단체 · 학교 등에 관련된 어떠한 것(반지 · 배
지 · 넥타이 · 액세서리 등)도 착용하지 않는 것이 좋다. 이것은 면접관이
혹시 갖고 있을지 모르는 특정 집단에 대한 부정적 편견으로부터 본인을
보호하기 위한 예방책이다. A대학에 대해 부정적 인식을 지닌 면접관
앞에서 A대학의 졸업반지를 보라는 듯이 끼고 면접에 임한다면 도움이
될 리가 없지 않은가.

가방은 작고 좋은 것으로 한다

가방을 가지고 갈 경우에는 가능한 한 작고 좋은 것을 갖고 가자.
신경 써야 할 것을 하나라도 줄이려면 가방은 가급적 지참하지 않는

것이 좋지만, 이력서나 자기소개서, 기타 면접 자료 때문에 꼭 필요하다면 얇고 작으며 좋아 보이는 것을 택하는 편이 안전하다.

사소한 것도 신경을 써야 한다

이 외에도 면접에서 유념해야 할 것들이 많다. 먼저 여성을 위한 충고 5가지. '액세서리는 요란하지 않고 심플한 것으로 고르라', '되도록 비즈니스 정장이나 보수적 드레스를 입어라', '소위 섹시해 보이는 옷을 피하라', '화장을 진하게 하지 마라', '진한 향수는 쓰지 마라'

남성을 위한 5가지. '흰색이나 엷은 청색 등 단색의 셔츠를 입어라', '약간 보수적인 색상의 세련된 넥타이를 매라', '결혼반지 외의 반지는 끼지 마라', '면접 중에 양복 상의를 벗지 마라', '향수나 냄새가 진한 로션을 바르지 마라'

* 본 장에서는 실제 기업에서 20~30분간 진행되는 면접 현장을 리얼하게 재현하고 있다. 면접 현장을 보는 듯한 구성으로 자연스럽게 면접 분위기와 답변 스킬을 익히도록 했다.

* 특히 40개 직종의 면접 재현에서 면접관의 질문과 지원자의 답변에서 양측의 반응과 분위기를 생동감 있게 볼 수 있을 것이다.

면접 리허설 1

면접관: 아침식사는 하고 오셨습니까?

지원자: 아닙니다. 그냥 왔습니다.

면접관: 아~ 예.

Advice ①지원자의 긴장을 풀어주기 위한 질문으로 '예' 하고 간단히 답변하는 게 좋다. 이렇게 답변하면 시간 관리를 잘 못하거나, 게으른 형으로 판단할 수도 있다.

면접관: 1분 동안 자기소개를 해주세요.

지원자: (굳은 표정에 경직된 목소리로) 마케팅 업무에서 늘 새로움을 추구하고 싶은 새롬이 ***입니다. 저는 마케팅에서 중요한 고객의 needs 파악에서부터 제품, 시장, 홍보에 이르기까지 복잡다단한 업무를 자신 있게 수행할 수 있도록 준비를 해 왔습니다. 학부 전공을 통해 경제적 이슈 분석 및 시장 분석과 예측에 대한 공부를 해왔고, 홍보, 영업전략에 필요한 리서치 능력과 기획력이 있습니다. 마케팅에는 새로움이 있어야 하고, 저에게는 그 새로움을 만들어갈 수 있는 역량과 열정이 있습니다.

Advice 자기소개나 지원동기 등을 말할 때는 면접관이 듣기에 신선한 키워드로 시작하는 것이 좋다. 면접 시작 1분 정도의 첫인상이 중요하다. 첫 질문의 자기소개는 답변의 내용도 중요하지만, 표정, 말투, 자세에 신경을 써야 한다.

면접관: 마케팅 분야를 지원한 동기를 말씀하십시오.

지원자: 저는 슈퍼나 마트에 가면 습관처럼 같은 종류의 상품 중에서

잘 팔리는 상품과 잘 판매되지 않은 상품을 비교하곤 합니다. 대부분 두 부류의 상품의 차이는 마케팅의 차이에 있다고 생각해왔습니다. 저의 이런 분석력과 기획력을 살릴 수 있는 분야라고 생각하여 지원하였습니다.

Advice 지원동기는 자신의 적성과 지원한 분야를 결정하게 된 계기나 노력을 설득력 있게 피력해야 한다. 이런 답변으로는 좋은 평가를 받기 어렵다. 아르바이트를 하면서 이 분야가 괜찮겠다고 생각하였다는 등의 단순한 동기를 말해서도 안 된다. 또한 다른 사람의 지원동기를 자기 것으로 답변하게 되는 경우도 면접관이 간파할 가능성이 많다.

면접관: 우리 회사 상품으로 말씀해보십시오.

지원자: 귀사의 음료수는 잘 판매되고 있는 <u>것으로 알고 있습니다</u>. (잠시 생각하다 더듬거리며) 최근 음료수의 트렌드는, 저~ 음료수의 <u>트렌드는 웰빙과 새로운 맛</u>이라고 생각하는데, 음~ 바로 그 빠르게 변화하는 트렌드에 한발 앞서 소비자의 입맛에 맞는 음료수를 감각적인 디자인으로 담아낸 제품을 출시하고 있다고 생각합니다.

Advice 억지로 멋진 말로 표현하려고 하기보다 진솔한 표현으로 마음을 담아 메시지를 전하자. '~한 것으로 알고 있습니다' '~인 것 같습니다' '기억됩니다'와 같이 확신 없는 표현보다는 '~ 판매되고 있습니다'와 같이 단정적인 표현을 하도록 하자.

면접관: 우리 회사에서 최근에 출시한 상품이 무엇인지 알고 있나요?

지원자: 비타민 아이스티입니다.

면접관: 그건 3개월 전에 출시된 음료수입니다.

지원자: 죄송합니다. 잘 모르겠습니다.

 지원 기업의 취업 의지를 가늠하려는 질문으로 지원 기업에 대해 많은 연구를 하고 가야 이런 질문에 답할 수 있다. 그 상품을 알면 '마셔보았는가? 느낌은 어떠했는가?' 물을 것이고 이에 답한다면 좋은 평가를 받게 될 것이다.

면접관: 면접 준비를 많이 한 것 같은데 긴장을 많이 하고 있어요. 긴장을 풀고 편안하게 답변하세요. 동업종의 많은 회사 중에 우리 회사를 지원한 이유가 있습니까?

지원자: 동업종의 회사 중에는 귀사보다 더 큰 회사도 있습니다만 저는 회사를 규모보다는 성장 가능성과 회사 분위기에 중점을 두고 지원하였습니다.

면접관: 성장 가능성의 기준은 무엇이고, 회사 분위기는 어떻게 생각하셨나요?

지원자: 앞서 말씀 드린 것과 변화하는 트렌드에 맞는 제품을 만들어가는 회사는 성장할 것입니다. 또 그런 회사는 창의성을 중시하는 분위기가 분명히 있을 것이라고 생각했고, 저의 남다른 발상력과 일의 결과를 보는 근성이 잘 맞을 거라고 생각했습니다.

 지원한 회사의 선배 또는 지인에게 회사의 분위기, 상황, 면접 경험 등에 관한 정보를 알고 가는 것이 좋다. 지인이 없으면 회사를 방문해 사원에게 정보를 얻는 것도 방법이다.

면접관: 스타벅스가 성공한 이유에 대해 말씀해보십시오.

지원자: 품질경영, 업무표준화와 마케팅을 들 수 있습니다.

면접관: 스타벅스에서 펼진 마케팅을 구체적으로 말씀해보세요.

지원자: 저… 감성마케팅입니다.

면접관: 어떤 감성마케팅을 말하는가요?

지원자: 사람들이 커피를 마시면서 즐겁고 친밀한 분위기를 느낄 수 있는 감성적인 분위기를 경험하게 한 것입니다.

Advice 이렇게 계속 추궁하는 형식의 질문을 받기 전에 질문 의도에 맞게 설명을 곁들이도록 하자. '스타벅스는 브랜드를 고급화시킴으로써 그냥 커피가 아닌 <u>고급 브랜드 스타벅스 커피</u>를 마신다는 우월감을 선물하는 브랜드 마케팅으로 성공했다'고 해도 된다.

면접관: 최근 토종 커피점이 스타벅스의 점유율보다 높다고 하던데요.

지원자: 죄송합니다. 그건 잘 모르겠습니다.

Advice 면접이 슈퍼맨을 뽑는 자리는 아니지만 공부를 많이 할수록 유리하다. 다양한 분야의 트렌드를 공부하도록 하자. 카페베네는 토종 커피 전문점으로 스타벅스를 누르고 1위에 등극하였다. 단순히 커피를 마시는 공간을 넘어 '도심 속 낭만과 휴식' '복합문화 공간' '디저트 카페'라는 휴식과 문화가 공존하는 생동감 있는 독창적인 카페문화를 창조해내 브랜드 톱을 차지했다.

면접관: 지금까지 지원한 회사는 몇 개이고, 결과는 어떻습니까?

지원자: 예. 5개 회사에 지원해서 낙방했습니다.

면접관: 낙방한 이유를 뭐라고 생각하십니까?

지원자: 처음 두세 개 회사는 너무 쉽게 생각하고 면접에 임했고, 그 다음은 제 적성과 실력을 고려하지 않은 지원을 한 것이 실패한 이유인 것 같습니다.

면접관: 마케팅 업무를 지원했는데 다른 업무를 맡게 된다면 어떻게 하겠습니까?

지원자: 저는 마케팅 업무가 가장 잘할 수 있는 일인데, 우선은 회사 판단에 따라 다른 업무를 익힌 다음 적절한 시기에 마케팅 업무를 수행할 수 있도록 노력하겠습니다.

Advice '희망 직무가 아니라도 입사만 시켜준다면 어떤 일이든 분골쇄신 하겠습니다' 하고 쉽게 희망직무를 포기하듯 말하면 직무에 대한 열의를 의심하게 될 것이다. 간단하게라도 희망직무에 대한 열의나 역량을 보여주도록 하자.

면접관: 파레토 법칙과 롱테일 법칙에 대해 설명하십시오.

지원자: 파레토법칙은 20%의 상품이 총 매출의 80%를 창출하고, 20%의 충성스런 고객들이 총 매출의 80%를 차지한다는 이론으로 예를 들면 20%의 고객이 백화점 전체 매출의 80%에 해당하는 만큼의 쇼핑을 하는 현상을 설명할 때 이 이론을 적용할 수 있습니다. 롱테일법칙은 파레토법칙과는 거꾸로 80%의 '사소한 다수'가 20%의 '핵심 소수'보다 뛰어난 가치를 창출한다는 이론으로 '역(逆) 파레토법칙'이라고도 합니다.

면접관: 질문은 마치고, 하고 싶은 말이나 질문 있으면 하십시오.

지원자: 없습니다.

Advice 지원자는 면접관에게 할 말이 더 있을 것이다. 이때는 묻지 않더라도 '한 말씀 드려도 되겠습니까?' 하고 면접 답변 중에 하지 못했던 자기 PR을 간단히 하여 입사 의지와 열의를 보여 주는 것도 좋은 방법이다. 또 궁금한 것이 있으면 묻는 것도 괜찮다. 단, 직무나 회사와 관련한 질문이 바람직하고, 급여나 근무조건, 복리후생 등의 질문은 피하는 게 좋다.

지원자: (큰 목소리로 허리를 굽혀 인사하며) 안녕하십니까? 32번 김철수입니다.

Advice 목소리는 실내의 크기, 면접관과의 거리에 맞춰 적당한 목소리로 말하는 것이 좋다. 너무 목소리를 크게 하면 듣기에 불편하고, 작게 하면 자신감이 없어 보인다.

면접관: 저희 **건설사를 지원한 동기를 말씀하십시오.

지원자: **건설사는 창립 이후 **년 동안 최고의 기술력과 품질로 한국건설업을 선도해 오고, 세계 **여 개국에서 지구촌 건설을 해 온 회사입니다. 환경중시, 인간중시, 품질중시를 모토로 하는 기업인 **건설사는 제가 정말로 일하고 싶은 기업입니다. 저는 **건설사의 건축시공 분야에서 일하고 싶습니다. 학교 교과과정 중 시공 분야를 중점적으로 공부하였고, 그중에서도 초고층빌딩의 시공과정 및 공법 등을 공부하였습니다.

Advice 이 답변처럼 인터넷에 나와 있는 회사 소개를 인용하고, 단순하게 지원동기를 밝히면 좋은 평가를 받지 못한다. 지원동기는 기업분석 자료를 토대로 지원회사의 강점에 아이디어를 추가하고, 자신이 다른 지원자보다 더 잘할 수 있는 일, 하고 싶은 일 등을 포괄하여 밝히도록 하자.

면접관: 자신의 강점을 말씀해보십시오.

지원자: 책임감과 체계적 정리 습관이 저의 강점입니다. 3개월간 인턴으로 건설현장에서 공무를 보면서 설계내역서, 물량산출, 검측서류, 자재 검수 작성 등의 서류작업을 매일 밤늦게까지 정리하곤 했습니다. 누구도

자료를 쉽게 찾아볼 수 있게 체계적으로 자료를 정리하여 칭찬을 많이
받았습니다.

Advice 경험 등을 사례로 들어 강점을 어필하되 업무에 어떤 도움이
될 수 있는가를 보여주도록 하자.

면접관: 학점이 낮은데 이유가 있습니까?

지원자: 예. 전공 외에는 학점이 좋지 않습니다. 저는 공부보다 외적인
활동에 많이 치중했습니다. 대학 때 많은 경험을 하고 싶어 3개의 동아리
활동과 공연을 하였고, 방학 때는 아르바이트를 했습니다. 여러 가지를
하느라 정신없이 지냈고, 모두 열심히 해서 지금 생각해도 뿌듯합니다.

Advice 학점이 낮다면 미리 답변을 준비하고 가야 한다. 다른 활동 등을
통해서 얻은 것, 배운 것을 당당하게 답변하도록 하자.

면접관: (빈정거리는 말투에 짜증스런 표정으로) 공연하고, 몇 개를
취미 삼아 동아리 활동하며 즐기느라 공부할 시간이 없었고, 그래서
성적은 좋지 않지만 후회하지 않는다 그 말인가요?

지원자: (예상치 않은 질문에 당황하다 큰 목소리로) 예. 후회하지 않습니
다. 대학에서의 공부는 머리로만 하는 공부가 아니라 가슴과 몸으로
하는 공부도 중요하다고 생각합니다. 많은 것을 경험하고 많은 것을
얻었기에 후회는 없습니다. 이제부터는 업무에 필요한 것을 열심히
공부하고, 배우며 살아갈 계획입니다.

Advice '죄송합니다. 많은 것을 경험하고 싶어 소홀했는데, 지금은 후회합
니다' 하거나 변명을 하는 듯이 답변하지 않도록 하자.

면접관: (계속 빈정거리는 말투로) 가슴으로 공부를 했다고 하는데,
봉사활동은 했습니까?

지원자: 여러 가지 활동과 아르바이트를 계속 하느라 봉사활동은 하지 못했습니다.

Advice 빈정대는 듯한 것도 면접 작전의 하나이므로 당황하지 말고 차분히 답변을 이어가야 한다.

면접관: 많은 경험을 했다고 하는데, 해외 경험도 있나요?

지원자: 예. 죄송합니다만 없습니다.

면접관: 희망직무와 관련한 경험은 인턴 3개월이 전부입니까?

지원자: 예. 3개월간 건설현장에서 공무를 담당하였습니다.

Advice 요것밖에 가진 것도, 꿈도 없는 사람처럼 답변해서는 안 되며, 무어라도 갖다 붙여 자신을 PR해야 한다. 앞서 강점에서 인턴에 대한 것을 밝혔기 때문에 다른 강점이나 각오, 계획 중에서 면접관이 좋아할 만한 것을 보여주어야 한다.

면접관: 건설산업을 어떻게 전망하시나요?

지원자: 한국 건설의 버팀목 역할을 해 온 해외건설이 최근 유럽의 금융 불안과 중국 건설사들의 저가 공세로 수주 경쟁력이 약화되고 있고, 대내적으로는 주택시장 장기 침체와 미분양 적체, 공공부문의 발주 물량 감소 등으로 당분간은 어려울 것으로 예상됩니다.

Advice 어느 분야를 막론하고 업종의 흐름과 전망, 대응책 등을 막힘없이 말할 수 있게 준비해야 한다.

면접관: 그러면 어떻게 대응해야 할까요?

지원자: 세계의 선진 및 후진 건설사들로부터 심각한 도전을 받고 있는 국내 건설사들이 샌드위치 신세에서 탈피해 다른 나라에서 하지 못하는, 남이 생각할 수 없는 아이디어와 기술력으로 부가가치와 회사 브랜드를

높여야 한다고 생각합니다. 그러기 위해서는 연구개발에 지속적으로 투자를 늘려한다고 생각합니다.

Advice 대부분 이렇게 추상적이고 막연한 답변을 하는데, 실현 가능성이 낮더라도 아이디어나 기술력에 대해 구체적인 언급이 필요하다.

면접관: (몸을 뒤로 젖히며 격앙된 목소리로) 참~ 답답하시네요. 그렇게 세계 일류가 되기 위한 구체적인 방안이 뭐냐고 물은 겁니다.

지원자: 예. 죄송합니다. 잘 모르겠습니다.

Advice 동문서답도 아닌데 면접관이 화를 내는 것은 지원자에게 정신력 압박을 가해 어떤 반응을 하는지 보기 위해서이다. 한국 건설사들이 경쟁력을 키워야 할 부분을 구체적으로 언급해도 좋을 것이다. 업계 흐름에 대해 많이 공부를 해야만 차별화된 답변을 할 수 있다.

면접관: 건설업 통계에 대해 아는 대로 말씀해보세요.

지원자: 예. (머뭇거리다) 지금은 기억하고 있는 게 없습니다. 더 공부하겠습니다.

Advice 질문에 대해 자신 있게 답변할 수 없으면 아는 체 하지 말고, 이 지원자처럼 '모릅니다' '더 공부하겠습니다' 하고 답변하는 것이 현명하다. 어느 분야이건 대략적인 통계치를 공부하고 가도록 하자.

면접관: 어학 실력은 어느 정도입니까? 이력서에 실용회화 가능이라고 되어 있는데.

지원자: 4학년부터 토익공부를 시작해 지금 열심히 하고 있습니다. 지금도 기본회화는 가능합니다. 3개월 정도 후면 토익 800점대는 가능할 것 같습니다.

면접관: 실용회화를 할 수 있나요? 아니면 기본회화 정도가 가능한가요?

지원자: 아… 예. (자신 없는 말투로) 기본적인 회화는 가능합니다.

Advice 면접관은 이력서와 자기소개서를 자료로 질문을 하게 된다. 여러 회사를 지원하다보면 회사마다 약간씩 내용이 다를 것이므로 회사마다 제출한 복사본과 파일을 관리하여 면접 전에 확인하고 가야 한다.

면접관: 점심을 먹고 나오는 사람들에게 삶은 계란을 판매하려고 하는데 어떻게 하면 될까요?

지원자: 각설이 옷차림에 얼굴에 계란을 상징할 수 있는 분장을 한 다음, 건강한 남녀가 계란을 먹는 모습의 큰 그림을 걸어놓고 신명나게 춤추며 계란 홍보 이벤트처럼 계란을 팔겠습니다. 삶은 계란을 영양가 많고 간편하게 먹을 수 있는 다이어트 간식용으로 홍보하면 많이 팔 수 있을 것입니다.

Advice 순발력을 테스트하기 위한 질문이다. 이런 질문에 정답은 없다. 우물쭈물 머리를 긁적이거나 난감한 표정을 지어서는 안 된다. 순간적으로 머리를 풀 회전시켜 방법을 생각한 다음 자신감 있는 목소리와 표정으로 답변해야 한다.

면접관: 질문은 마치겠습니다. 끝으로 하고 싶은 말이나 질문 있으면 하시기 바랍니다.

지원자: (큰 목소리로) 예. 저는 **건설에 남다른 애정이 있습니다. 입사하게 되면 **건설을 대한민국 1등 건설사로 키우는데 미력이나마 최선을 다하겠습니다. 감사합니다.

Advice 입사의지와 준비된 인재임을 보여줄 수 있는 용기가 있어야 한다. 위와 같이 막연한 자기 PR보다 자신의 PR 포인트 하나를 미리 준비하여 강조하면 좋을 것이다.

업종: 식품업 ‖ 직종: 시각디자인 ‖ 전공: 시각디자인

면접관: 아르바이트는 무엇을 했습니까?

지원자: 레스토랑 서빙, 편의점, 구청에서 행정업무 보조, 전단지 편집, 삽화 그리기 등 5가지 정도의 아르바이트를 했습니다.

면접관: (지나가는 말로)예.

Advice 이 지원자는 여러 가지 아르바이트를 열거하기보다, 지원 업무와 연관된 전단지 편집과 삽화 그리기를 디자인의 중요성과 창의적인 편집, 삽화의 컨셉 등을 어떻게 해서 고객에게 좋은 평가를 받았다고 말해야 한다. 면접관이 더 이상 묻지 않는 것은 질문의 취지도 모르기 때문에 시간 낭비라고 판단했기 때문일 수 있다.

면접관: 본인의 성격을 말씀하십시오.

지원자: 차분한 편이지만 매사에 긍정적이고 활달합니다. 낯을 가리지 않는 편이어서 처음 만나는 사람과도 금방 친해지곤 합니다. 그런가 하면 한번 마음먹은 일은 끝까지 해내고 마는 집요함도 있습니다. 그러나 남에게 싫은 소리를 하지 못하고, 부탁을 거절하지 못하는 단점이 있습니다. 이점이 사회생활에서는 큰 단점이 될 수도 있다고 생각하며, 분명하게 제 의사를 밝히도록 노력할 것입니다.

Advice 성격의 장·단점은 솔직하게 말하는 것이 좋다. 장점을 부각시키고 단점은 개선하려는 노력을 하고 있음을 말해야 한다. '불의에 타협하지 않는 성격입니다'와 같이 사회성이 약한 사람으로 평가될 만한 것은 밝히지 않도록 하자.

면접관: 디자이너에게 가장 요구되는 자질 두 가지를 말씀해보십시오.

지원자: 크리에이티브한 생각과 그것을 시각적으로 표현할 수 있는 디자인적인 감각이 중요하다고 생각합니다. 디자인을 통해 고객과 소통할 수 있도록 사명감을 갖고 일하겠습니다.

면접관: 우리 회사에 대해 아는 대로 말씀해보세요.

지원자: @@사는 올해로 창립 45주년이 됩니다. '고객과 함께 건강과 행복을 추구하는 글로벌 식품기업'이라는 비전으로 ***은 세계 각국에서도 막강 글로벌 브랜드 파워로 자리잡아 가고 있습니다. 일본과 중국시장을 중심으로 동북아, 미주, 동남아, EU시장 등 전 세계 70여 개국에 수출 및 현지 생산되어 인기리에 판매되고 있으며, 한국의 맛을 세계화시키는데 크게 기여하고 있고 있습니다. 2008년 출시된 ###제품에서 보듯이 한 개의 제품을 만드는 것이 아니라 하나의 사업을 일군다는 @@사의 장인정신을 볼 수 있습니다.

Advice 면접하는 회사에 대하여는 인터넷으로 잠깐 훑어보고 가면 답변 내용이 부실할 수 있으므로 연구하고 가야 한다.

면접관: (부드러운 목소리에 얼굴에는 웃음을 띠고 일상적 대화체로 말투를 바꾸어) 우리 회사에 대해 많이 연구하셨네. 취직하기 어렵죠? 뭐가 가장 힘든가요?

지원자: (면접관의 작전을 눈치 채지 못하고 선배와 하는 대화 형식으로 목소리를 낮추어) 보통 좀 면접이 자연스러운 분위기가 아니라서 겁먹게 되기도 하구요 제 실력을 보여주기가 어려운 것 같습니다.

면접관: 그러면 겁먹지 말고 *** 씨의 실력을 보여주면 되잖아요.

지원자: 그건 그렇습니다.

Advice 면접은 다양한 방식을 취할 수 있으므로 지원자는 지원자답게 응해야 한다. 지원자는 환경에 따라 변하는 사람으로 보여질 수 있게 답변하고 있다.

면접관: (다시 본래의 목소리로) 우리 회사 제품의 디자인적인 특징을 어떻게 생각합니까?

지원자: 전에 나온 상품은 강렬한 색상에 상품명을 크게 강조했는데, 최근의 상품은 편안한 색상에 상품명의 글자 크기가 전보다 작고, 서체도 자유로운 느낌으로 저는 최근의 디자인이 소비자에게 더 친근하게 다가가는 느낌입니다.

Advice 지원하는 회사의 제품, 서비스의 종류와 특징 등을 최근의 소비 트렌드로 분석, 설명할 수 있어야 한다. 회사에 따라 자사의 제품을 사용해 본 경험이 있는가 또는 어떻게 생각하는가 하고 묻기도 하므로 시간을 들여 공부하고 가야 한다.

면접관: 자신을 동물에 비유하면 어떤 동물일까요?

지원자: 저는 올빼미에 비유할 수 있습니다. 올빼미는 캄캄한 밤에도 볼 수 있는 좋은 시력으로 오로지 지켜보다가 원하는 것을 발견하면, 소리 없이 의도하는 곳에 정확히 착륙하여 목적을 달성합니다. 저도 목표하는 것이 있으면 집중하여 그것을 이루어 낸다는 점에서 올빼미에 비유하고 싶습니다.

Advice 색상에 비유한다면, 사물에 비유한다면, 식물에 비유한다면 등 유사한 질문을 받을 수 있으므로 미리 생각해보자.

면접관: *** 씨를 객관적으로 평가하면 채용하기가 어려울 것 같은데

지원자: 예? (순간 당황하다) 면접관님! 제가 준비해온 포트폴리오까지 평가하시고 결정해주십시오. 포트폴리오에는 저의 작품들과 제 삶의

역사와 미래, 꿈이 담겨 있습니다. **사에서는 올빼미 눈으로 시장을 보는 제가 꼭 필요한 사람이라고 자신 있게 말씀드립니다. (일어나 포트폴리오를 면접관에게 전달하고 공손히 인사를 한 다음 자리에 다시 앉는다.)

Advice 면접관이 자신에게 우호적이라고 생각하고 있는 차에 이런 황당한 말을 들으면 순간 당황하여 어떤 말도 하기 힘들 것이다. 압박질문으로 대응을 보고 성격, 지원의지, 위기관리능력을 평가하려는 의도가 있을 수 있으므로 침착하게 자신을 PR하도록 하자. 그 회사에 꼭 입사해야 한다고 감성으로 호소하지 말고, 자신을 채용해야 하는 이유, 노력한 근거를 제시하자.

면접관: *** 씨가 지원한 부서는 여직원이 남직원보다 많은데 불편하지 않을까요?

지원자: 여성사원이 많은 것을 몰랐습니다. 그러나 업무에 남녀 직원 수의 비율은 문제되지 않는다고 생각합니다.

Advice 이런 질문은 간략히 답변하는 것이 좋다. 답변을 길게 하다 면접관이 바라던 답변을 벗어나면 화근이 될 수 있기 때문이다.

면접관: 이번에 낙방하게 되면 어떻게 하실 건가요?

지원자: (잠시 멈칫한 후) 낙방을 가정하여 지원하지 않았기 때문에 말씀드리기 어려운데요 낙방하게 되면 더 많이 공부하고 준비하여 다른 회사의 같은 직종에 도전하겠습니다. 저는 **사에 꼭 취업하고 싶습니다. 저의 강점과 실력을 잘 평가해주시기 바랍니다.

Advice 믿거나 말거나 지원회사의 다음 채용 때 재도전한다고 해도 되겠지만 지원자의 솔직한 마음을 당당하게 얘기하도록 하자.

업종: 금융 / 은행 ‖ 직종: 금융사무 ‖ 전공: 경영학

면접관: 은행을 지원한 동기를 말씀하십시오.

지원자: 저의 목표는 최고의 금융 및 증권 전문 컨설턴트가 되는 것입니다. 어느 분야에서든 최고가 되기 위해서는 자신이 하고 싶은 분야에서 부단히 노력해야 한다고 생각합니다. 저는 대학에서 인사 및 금융, 회계, 보험, 조직 등 경영과 관련된 다양한 공부를 하였고, 특히 경제학 연구 동아리에서 금융에 관한 안목을 키웠습니다. 금융 및 증권 분야 관련 자격증도 취득하며 금융 및 증권 분야의 전문 인재로 성장하기 위해 최선을 다했습니다. 금융 및 증권 분야와 관련된 다양한 자격증과 전문지식을 바탕으로 고객의 자산을 소중하게 생각하고, 운용하는 금융 전문가가 되기 위해 지원하였습니다.

Advice 이렇게 추상적인 답변보다는 지원한 은행과 타 은행 상품 분석한 것을 토대로 하거나 이 은행 지점을 몇 군데 들러 직원의 서비스 등을 고객의 입장에서 분석한 것을 토대로 지원동기로 말하면 좋을 것이다. 이때 방문한 지점의 수, 지점명을 구체적으로 밝히자.

면접관: 저희 회사는 은행인데, 지원자는 증권회사가 더 맞을 것 같습니다만.

지원자: 예. 저는 은행과 증권회사 양쪽을 다 준비해서 은행 업무도 자신 있게 할 수 있습니다.

면접관: (화난 듯한 목소리로) 은행과 증권회사가 다른 점이 뭡니까?

지원자: 저~ (더듬거리며) 은행은… (잠시 말을 잇지 못한다)

면접관: 됐습니다.

Advice 지원자는 큰 실수를 했다. 은행 면접에서 은행과 증권회사를 동급으로 여러 차례 말했다. 이 점이 면접관의 기분을 상하게 해 추궁질문을 받은 것이다. 해당 회사만을 두고 답변해야 한다. 자격증 언급은 좋으나 구체성 없이 증권을 반복한 것이 실수이다.

면접관: ***씨에게 특정한 대상층에게 자금을 지원할 수 있는 권한이 주어진다면 어떻게 하겠습니까?

지원자: 경쟁력 있는 부가가치 높은 혁신기술을 보유한 중소기업을 발굴하여 한 분야의 일등 기업이 될 수 있도록 자금을 지원하고, 그런 기업을 지속적으로 발굴하여 **은행을 우량 중소기업 육성은행으로 만들고 싶습니다.

Advice 이 질문에 앞서 면접관이 답변을 제지했다. 이런 상황에서는 순간 멍해져 다음 질문은 답변을 하기 힘들 텐데 지원자는 침착하게 답변을 하였다. 잘못한 것은 잊고 평상심을 찾아야 만회할 수 있다.

면접관: 업무에 도움이 될 수 있는 강점이 있다면 말씀해보십시오.

지원자: 저는 앉아서 고객을 받는 금융인이 아니라 기업을 찾아다니며 금융컨설트를 하는 금융인이 되고 싶습니다. 저는 금융인에게 필요한 기본적 소양은 물론 비즈니스맨의 역량도 갖추었다고 생각합니다. 기업 고객을 개척하여 기업의 자금관리를 컨설트 하고 어드바이스를 해주는 금융컨설턴트가 되는 것이 저의 꿈입니다.

Advice 언뜻 들으면 괜찮은 듯 들리지만 소양, 역량을 근거로 강점을 말하지 않아 점수를 받기 어려운 답변이다. 컨설트, 비즈니스맨, 어드바이스 등과 같이 외래어를 자주 쓰는 것도 면접관에 따라 감점이 될 수 있다.

면접관: 은행의 상업성 추구와 사회적 책임의 방법론에 대해 말씀하십시오.

지원자: 은행은 사회적 책임인 공공성을 실현하면서 상업성을 극대화시키는 금융회사를 지향해야 한다고 생각합니다. 예를 들면 서민계층 및 혁신 중소기업을 발굴하여 미래에 큰 수익원이 될 수 있도록 장기적으로 지원하여, 사회적 책임과 이익을 높일 수 있도록 하고, 이로써 기업 가치를 향상시키고 사회 전체적으로 효용을 증대시키면서 은행의 평판도 높이는 윈-윈(win-win)전략을 꾀할 필요가 있다고 생각합니다.

면접관: 이번에 채용이 되지 않는다면 어떻게 할 생각입니까?

지원자: 저는 누구보다 많은 준비를 했고, 능력이 있다고 생각합니다. 이번에 귀 은행에서 채용하지 않는다면 다른 은행에 인재를 놓치게 될 것입니다.

Advice 능력 있는 인재라는 점을 강조하고자 했지만 면접관이 듣기에 불편하고, 건방지게 들릴 수 있다. 전하고자 하는 메시지를 순화하여 강조하는 스킬을 연구할 필요가 있다.

면접관: 술은 얼마나 마시나요?

지원자: <u>솔직하게 말씀드리면 소주 2병 정도 마십니다.</u> 여럿이 어울리는 분위기에서는 마음 편하게 마십니다. 대인관계에서는 필요하다는 생각을 합니다. 같이 어울려 대화하고 즐기다보면 '우리'라는 공감대가 형성이 되는 것 같고, 오해나 어려운 문제도 허심탄회하게 대화하다 보면 쉽게 풀리는 것 같습니다.

Advice 이런 질문도 긴장한 자세로 답변해야 한다. 개인적 성향은 어떤지, 조직의 분위기에 화합할 있는가를 보기 위한 질문이기 때문이다. 주량이 세다고 좋은 평가를 받지 않음에 유의하자. '솔직히 말씀드리면' 같은 말은 다른 답변은 솔직하지 않다는 말도 되므로 삼가야 한다.

면접관: 자신의 장 · 단점을 2가지씩 말씀해보십시오.

지원자: 장점은 분석적이며 목표지향적인 점입니다. 어느 사물이나 일도 여러 각도에서 생각하고, 목표를 세우면 목표를 이루기 위해 끝까지 최선을 다합니다. 저는 지원 업무와 관련된 자격증을 많이 갖고 있는데 목표지향적 성격으로 이루었다고 생각합니다. 단점은 여유로움이 부족하고, 집착이 강하다는 점입니다. 목표를 넘어 집착하는 듯한 습관을 고치고 자신과 주위를 둘러보는 여유를 가지려고 노력하고 있습니다.

면접관: 취미가 있으면 말씀해보십시오.

지원자: 저는 음악을 감상하는 게 취미입니다. 음악을 들으면 정신이 맑아지는 기분이고 음악의 선율이 제 감성을 자극하여 행복감을 느낍니다.

Advice 여성과의 미팅자리에서는 고상할지 몰라도 면접 답변으로서는 낙방감이다. 업무에 별 도움이 될 수 없는 취미, 특기라도 답변 내용은 업무와 연계시키는 것이 바람직하다.

면접관: 마지막으로 하고 싶은 말씀 있으면 하십시오.

지원자: (서류를 들고) 이 자료는 제가 '학창시절에 창출한 부가가치 일람표'입니다. 동아리활동, 아르바이트를 하면서 15가지를 연구하고 개선하여, 창출한 성과에 대해 아이디어부터 진행과정, 성과, 그로 인해 창출한 부가가치를 정리한 것입니다. 식당, 유통업체 등 9개 직종에 대한 것을 정리하였습니다. 이 자료를 면접관님께 보여드리고 싶습니다.

면접관: 예. 좋습니다. 수고하셨습니다.

면접관: 3분간 자기소개를 하십시오.

지원자: 문학동아리 '등대지기'에서 문학 특히 글쓰기를 많이 했습니다. 등대지기에서 일주일에 한 번 열리는 창작 세미나는 회원들이 쓴 소설이나 시, 수필 등을 발표하고 함께 읽은 후에 합평하는 것이었습니다. 1년에 한 번씩 회원들의 글을 모아 책을 펴냈고, <u>대학신문에서 기자로 활동한 경험도 있습니다.</u> 귀사의 신문을 오랫동안 구독해 오고 있는 저는 귀사의 기자들의 사명감을 엿볼 수 있었습니다. 최선을 다한 노력이 역력한 기사는 독자들에게 믿음을 주기 마련입니다. 그 믿음에 대해 책임질 줄 아는 기자, 현실의 흐름을 정확하게 꿰뚫어 볼 수 있는 기자, 기삿거리라면 물불을 가리지 않고 덤벼들 줄 아는 기자, 이것이 참다운 기자상이자 제가 귀사에서 보여 줄 수 있는 모습입니다.

Advice 3분이면 기자가 되기 위해 노력한 것, 자신의 강점, 꿈을 피력하기에 충분한 시간이다. 1분, 3분, 5분간의 자기소개 연습을 해보자. 또한 면접에서 강조하고 싶은 강점, 경험 등이 있다면 그것을 증명해 보일 수 있는 기사, 작품, 자료 등의 실물을 지참해 면접관에게 제시하도록 하자.

면접관: H기업에서 6개월 인턴으로 근무하면서 배운 것을 말씀해보십시오.

지원자: 회사라는 조직의 메카니즘과 업무별 연계성, 회사원의 마음가짐에 대해 생각하고 배울 수 있었습니다. 특히 선배님들로부터 프로의식을 배울 수 있었습니다.

Advice 기자라면 좀 더 구체적으로 어떤 현장분위기에서 어떤 프로의식을

배웠는가를 전달할 수 있는 능력이 있어야 한다.

면접관: 기자라는 직업을 어떻게 생각하고 지원하셨나요?

지원자: 세상에는 좋은 일도, 나쁜 일도, 불합리한 일도, 예기치 못한 일도 일어나게 됩니다. 가려져 있는 불합리한 문제들을 세상에 알리기 위해서는 적군을 찾아다니는 전쟁터의 병사와 같이 치열한 직업정신으로 기삿거리를 찾아다녀야 합니다. 또한 늘 시간에 쫓기며, 끊임없이 일어나고 있는 사건, 사고, 변화, 이슈 등을 기자정신으로 판단하여 기사를 독자에게 전하고, 그 기사를 독자에게 평가받아야 하는 힘든 직업이라고 생각하고 있습니다.

Advice 일반 지원자들의 평범한 답변이다. 경험이나 특별한 키워드, 사례 등을 들어 지원동기를 밝혀야 다른 지원자들과 차별화된 답변이 된다. 이처럼 쉽게 말로 하는 지원동기가 아닌 면접관의 마음을 끌어당길 수 새로움, 노력한 흔적, 자질을 보여줄 수 있게 미리 준비하자.

면접관: 왜 그렇게 힘든 직업을 지원했습니까?

지원자: 사회 통합과 발전에 장애가 되는 문제들을 객관적으로 분석하여 문제를 제기, 비판, 대안을 제시하여, 갈수록 분열이 심화되고 있는 사회를 통합하고, 발전시키는데 일조하고 싶은 마음에서 지원하였습니다.

면접관: 언론사들이 어렵다고 합니다. 그 이유와 이 시대가 요구하는 기자의 자질에 대해 말씀해보십시오.

지원자: 다양한 뉴미디어의 출현으로 신문 구독자가 줄어든 게 가장 큰 원인이라고 생각합니다. 이런 상황에서 신문사는 컬러를 더 확실하게 하고, 기자는 그 컬러를 분명하게 할 수 있는 전문화된 지식을 바탕으로 종합적인 분석능력을 갖춘 기자들이 필요하다고 생각합니다.

면접관: 기자로서의 자질 3가지가 있다면 무엇을 들 수 있습니까?

지원자: 첫 번째, 싱싱한 기삿거리를 찾아내는 통찰력입니다. 저는 대학신문 기자로 활동하면서 내공을 쌓았습니다. 다음은 취재력입니다. 취재력은 취재원을 얼마나 잘 설득하고, 남다른 정보를 얻는가에 달려 있습니다. 저는 따뜻하면서도 냉철한 마음으로 취재원들을 설득할 자신이 있습니다. 다음은 필력입니다. 대학의 동아리에서, 대학신문 기자로 기본실력을 닦은 예비기자입니다.

Advice 사고의 깊이와 폭, 비판적 사고, 시대정신, 논리성 등 다양하게 생각해 볼 수 있으나 그런 자질이 있다는 것을 본인의 경험담이나 근거로 보여주어야 한다.

면접관: 동아리의 작품이나 대학신문 기사를 지금 볼 수 있나요?

지원자: 거기까지는 생각을 못해 갖고 오지 않았습니다.

Advice 입사 지원서에도 첨부하지 않았고, 자료를 준비하지 않았다면 신뢰 점수는 많이 낮아질 것이다.

면접관: 기자라는 직업의 특성과 본인의 적성은 어떻습니까?

지원자: 사회 흐름을 읽으며 기삿거리를 찾아내고 그것을 사시, 편집방향에 맞게 기사화 하려면 통찰력, 분석력, 비판적 사고력, 치열함, 문학적 소양 등이 있어야 합니다. 저는 힘들고, 어렵더라도 저만의 삶이 아닌 많은 사람들을 위해 할 수 있는 일을 하고 싶고, 그런 일이 적성에 맞는다고 생각하고 있습니다.

면접관: 디지털 미디어와 출판산업을 전망해본다면?

지원자: 디지털 미디어는 날로 진화하는데 비해 출판산업은 정체하고 있다는 생각입니다. 디지털 미디어는 글이나 기사를 내보는 측과 독자의 쌍방향의 커뮤니케이션이 가능하고 기기와 통신의 발달로 책처럼 어디에

서나 볼 수 있게 되면서 시장은 늘어나겠지만 종이 매체만이 갖는 장점이 있기 때문에 출판산업이 급격히 위축되지는 않을 것으로 생각합니다.

Advice 모든 질문에 정답에 가까운 답변을 한다고 합격되는 것이 아니다. 그것은 머리로 하는 답변일 수 있기 때문이다. 가슴에 있는 진실한 마음과 열정, 건강한 몸과 정신을 가능한 데까지 보여주도록 하자.

면접관: 어떤 기사를 쓰고 싶습니까?

지원자: 사회 발전과 통합에 걸림돌이 되고 있으나 가려져 있어 이슈화되지 않고 있는 문제들, 불합리한 문제들을 찾아 기사를 쓰고 싶고, 각계 지도자와 인사들을 만나 보수와 진보, 부자와 빈자, 경영자와 노동자 등으로 분열되어 가고 있는 우리 사회를 통합하고, 건설적 미래를 위한 대안을 제시하는 '비전 대한민국'을 시리즈로 엮고 싶습니다.

Advice '저는 딱딱한 정치 경제 기사보다도 이웃의 이야기, 사람의 정이 느껴지는 주변의 이야기를 쓰고 싶습니다'고 하면 전쟁터에서 이웃, 정에 대해 기사를 쓰려고 하는 지원자로 평가 받기 쉽다.

면접관: 그런 것은 많은 지원자들이 쓰고 싶어 하는 주제인데, 그것밖에 노력을 안했습니까?

지원자: 죄송합니다. 많이 노력하겠습니다.

면접관: 최근의 뉴스나 기사 중 관심이 있었던 건 뭡니까?

지원자: 안철수 원장이 서울시장에 출마한다고 한 후 여야 정치권이 거의 패닉 상태였다는 기사입니다. 기존 정당 정치에 대한 불신이 큰 사람들은 그의 깨끗하고 올곧은 이미지와 경력을 보고 낡은 정치의 틀을 깨주기 바라는 마음에서 지지하는 것 같습니다. 서울시장 후보 여론조사에서 박원순 변호사보다 크게 앞섰지만 양보한 것도 기존 정치권에서는 볼 수 없었던 일로, 이 여운은 한동안 지속될 것 같습니다. 그의

서울시장 후보 출마와 포기 선언은 새로운 인물을 원하고 있다는 것과 기존 정치에 큰 교훈을 주었다는데 큰 의미가 있다고 하겠습니다.

Advice 자신이 관심 또는 흥미 있게 본 기사를 말하되 왜 관심 또는 흥미를 갖고 보았는가를 밝혀야 한다. 다른 직종은 정치, 복지 등 관점에 따라 다를 수 있는 것은 피하는 것이 좋으나 기자직 지원자는 객관적 관점과 지원한 언론사의 사시, 논조를 염두에 두고 답변을 해야 한다.

면접관: 지금까지 가장 후회하는 실패한 경험은 무엇입니까?

지원자: <u>대학신문 편집부에서 실패한 경험이 있습니다.</u> 시간에 쫓겨 테니스 대회 취재에 경기 규칙도 잘 모르는 상태에서 출전 선수들의 정보도 없이 갔다가 취재도 잘 못하고 기사를 쓰느라 굉장히 고생을 한 적이 있습니다. 기자는 상식도 많아야 하지만 늘 공부하고 취재 전에 준비를 게을리 하면 제대로 된 기사를 쓸 수 없다는 큰 교훈을 얻었습니다.

Advice 실패한 경험도 가능하면 지원 업무와 연관된 경험을 사례로 들면 지원의지와 경험을 동시에 전달 수 있다.

업종: IT ‖ 직종: 프로그래머 ‖ 전공: 컴퓨터공학

면접관: 취업을 하기 위해 어떤 준비를 해왔습니까?

지원자: 대학에서 컴퓨터 관련 전공과목을 열심히 공부하고, 다양한 프로젝트를 수행하면서 역량을 키워왔습니다. 기본 프로그래밍 언어부터 자료구조, 운영체제, 데이터베이스와 네트워크프로그래밍 등 다양한 전공과목들을 공부하면서, PC 통합관리 시스템, Window 기반의 Tomcat과 Apache서버가 연동된 환경에서 뮤직홈페이지 구축, 패킷분석을 통한 문서 유출 범인 추적 프로그램 등의 프로젝트를 수행하며 취업 후의 실전 업무를 준비해왔습니다.

면접관: (백지를 보여주며) 자기 자신을 잘 표현할 수 있는 그림을 그려보십시오. 그리고 그 그림을 통해 자기 자신을 지원동기와 연관 지어 설명하십시오. 그리는 시간 5분, 설명시간 1분 드리겠습니다. (지원자에게 백지를 건낸다.)

지원자: (5분 후, 3개의 토마토를 그린 그림을 들어 면접관에게 보여주며) 제가 토마토를 그린 이유는 토마토는 영양가도 많지만 익었을 때와 익지 않았을 때 겉과 속이 똑같기 때문입니다. 마음과 모양이 같은 토마토 같은 사람, 겉이 파란 익지 않은 토마토는 속도 파랗고, 겉이 빨갛게 변하면 속도 빨갛게 익어가는 토마토처럼 저는 하루하루 잘 익어가는 토마토라고 생각합니다. 저는 그림 중앙의 토마토처럼 약간 붉은 색을 띤 토마토라고 생각합니다. 저는 IT업계의 영양 많고 싱싱한 잘 익은 토마토가 되기 위해 지금까지 많은 준비를 해왔습니다. 잘 익어가고 있는 저는 귀사에 훌륭한 영양을 공급할 수 있을 것입니다.

 자기 분석, 창의성을 보고자 하는 질문으로 무엇을 그리거나 논리적인 설명이 중요하다. 자신을 PR할 수 있는 사물을 미리 생각해두도록 하자.

면접관: 지원한 직무 중에서 가장 잘할 수 있는 게 뭡니까?

지원자: 대학에서 알고리즘이나 자료구조 등과 같은 수업에서 자신이 가장 잘하는 언어로 프로그램을 작성하는데, 저는 C/C++에 가장 자신이 있었습니다. C언어 같은 경우는 대학진학 이전에도 프로그램에 관심이 많아 중고등학교 생활의 취미생활 중 하나였습니다. 그래서 지금도 C언어로의 프로그램에 관해서는 자신감이 있습니다.

면접관: 지원한 직무 중에서 가장 힘들 것 같은 것을 말씀해보십시오.

지원자: 데이터베이스에 관해서는 대학에서 배운 것 이외에 따로 접할 수 있는 기회가 적었습니다. 개인적으로는 쉽게 쓸 수 있는 My-Sql이 익숙한데 실무, 특히나 기업의 규모가 클수록 Oracle을 많이 쓰는데 아직 Orange나 Toad같은 툴에도 익숙하지가 않아서 실무에 적응하는데 있어서 노력이 더욱 필요 할 것 같습니다.

면접관: 정보통신업계의 특징을 뭐라고 생각하시나요?

지원자: 기술의 진보가 가속적으로 빨라지고 있으며, 기술을 선점하여 잘 되어 가고 있는 회사라 하더라도 또 다른 기술이 개발되고 있어, 변화무쌍하다고 말씀드릴 수 있습니다. 업무 담당자들은 근무시간의 개념 없이 늘 깨어 있어야 합니다.

 특징을 물었지만 답변은 각오나 강점 등 자신을 연결시켜 답변해야 한다.

면접관: (고개를 갸우뚱하더니) *** 씨는 면접 준비를 많이 한 것 같네요.

어떻게 준비했습니까?

지원자: (잠시 생각하다) 취업 스터디그룹에서 일주일에 2회씩 3개월 동안 준비했습니다. 모의 문제를 만들고, 멤버들끼리 역할을 바꿔가며 연습하고 피드백을 주고받았습니다. 저를 객관적으로 분석해보고 보완하는 값진 시간이었습니다.

Advice 어학연수 등 스펙을 쌓기 위해 시간과 돈을 투자하는 학생들이 많은데, 어학을 중시하지 않는 기업, 직종도 많다. 오히려 자기 분석을 토대로 취업에 관해 정보를 수집하여 연구하고, 면접 역량을 키우는 것도 좋은 방법이다.

면접관: IT업계에서 능력 있는 인재가 되기 위한 각오는 있습니까?

지원자: 21세기 기술융합복합시대가 요구하는 인재가 되기 위해 부단한 자기계발로 전문성을 높이고, 문제해결 역량이 키워가며, 많은 사람들과 소통하며 여러 기술의 영역을 조합하여 새로움을 만들어 내는 창의적 인재, IT업계의 새로운 역사를 쓰는 IT컬럼버스가 될 각오를 하고 있습니다.

면접관: 회사는 조직으로 구성되어 있는데, 조직생활에서 가장 필요한 역량을 무엇이라고 생각하시나요?

지원자: 커뮤니케이션 능력이라고 생각합니다. 대학에서 여러 개의 프로젝트를 수행하면서 커뮤니케이션 부족으로 많은 시행착오를 경험하였는데, 중요성을 알고부터 참여자들이 적극적으로 커뮤니케이션을 하면서 시행착오도 줄이고, 재미있게 수행할 수 있었습니다. 소수 인원이 참여한 프로젝트에서도 그런데 회사 조직에서는 더더욱 커뮤니케이션 역량이 중요할 것입니다.

Advice 일반적인 답변이다. 사례 없이 경험했고, 중요할 것으로 생각한다

는 두루뭉술한 내용으로는 점수를 받기 어렵다. 경험한 사례 중 성공사례나 실패사례를 중심으로 결론을 뒷받침해야 질문의도에 맞는 답변이 된다.

면접관: *** 씨가 희망하는 회사의 조직문화는 어떻습니까?

지원자: 새로운 가치를 만들어 갈 수 있는 분위기, 그 가치를 인정해주는 회사, 신세대와 구세대가 함께 있지만 신, 구의 벽이 없는 조직, 사원 간의 지식 공유를 통해서 오늘보다 나은 미래를 향해 달려갈 수 있는 회사, 회사와 사원이 함께 발전해 가는 조직이 제가 희망하는 조직문화입니다. 그리고 열린 기업문화를 바탕으로 자유로운 분위기의 업무환경과 각종 동호회 지원, 사내 커뮤니케이션의 활성화 등으로 즐겁고 보람 있는 직장생활을 영위할 수 있는 조직문화 또한 제가 희망하는 조직문화입니다.

면접관: 참으로 이상적인 회사를 희망하시네요. 그런 회사가 있다고 생각합니까?

지원자: (생각지도 않은 질문에 당황하며 말을 잇지 못하다가) 저~ (큰 목소리로) 적어도 그런 문화를 지향하는 회사는 많을 거라고 생각하고 그런 회사가 발전할 거라고 믿습니다.

Advice 면접에서는 자신감, 당당함이 중요하다. 이 답변을 하지 못했다면 논리만 있고, 패기, 자신감, 실천력이 약한 사람으로 평가 받을 것이다.

면접관: <u>이상적인 회사를 희망하는</u> *** 씨는 자신을 얼마의 가치가 있다고 생각합니까?

지원자: 저는 5년 후의 제 가치를 계산해보겠습니다. **회사의 지낸 해 매출액은 500억 원, 임직원 200명, 5년 후의 회사 예상 매출액은 1,600억 원, 임직원 수는 대략 400명으로 1인당 4억 원의 매출이 예상됩니다. 5년 후는 **회사의 프로그램 개발 실무 책임자로 최소 3명의 공헌을

할 수 있을 것입니다. 그러면 간단히 계산하여 연간 12억 원의 매출 기여를 할 수 있는 사원이 되도록 노력하겠습니다.

Advice 질문 서두는 지원자에게 압박을 가해보기 위해 한 말이다. 현재 자신의 가치를 적절하게 대답하는 것도 좋지만 위의 답변처럼 앞으로 입사했을 경우 얼마나 큰 공헌할 인물인가를 근거를 들어 계산하면 좋은 점수를 받게 된다.

면접관: 퇴근 시간이 훨씬 지났는데도 상사가 계속 일을 시킨다면?

지원자: 제가 희망하는 직종은 대체로 야근이나 특근이 많은 걸로 알고 있습니다. 주어진 업무가 그날 꼭 처리해야 하는 중요한 사안이면 당연히 밤샘근무라도 해야 하고, 시간을 다투는 일이 아니면 건의를 하여 다음 날 일찍 출근해 일을 마칠 수 있도록 하겠습니다.

Advice 무조건 '예' '아니오'로 답할 필요는 없다. 합리적으로 두 가지 가능성을 제시하는 것이 좋다.

업종: **무역** ‖ 직종: **무역영업** ‖ 전공: **무역학**

면접관: 간단히 자기소개를 하십시오.

지원자: 저는 어려서부터 외국과의 무역에 관심을 갖고 무역과 관련된 일을 하겠다는 꿈을 가지고 있었습니다. (잠시 머리를 긁적이며 머뭇거린 후) 국제통상학과에 입학한 후에는 무역 관련 자격증인 국제무역사, 무역영어1급 시험에 합격하였습니다. 3학년부터는 교내 무역 관련 동아리에 가입하여 활동하였습니다. 동아리 멤버들과 함께 국제무역 전시장을 월 1~2회 정기적으로 방문하여 각국에서 온 바이어들을 만나보고 글로벌 비즈니스 감각을 익혔습니다. (또 머뭇거린 후) 또 통상정책 등에 관하여 토론을 하며 무역의 꿈을 키워왔습니다.

면접관: 자기소개를 외어 왔죠? 긴장을 풀고 심호흡을 크게 해보세요.

지원자: 긴장을 해서 그렇습니다. 감사합니다. (심호흡을 크게 한다.)

Advice 자기소개를 암기하고 면접장에 가면 이렇게 부자연스러울 수 있고, 중간에 기억나지 않아 머뭇거리는 경우가 많다. 키워드만을 메모하여 자연스럽게 답변할 수 있게 연습하도록 하자.

면접관: 우리 회사를 지원한 동기를 말씀해주세요.

지원자: 오래전부터 **회사에 대해 호감을 가지고 있었습니다. **회사는 종합무역회사로 우리의 상품을 세계에 수출하여 경제성장에 큰 역할을 해오고 있습니다. 무역영업은 성심을 다하여 결과를 만들어 내야 하는 승부의 세계라고 생각하며 지원하였습니다. 입사하게 되면 매일 인생의 승부에 도전하겠습니다.

Advice 준비하지 않은 지원자들이 보통 하는 답변이다. 자신의 강점, 무역영업을 위해 준비한 것, 계획 등을 신선하게 표현해야 좋은 평가를 받을 수 있다.

면접관: (목소리를 높여) 호감 있는 종합무역회사에서 일해보고 싶다는 말인데, 그게 지원동기인가요?

지원자: 예, 저 그게 아니라….

Advice 지원동기는 어느 회사에서나 질문 받을 가능성이 많으므로 지원하는 회사에 맞게 준비하자.

면접관: 인상이 회사를 대표해 영업하기에는 좀 부족하다고 생각되는데 본인은 어떻게 생각합니까?

지원자: (당황하여 얼굴이 붉어진다. 잠시 침묵 후 차분하게) 저의 외모는 보통이라고 생각합니다. 영업하기에 지장이 있을 정도라고는 생각하지 않습니다. 외모보다는 영업적 자질로 평가받고 싶습니다.

Advice 단점이 있으며 찔러 지원자가 어떤 반응을 하는지 보기 위한 질문으로 당황하거나 위축되어서는 안 된다. 외모는 문제가 되지 않을 정도의 어떤 영업적 자질이 있는가를 밝혀야 한다. 이런 질문을 대비해서 모의 면접을 보는 것도 좋은 방법이다. 전문가가 아니어도 친구, 선배 등을 면접관으로 하여 모의면접을 보면 면접의 분위기를 체험하고, 답변의 모순점, 핵심 없는 답변, 긴장 등의 문제를 개선할 수 있을 것이다.

면접관: 이력서를 보면 영어 성적이 좋은데 해외를 다녀온 기록이 없네요?

지원자: 해외를 다녀오지는 않았지만 영어와 중국어는 무리 없이 할 수 있습니다. 오랫동안 학원을 다니면서 공부했고, 1년 전부터 원어민과 대화하는 전화영어와 전화중국어로 공부해오고 있어 일반적인 회화는

가능합니다.

면접관: FTA에 대해 어떻게 생각하시나요?

지원자: FTA를 적극 추진해야 한다고 생각합니다. 이유는 우리나라의 대외경제 규모가 국내총생산(GDP)의 80% 이상을 차지하고 있는 점입니다. 주요 교역국이 다른 국가와 먼저 FTA를 체결한다면 우리 상품은 고관세 적용에 따른 가격경쟁력의 저하로 점차 그 시장을 잃을 수밖에 없습니다. 따라서 우리 상품의 수출경쟁력을 유지하고 안정적인 해외시장을 확보하기 위해서는 주요 교역국가들과의 FTA 체결이 필수적입니다.

Advice 해외영업부문 지원자에게는 구체적으로 발효된 국가, 협상이 타결된 국가, 협상 중인 국가와 내용을 구체적으로 질문할 수 있으므로 국제관련 시사문제를 막힘없이 얘기할 수 있을 정도로 공부해야 한다.

면접관: 해외 비즈니스맨의 중요한 자질은 뭐라고 생각합니까?

지원자: 우선 외국어를 통한 소통 능력이 중요할 것입니다. 다음은 비즈니스 상대를 설득할 수 있는 프리젠테이션 능력이 중요하고, 다음은 새로운 고객을 찾아내는 개척능력이 중요하다고 생각합니다.

Advice 직종마다 요구되는 능력을 다르므로 지원한 직종에서 중요한 능력을 생각해보자.

면접관: 자기계발을 하기 위해 노력하고 있는 것이 있습니까?

지원자: 해외 비즈니스에 필요한 경제, 경영에 관한 공부를 계속하고 있으며, 유럽과 중국의 문화, 사회에 대해 책과 인터넷을 통해 공부하고 있습니다.

Advice 어느 정도의 시간을 할애하고 있는지, 막연하게 경제, 문화… 라고 하지 말고 내용을 좀 더 구체적 밝히도록 하자.

면접관: 기업의 부패에 대한 정보가 내부 고발자 즉 사원에 의해 외부에 알려졌습니다. 이에 대해 어떻게 생각합니까?

지원자: 우선 문제가 되는 것은 기업에 부패적 요소가 있다는 것이고, 회사 내에서 문제 제기를 하여 바로 잡도록 하는 노력이 필요함에도 사원이 이를 외부에 알렸다면 이 또한 잘못된 처사라고 생각합니다.

면접관: '평생 직장'과 '평생 직업' 중 어느 쪽을 생각하고 있습니까?

지원자: 저는 '평생 직업'을 생각하고 있습니다.

면접관: 무역회사는 많기 때문에 우리 회사가 아니어도 된다는 말인가요?

지원자: 그렇지 않습니다. 저는 평생 무역일에 종사할 생각인데, 제 꿈을 펼치기 위해서는 **회사가 좋습니다.

Advice 이 질문은 지원 직종에 따라 답변이 다를 수 있다. 전문 직종인 경우는 '평생 직업'으로 답하는 것이 좋겠지만, 이 질문을 묻는 회사에서는 '평생 직장'이라고 답변하는 것이 현명하다. 이직률이 높은 회사에서 충성심을 가늠하기 위해 하는 질문일 수 있기 때문이다.

면접관: 사회생활에서 가장 필요한 것 3가지를 말씀해보십시오.

지원자: <u>여러 가지 중요한 것이 많이 있겠지만 가장 중요한 것은</u> 스스로에 대한 자신감과 어떠한 상황에도 대처할 수 있는 적응력, 그리고 끊임없는 자기계발로 경쟁력을 갖추는 것이 필요하다고 생각합니다.

Advice 답변은 군더더기를 붙이지 말고 간결하게 전하고자 하는 내용만을 피력하도록 노력하자.

면접관: 상사가 해외의 상대 기업 실무자에게 뇌물을 주라고 지시하면 어떻게 하겠습니까?

지원자: 상사를 설득해 뇌물을 주지 않겠습니다.

면접관: 설득이 되지 않고 지시에 따르라고 하면요.

지원자: 여러 가지 방법으로 설득을 시키겠습니다.

Advice 융통성을 묻는 질문이 아니라 지원자의 정직성, 도덕성을 가늠하고자 하는 질문으로 생각하고 답변해야 한다.

면접관: 자동차 바퀴가 5개라면 어떻게 하겠습니까?

지원자: 자동차는 4개의 바퀴로 달리는 것이 5개의 바퀴일 때보다 나을 것 같습니다. 한 개는 빼서 여분으로 싣고 다니겠습니다.

Advice 바퀴가 5개 달린 자동차인지 단순히 바퀴가 5개 있다는 말인지, 1개의 사용도를 어떻게 하라는 말인지 알아듣기에 따라 답은 달라질 수 있다. 좋은 분위기라도 질문을 잘 듣고 잠시 생각한 후 답변하도록 하자.

면접관: 질문이나 하고 싶은 말씀이 있으면 하세요.

지원자: 한말씀 더 드리겠습니다. 이번 채용의 지원자 중에는 우수한 지원자도 많을 것입니다. 그렇지만 해외영업에서 성과를 낼 수 있는 사람은 많지 않을 것입니다. 야구를 통해 다져진 체력으로 좋은 성과를 올릴 수 있도록 뛰고 또 뛰겠습니다. 저의 열정으로 ***사에서 성과를 올릴 수 있도록 기회를 주십시오. 감사합니다.

Advice 면접은 최대한 자신의 잠재능력, 패기, 열정을 보여주는 시간으로 만들어야 한다.

업종: 보험 ‖ 직종: 상품기획 ‖ 전공: 회계학

면접관: 지원동기를 말씀하십시오.

지원자: 제가 중학생 때 아버지가 사고로 돌아가셨습니다. 그때의 아픔은 지금도 말로 하기 힘들 정도였습니다. 경제적으로도 매우 어려울 수밖에 없었는데, 보험이 저희 가족과 저에게 아픔을 딛고 일어설 수 있는 버팀목이 되었습니다. 보험은 불확실한 삶에 꼭 필요하다고 생각하며 많은 사람들에게 이를 알리고, 거기에서 제 삶의 의미를 찾고 싶습니다.

Advice 지원동기를 '인류의 미래를 위해' 등 거창하게 시작하면 추상적이고 논리적인 동기가 되기 쉬우므로 키워드를 중심으로 한 지원동기에 비전을 담아 명쾌하게 밝히도록 하자.

면접관: 자신의 장·단점을 말씀해보십시오.

지원자: 장점은 적극적 성격입니다. 제가 해야 될 일은 적극적으로 행동하고 남들이 기피하는 일도 나서서 주도적으로 하는 편입니다. 또한 한 번 잡은 일은 그 목적을 달성할 때까지 끝까지 놓지 않는 하이에나와 같은 끈기를 가지고 있습니다. 단점으로는 하고자 하는 의욕이 앞서서 종종 세세한 사항을 챙기지 못하는 경우가 있습니다. 그러한 단점을 보완하기 위해서 차분히 생각하고 메모하여 실수가 없도록 노력하고 있습니다.

Advice 조직생활, 업무에 큰 지장을 줄 수 있는 단점을 말하면 평가가 달라질 것이다. 단점은 짧게 극복하기 위해 어떤 노력을 하는가에 초점을 맞추도록 하자.

면접관: 취업을 하기 위해 별도의 노력을 한 게 있습니까?

지원자: (무슨 말인지 정확히 이해를 못한 채) 취업 스터디 같은 걸 말씀하시는 건지, 영어, 지원직무에 관해 노력한 걸 말씀하시는지 이해를 잘 못했습니다.

면접관: 취업 스터디나 컨설팅같이 면접, 자기소개서 작성 스킬 등 취업 요령에 대해 배운 게 있습니까?

지원자: 대학에서 취업역량강화 과정을 수강했습니다. 주 2회 취업 스터디에 참여해 영어토론, 시사찬반토론, 모의프레젠테이션도 연습하면서 면접을 준비했습니다.

면접관: 우리 회사가 *** 씨를 채용해야 하는 이유를 말씀해보십시오.

지원자: 상품기획의 전문가가 되기 위해, 또한 10년 후 후배들에게 존경받는 성공한 선배가 되기 위해 세 가지를 실천하겠습니다. 첫째, 인터넷 개인 블로그, 트위터를 통해 회사 상품에 대한 평가와 요구 등을 파악하여 기획에 참고 자료로 활용하겠습니다. 둘째, 이런 고객들에게 감사하는 마음을 전하고, 인적 네트워크를 단단히 하여 컨설턴트 역할을 하고, 저의 서포터가 되도록 하겠습니다. 셋째, CFP 자격증 취득 등 전문성을 함양하여 회사 발전에 큰 공헌을 하겠습니다.

면접관: 세 가지를 꼭 실천할 수 있나요?

지원자: 꿈을 꾸는 자만이 꿈을 이룬다는 말을 늘 생각하고 있습니다. 신입사원으로 출근하는 날 구체적인 실천 계획서를 면접관님께 제출하고, 입사 후 꼭 실천하겠습니다.

Advice 패기 있고, 도전 의지가 강함을 보여 주어야 면접관도 신나고 합격 가능성이 높아진다.

면접관: 보험회사가 지속적으로 성장해 갈 수 있는 방안은?

지원자: 보험, 은행, 증권의 고유 영역이 없는 시장에서 보험사의 예전과

같은 영업방식은 성과를 기대하기 어렵다고 생각합니다. 소비자들의 의식과 수준이 향상되어 전화, 방문 등을 통한 투자권유는 한계가 있을 것입니다. 보험사는 고객들을 위한, 고객들에게 맞는 <u>특화된 상품을 개발해야</u> 하며, 회사의 성장은 여기에 달려 있다 해도 과언이 아닐 것입니다. 여기에다 영업채널의 전문성 향상이 필수적이라고 생각합니다. 곧 일선 판매조직을 회사의 가장 소중한 미래 자산으로 삼고, 이들이 전문 금융컨설턴트로 성장할 수 있도록 다양한 지원을 시행해야 할 것입니다. 연고가입은 줄어들고 점차 자신에게 맞는 상품을 찾는 고객이 늘어날 것이므로 컨설턴트의 역할은 더욱 커지리라 생각하기 때문입니다.

Advice 서론이 길면 지루하고 요점이 정리되지 않는다. 결론을 먼저 제시하고, 이유, 근거 등을 말하면 듣는 사람도, 답변하는 사람도 정리가 쉬워진다.

면접관: 고객들에게 맞는 특화된 상품을 구체적으로 말하면?

지원자: 여성 또는 은퇴자의 노후자산 관리에 적합한 상품을 들 수 있겠습니다.

면접관: 그런 상품은 이미 나와 있습니다.

지원자: 빈 공간은 언제나 있게 마련입니다. 제가 입사하면 타사와 차별화 되는 특화된 상품을 꼭 기획하겠습니다.

면접관: (갑자기 의아한 표정으로 얼굴을 좌우를 흔들더니 약간 빈정대는 말투로) 달변인지 면접 준비를 많이 했는지… 어떻게 생각하십니까?

지원자: (의외의 물음에 잠시 생각하고, 허리를 곧게 세우며) 저는 긴장하지 않고 저의 생각을 잘 말씀드리고 있습니다. 면접 전에 자신감 있게 면접에 임하자고 자신한테 주문을 걸었습니다. 최선을 다해 면접에

임하고 있습니다.

Advice 면접관의 이런 표정, 말투에는 전략이 숨어 있다고 봐야 한다. 압박 질문이다. 잘 하고 있는 지원자에게 태클을 걸어보는 것이다. 넘어지거나 술수에 넘어가면 안 된다. 순간적 판단으로 위기를 넘겨야 한다. 면접관은 때로 이유 없이 빈정거리고, 때로는 논쟁을 걸 듯 하기도 하고, 때로는 아무 질문도 하지 않고 지원자를 계속 기다리게도 한다.

면접관: (지원자를 압박하기 위해) *** 씨는 설득력은 있지만 깐깐한 성격으로 조직생활은 원만하지 못할 것 같은데요.

지원자: (면접관이 조금 전에 한 말을 생각하느라 순간적으로 답변이 생각나지 않자) 저는 동아리 활동에서도…. (말을 잇지 못한다)

Advice 앞에서도 언급한 바와 같이 오히려 우수하다고 판단되는 지원자에게 마지막 테스트로 종종 이런 질문을 하므로 평상심을 유지하고 답변하도록 하자.

면접관: 이력서에 2년간 회계사 시험공부를 한 걸로 되어 있는데, 회계사를 포기한 건가요? 장기전략으로 바꾼 건가요?

지원자: 여건상 그 꿈은 포기했습니다. 하지만 제 인생의 꿈을 접은 건 아닙니다. 오늘 이 자리가 저의 새로운 꿈을 갖고 비상할 수 있는 터전이 되리라 확신합니다. 지켜봐주십시오. ***사의 날개를 달고 비상하겠습니다.

Advice 이력서에 지원분야와 무관한 이력을 기재했다면 이를 불식시킬 수 있는 답변을 준비하고 가야 한다. 잠시 머물렀다 그곳으로 돌아가지 않을까하는 의구심이 당락에 영향을 줄 수 있기 때문이다.

면접관: 희망급여가 연봉 2,500만 원인데, 산정 기준을 설명해주세요.

지원자: 동기들과 언론에 보도된 직종과 회사별 신입사원 연봉을 조사하여, 거기에 근거한 대략적인 급여를 제시하였습니다. 급여는 사실 회사마다 차이가 있으리라고 생각합니다. 급여는 회사 기준에 의하여 지급될 것이기 때문에 회사방침에 따르겠습니다. 오히려 저는 급여보다는 일에 비중을 두고 싶습니다. 2~3년은 제가 회사에 기여하기보다 회사에서 저에게 투자하게 될 것입니다. 노력하여 저에 대한 투자 기간을 줄일 수 있도록 하겠습니다.

Advice 사전에 회사에 대해 연구하여 면접에서 급여문제로 탈락하는 일이 없도록 해야 한다. 회사 방침에 따른다고 하면 무난하며 사전 정보도 없이 면접에서 '그렇게 연봉이 작은가?' '그런 연봉으로는 근무할 수 없다'는 식의 답변은 질문 의도를 벗어난 답변임에 유의하자.

면접관: '부메랑 효과'란 무엇입니까?

지원자: 부메랑은 호주 원주민들이 작은 짐승을 사냥하기 위해 만든 도구로 목표물을 향해 던지면 회전하면서 일정 거리를 돌아 다시 제자리로 돌아오는 도구를 말합니다만, 이러한 원리로 인해서 어떤 목적을 가지고 한 행위가 결국 자신에게 문제를 안겨주게 될 때 부메랑효과라고 말합니다.

Advice 이 질문에는 보험고객과 연관하여 마무리해야 질문 의도에 맞는 답변이 된다.

업종: **의류** ‖ 직종: **패션디자인** ‖ 전공: **의류학**

면접관: 많이 긴장하고 있는 것 같은데 괜찮은가요?

지원자: 예. 조금 떨립니다.

Advice 면접에서는 긴장하는 것은 자연스러운 현상이나 면접관이 보기에 잔뜩 긴장한 듯한 모습은 좋지 않다. 인생의 면접이 아니라 취업면접이기 때문에 이 회사 불합격 하면 다른 회사 지원한다고 여유 있게 임하는 것은 어떨까.

면접관: 긴장을 푸시고 심호흡을 해보세요. 좀 괜찮은가요? 우리 회사의 ***브랜드에 대해 아는 대로 말씀해보세요.

지원자: ***브랜드는 브리티쉬 드래디셔널에 기원을 두고 있습니다. ***은 영국의 전통과 명예를 중시하면서도 진취적인 기상과 도전정신을 추구하는 젊은 층을 위해 클래식을 기반으로 보다 모던한 가치를 제안하는 스타일리쉬 트래디셔널을 추구하며, 10대 후반에서 30대 초반이 주 고객층입니다. 현재 전국 주요 백화점 여성복 부문 매출 1위이며, 보다 젊고 발랄한 이미지의 브랜드 홍보와 10대 후반에서 20대 초반 고객확보를 위해 PPL 등 마케팅을 강화하고 있습니다.

Advice PPL(product in placement)이란 특정 기업의 협찬을 대가로 영화나 드라마에서 해당 기업의 상품이나 브랜드 이미지를 끼워 넣는 광고기법을 말한다.

면접관: 우리 회사의 경쟁사에 대해 아는 대로 말씀해주세요.

지원자: 예. ***사는 2011년 매출액 ***억 원, 종업원 ***명, **개의 점포, 29세 이하를 타겟층으로 마케팅을 강화하고 있습니다.

Advice 지원회사에 대한 연구는 물론 경쟁사에 대해서도 어느 정도는 연구하고 가야한다. 특히 경쟁사의 브랜드의 특징, 마케팅 차별화 전략 등을 정리하고 가면 이런 질문을 받을 때 좋은 점수를 받게 된다.

면접관: 패션을 공부하게 된 계기는 무엇입니까?

지원자: 미술을 좋아하던 저는 패션에 대해 관심이 많았습니다. 어려서부터 친구들과 다르게 입으려 했고, 셔츠나 신발, 모자 등도 개성 있는 것을 좋아했습니다. 그러면서 패션 디자인에 관심을 갖게 되었고, 직업으로 평생 즐겁게 공부하고, 고민하며 살고 싶어서 선택하였습니다.

면접관: 오늘의 패션 포인트는 무엇입니까?

지원자: 저는 ***사의 매장을 가끔 둘러보는데, 며칠 전에 들렀다가 면접을 보기 위해 준비한 옷을 입고 왔습니다. 부드러운 인상을 주는 밝은 베이지색으로 여성스러움이 넘치는 사랑스러운 느낌의 단정한 새틴 리본컬러 재킷을 입고 왔습니다.

Advice 예술 분야의 직종에서 할 수 있는 질문으로 그날의 패션도 면접에 참고할 수 있으므로 의상에 신경을 쓰고 면접에 임하도록 하자.

면접관: 자기소개서에는 인턴 경험 위주로 기술되어 있고, 학창시절은 간단하게 디자인전에 참가한 것을 기술하였는데 자세히 말씀해보십시오.

지원자: 예. 대학 때 동아리활동을 하면서 학교에서 배운 것을 토대로 염색, 직조를 이용해 신사정장 제품을 만들어 업체 실무자에게 평가를 받아본 적이 있습니다. **디자인전에도 참가하여 전시회에서 작품들을 선보이고 학교를 홍보하기도 하였습니다. 4학년 때는 ***디자인전에서는 의상을 제작해 우수상을 받았습니다. 여기 포트폴리오를 준비해왔습

니다.

면접관: 예. 이리주세요.

지원자: 감사합니다. (자리에서 일어나 공손히 포트폴리오를 면접관에게 건네고 자리에 다시 앉는다.)

면접관: 패션 디자이너에게 가장 요구되는 자질 3가지를 들어보십시오.

지원자: 첫째, 새로움을 만들어낼 수 있는 창조적인 감각. 둘째, 일류 패션디자이너가 되기 위해 장기간 시간을 투자하여 몰입할 수 있는 열정. 세 번째는 급변하는 시장의 패션 흐름을 읽어 낼 수 있는 트렌드 분석력이라고 생각합니다.

면접관: 디자인 트렌드는 어떤 방법으로 읽어 왔는지 구체적으로 말씀해 주세요.

지원자: 동대문 패션거리, 백화점, 로드샵을 부지런히 다니면서 시장흐름을 보았고, 잡지 등의 인쇄매체와 인터넷을 통해 감각을 익혀왔습니다.

Advice 지원자는 개괄적인 답변을 했다. '구체적으로'라는 질문이므로 요즘 유행하는 패션의 하나는 이것이고, 그 특징은 무엇이며, 그것을 어디에서 읽었다라고 답변해야 한다.

면접관: 아직도 긴장되나요? 저희 회사 매장에 들러본 적이 있으면 어떤 부분의 개선이 필요한지 말씀해보십시오.

지원자: 매장의 디스플레이에 스토리를 가미하여 소비자에게 감성적으로 어필할 수 있게 하면 좋을 것 같습니다.

Advice 면접을 시험이라고 생각하면 긴장되고 위축되겠지만 면접관과 대화를 한다고 생각하면 여유가 생기지 않을까 한다.

면접관: 구체적으로 말씀해보십시오.

지원자: 재미있는 공간에서 여름휴가에 대한 즐거운 상상을 하면서 쇼핑할 수 있는 Summer 스토리 매장과 같이 시기별로 주제가 있는 스토리 매장을 기획, 운영하면 좋을 것 같습니다. (준비해온 자료를 꺼내어 들고) ***사의 마케팅 전략에 대한 제 생각과 매장을 여러 차례 들러 작성한 '***에 대한 김영미의 생각'이라는 PPT자료를 입니다. ***사의 브랜드 이미지, 디스플레이, 신상품 기획에 대한 저의 생각을 정리한 것인데 보여드리고 싶습니다.

Advice 면접관이 "구체적으로… "라고 하지 않았으면 이 답변을 못했을 것이다. 질문 의도를 잘 파악하고 가능한 답변을 모두 하도록 하자.

면접관: 우리 회사에 대한 애정이 많으시군요. 감사합니다. 잘 보겠습니다. *** 씨는 훌륭한 디자이너가 되기 위한 계획 같은 게 있나요?

지원자: 지금까지와 같이 부지런히 뛰어 다니며 보고, 연구하고, 분석하여 새로운 미를 창조하도록 하겠습니다.

Advice 이렇게 답변하면 동문서답이 된다. 계획을 물었는데 각오에 대해 말했다. 면접관의 질문이 이해되지 않을 때는 다시 물어 질문의 요지를 파악하고, 답변이 잘 생각나지 않을 때는 잠시 생각한 후 천천히 답변하도록 하자. 타 직종에서도 이와 유사한 질문을 받을 수 있으므로 미리 생각해보자.

면접관: 매장에서 제품 구매 결정을 하는 소비자가 몇 프로로 쯤 된다고 생각하십니까?

지원자: 일반적으로 70%정도가 매장에서 제품 구매를 결정한다고 알고 있습니다.

Advice '소비자들의 시선을 끌어당기고, 구매를 촉진하기 위하여 디스플레이, pop, 매장 프로모션, 판매원 교육, 선도매장, 체험형 매장 등에

대한 연구가 필요하다고 생각한다'는 내용을 추가하면 좋은 평가를 받게
될 것이다.

면접관: MD와 MR에 대해 설명해보십시오.

지원자: MD는 브랜드 기획부터 상품기획, 마케팅, 업체선정, 생산계획,
판매계획, 재고관리, 고객관리까지 모든 단계에서 상품 가치를 향상시키
는 업무를 하는 사람을 말하며, MR은 바이어를 대신해 구입을 원하는
물품의 생산처를 조사하고 선정하여 주문에서부터 선적까지 관리해주는
업무를 하는 사람, 즉 바이어가 원하는 물품을 구매하도록 도와주는
역할을 수행합니다.

Advice 디자인 분야는 대체로 별도의 필기시험을 보지 않기 때문에 면접에
서 이론, 상식 등의 질문을 할 수 있으므로 준비를 하도록 하자.

면접관: 용돈의 액수와 그 내용을 구체적으로 말씀하십시오.

지원자: 어쩌다 옷을 구입하거나 하는 달 외에는 한 달에 평균 30만
원 정도를 쓰고 있습니다. 교통비와 통신비로 8만 원 정도, 식대, 간식비로
15만 원 정도, 책값, 스터디모임 회비 등으로 7만 원 정도 쓰고 있습니다.

Advice 지원자의 소비성향, 경제 감각을 보기 위한 질문으로 많은 금액을
쓴다고 하면 다음 질문으로 이어질 수 있다. 지원분야에 대한 공부 등으로
일정 금액을 쓴다고 하면 무난하다.

면접관: (스케치북을 내밀며) '젊은 날의 가을'이란 주제로 20대 초반
여성의 의상을 디자인하고 설명해주시기 바랍니다. 시간 30분 드립니다.
30분 후에 뵙죠.

면접관: (긴장한 듯한 지원자를 보며) 집에서 여기까지 오는데 시간은 얼마나 걸렸습니까?

지원자: (작은 목소리로) 버스로 한 시간 정도 걸렸습니다.

면접관: 원래 목소리가 그렇게 작습니까?

지원자: 아닙니다. 좀 떨려서…. 이제 진정이 좀 되었습니다. 평소의 목소리로 말씀드리겠습니다.

Advice 면접이 시작되면서 이런 지적을 받으면 당황하게 되겠지만, 면접 전에 여러 가지 상황과 질문을 예상하여 마음의 준비를 하고, 당황하지 말고 침착하게 임하도록 하자.

면접관: 전공이 지원한 분야와는 무관한데요.

지원자: 역사교육학과를 졸업하였는데 학교보다는 회사에서 제 꿈을 펼쳐보고 싶어 지원했습니다.

Advice 전공이 지원한 직무와 연계성이 떨어진다면 전공을 어떻게 직무에 활용할 것인지 답변을 준비하고 가야 한다.

면접관: 교사될 실력이 부족하여 기업에 지원했다고 생각되는데…

지원자: 고등학생 때는 역사에 관심이 많아 역사교사를 생각했는데, 대학에 들어와서 좀 더 역동적인 분야가 제 적성에 맞을 거라는 생각을 하고 진로를 바꾸게 되었습니다.

면접관: 역동적인 직업을 원하시면 지원 직무와는 맞지 않는 것 같은데 잘 생각해보시기 바랍니다.

 전공과 지원분야가 다르면 지원동기에 대한 질문을 받기 쉽다. 이 지원자처럼 대충 답변하면 화를 불러 올 수 있다. 진로를 바꾼 후 어떤 노력을 했는지 근거를 제시하며 답변하면 무난하다.

면접관: 고객에게 보여줄 수 있는 장점이나 방안이 있다면 말씀해보십시오.

지원자: 고객에게 상품의 원료나 질, 우수성을 전문적 지식으로 설명하고, 구매를 유도하는 것보다 고객이 무엇을 원하지를 파악하는 것이 중요하고, 그런 고객의 마음을 헤아리도록 노력할 것입니다.

면접관: 토익점수가 낮은데 어떻게 이런 점수로 저희 회사에 지원하셨나요?

지원자: 영어공부를 좀 소홀히 했습니다. 전공과 관련된 과목은 성적이 좋은 편입니다. 영어는 지금 꾸준히 공부하고 있습니다. 특히 회화 실력을 기르기 위해 많이 노력하고 있습니다. 토익은 금년에 700점 대, 내년까지 850점 취득을 목표로 하고 있습니다.

 토익점수가 낮은데도 면접을 보게 된다면 다른 가능성을 보고 면접을 보는 것이므로 변명보다는 극복하기 위한 노력이나 자신의 강점을 설득력 있게 말하도록 하자. 영어나 전공 관련 학점 낮으면 이런 질문을 받을 가능성이 있으므로 미리 준비하자.

면접관: 전공은 직무와 거리가 멀고, 취업을 하고 난 후 영어공부를 계속해서 850점까지 올린다는 말은 신뢰가 가지 않는데요.

지원자: 저는 취업하여도 영어공부를 계속 할 생각입니다. 저 자신과의 약속입니다.

 면접에서 잘 보이기 위해 하는 말, 현실성이 약한 말을 하게 되면 이렇게 신뢰감이 약한 지원자로 보일 수 있으므로 자기소개서를 작성할 때, 면접에서 질문을 받을 수 있으므로 이를 염두에 두고 신중해야 한다.

면접관: 우리 백화점의 매출을 올릴 수 있는 방안에 대해 말씀해보십시오.

지원자: '차별화 된 서비스'와 고객의 'needs'가 아닌 'wants'에 초점을 맞춰 '차등화' 된 상품의 판매로 매출을 신장시키고, 지금의 매장 공간을 효율적으로 활용하여 상품만 파는 곳이 아니라 다양한 이벤트를 자주 여는 '문화를 즐길 수 공간'을 확대하여 운영하면 자연히 매출은 증가할 것입니다.

면접관: 답변이 추상적인데 '차별화 된 서비스'로는 어떤 것이 있나요?

지원자: 품질 불량 상품 발생 시 교환, 환불로 그치는 것이 아니라 고객의 불편이나 재 방문 시간 등에 대해 구매금액에 따라 차등 보상을 해주는 서비스도 생각해볼 수 있습니다.

면접관: 마케팅에서 특히 중요하다고 생각하는 것을 말해보세요.

지원자: <u>상품 판매에서 제품의 질이 중요하지만 효과적인 마케팅 활동이 뒷받침되지 못해 빛을 보지 못하고 사장되는 경우도 상당하다는 것은 그만큼 마케팅이 중요하다는 것을 말해줍니다.</u> 마케팅은 철저히 소비자 욕구조사와 시장조사를 바탕으로 이루어져야 한다고 생각합니다. 상품 광고 계획에서부터 상품판매에 이르기까지 단계적인 마케팅 전략을 수립하는 것은 물론 한걸음 더 나아가 상품기획 단계에서부터 소비자의 의견이 반영되어야 한다고 생각합니다.

Advice 결론을 먼저 제시하면 이 답변처럼 중언부언하지 않게 된다. 다음에 근거, 이유를 덧붙이자.

면접관: *** 씨를 채용한다면 어떤 각오로 근무하겠습니까?

지원자: '똑똑한 사람은 노력하는 사람을 당할 수 없고, 노력하는 사람은 즐겁게 일하는 사람을 당할 수 없다'는 말처럼 제게 주어지는 업무를 천직으로 생각하며 함께 하는 동료, 상사님들이 제가 즐겁게 일하는

모습을 보면서 같이 즐겁게 일할 수 있도록 하겠습니다.

면접관: 고객이 전에 사간 물건이 하자가 없음에도 하자가 있다며 큰소리로 환불을 요구하면 어떻게 하겠습니까?

지원자: 조용한 곳으로 모시고가 차를 대접하고, 흥분이 좀 가라앉은 다음 차근차근 제품의 하자에 대해 들어본 후 이상 없음을 확인시켜 드리고, 혹시 이상이 생기면 저를 꼭 찾으시라고 명함을 드리겠습니다.

면접관: 우리 백화점 매장에 대한 문제점은?

지원자: 어느 백화점보다 편안하고 고급스런 분위기는 좋습니다. 단 소비자들 중에는 값싸고 질 좋은 상품을 찾는 층도 있다고 생각합니다. 특히 패션과 트렌드를 주도하는 20~30대 젊은 고객을 위한 약간 저렴한 상품 매장이 확대되면 좋겠다고 생각합니다.

면접관: 결혼을 하고, 또 자녀를 갖게 되면 회사 일을 하기에는 어려움이 많을 텐데요.

지원자: 우선은 취업을 해서 열심히 일을 하고 싶구요. 결혼을 하고 자녀를 갖는 것까지는 생각해보지 않았지만 뭐든지 최선을 다할 생각입니다.

Advice 일과 결혼, 가정에 대해 지원자의 생각을 알고자 하는 질문으로 정답이 없지만 굳이 독신을 주장할 필요는 없다. 일에 대한 열정, 자신감을 보여주면 된다.

업종: 제조 ‖ 직종: 비서 ‖ 전공: 지리학

면접관: 전공이 비서학이 아닌데 비서직을 지원하셨네요.

지원자: 예. 전공은 지리학이지만 회사를 경영하시는 분들을 존경하고, 경영자들을 통해 많은 것을 배울 수 있다는 생각을 해 왔습니다. 아르바이트로 서비스, 사무직, 과외, 콜센터 등에서 여러 가지를 경험했는데, 특히 콜센터에서 전하고자 하는 메시지를 조리 있고 설득력 있게 표현하는 방법을 배울 수 있었습니다. 사설학원에서 비서과정도 이수하고, 비서직 준비 모임에도 나가며 많은 것을 배웠습니다.

Advice 심각한 질문이다. 비전공자이기 때문에 준비된 인재라는 것을 확실히 어필해야 한다. 이 답변으로는 부족하다. 자신의 이런 장점은 비서직무를 수행하는데 큰 도움이 될 것이라고 자신의 무기를 내세워야 한다.

면접관: 사설학원에서 무얼 배우셨나요?

지원자: 비서의 역할, 사무환경과 테크놀리지, 총무업무, 문서관리업무, 정보관리 업무, 비즈니스 매너 그리고… 저~ 셀프 리더십, 이미지 메이킹, 전화업무, 내방객 응대, 일정관리, 회의 및 출장업무, 커뮤니케이션 스킬, 비즈니스 잉글리쉬 등을 배웠습니다.

Advice 전공이 다르기 때문에 이 직무에 대한 의지와 열정, 실무를 테스트하기 위한 질문이다. 물론 여기에서도 커뮤니케이션 스킬은 당연히 중요하게 평가된다.

면접관: 비서에게 필요한 자질에 대해 말씀하십시오.

지원자: 비서는 상사가 본연의 업무에 전념할 수 있게 하고, 업무효율을

높일 수 있도록 보좌하는 역할로 성실성, 판단력, 기획력, 집중력, 융통성, 대인관계력, 커뮤니케이션 스킬, 책임감 등이 필요하다고 생각합니다.

Advice 답변하는 지원자의 표정, 말투, 논리성, 의사전달력 등 여러 가지를 체크하게 됨을 염두에 두고 진지하게 답변하도록 하자.

면접관: 성격은 어떻습니까?

지원자: 저의 성격은 싹싹하고, 해야 할 일은 적극적으로 하는 성격인데, 약간은 낙천적이라 고민을 많이 하지 않는 것이 단점입니다.

Advice 내성적인 사람은 비서직이 맞지 않는다. 그래도 비서직을 희망한다면 직무에 맞춰 성격을 바꿔야 한다. 비서는 상사의 손과 발이 되고, 얼굴을 대신하기도 한다.

면접관: 상사와 의견 대립이 있을 경우 어떻게 하겠습니까?

지원자: 비서는 일반 부서에서 실무를 하는 하급자가 아니라 보좌하는 직무입니다. 당연히 상사의 의견에 따라야 한다고 생각합니다.

Advice 이렇게 비서이기 때문에 무조건 따라야 한다고 답변하면 점수를 받기 어렵다. 여기에 이어 '그러나 곰곰이 생각해보아도 제 판단이 옳다고 생각되면 적절한 기회에 저의 의견을 다시 한번 차분하게 말씀드리겠습니다' 하고 이어가야 한다. 상사의 업무 스타일과 성격을 파악한다면 상황에 따라 적절한 판단을 할 수 있게 될 것이다.

면접관: 시간 외 근무를 할 수 있나요?

지원자: <u>비서직 취업준비를 하면서 비서직의 업무에 대해 많이 공부하였습니다.</u> 상사의 업무와 상황에 따라 야근은 자주 있을 것으로 생각합니다. 즐거운 마음으로 임하겠습니다. 오래전부터 운동을 하여 체력도 자신이 있습니다.

 질문과 관계없는 내용으로 답변의 핵심을 흐리게 한다. 체력을 언급하며 야근에 대한 각오까지 보여 주었으나 어떤 운동을 어느 정도 하고 있는지를 언급하면 신뢰감을 높일 수 있다.

면접관: 애인은 있나요?

지원자: 아직 없습니다.

 결혼은 언제 할 계획인가 등 타 부서 직원채용에서는 잘 묻지 않는 질문을 받기 쉽다. 애인이 있다고 하면, 근무하는데 지장이 있지 않겠는가 하는 식으로 업무 집중도에 관한 추가 질문을 받을 수도 있다. 사실여부를 떠나 애인도, 결혼계획도 현재는 없다고 답변하면 무난하다.

면접관: 술은 잘 하나요?

지원자: 술은 전혀 하지 못합니다.

 이 질문을 하는 것은 상사가 술을 좋아하거나, 술을 마시는 사람이 더 좋을 것이라는 생각을 갖고 질문할 가능성이 많다. 직무 특성상 상사나 타 부서와 어울려 식사를 할 때가 많을 수 있고, 이때 함께 어울릴 수 있는 사람인가를 알아보기 위한 질문으로 이와 같이 답변하면 낙방할 가능성이 높다하겠다. 참고로 비서는 회사보다는 상사에게 인정받아야 하는 직무임을 염두에 둘 필요가 있다.

면접관: 질문 있으면 해도 좋습니다.

지원자: 언제 연봉이 인상되는지 알고 싶습니다.

면접관: 회사 내규에 따라 인상됩니다.

 궁금하고 중요한 문제이지만 면접 자리에서는 이런 질문을 하지 않는 것이 좋다.

업종: 정보통신 ‖ 직종: 네트워크 ‖ 전공: 정보통신공학

면접관: 취업설명회나 취업박람회에 몇 번 가보셨나요?

지원자: 예. 지난 5월 **에서 개최한 취업박람회에 가보았습니다.

Advice 취업의지, 지원자의 시야, 도전의식, 적극성 등을 보기 위한 질문이다. 취업설명회에서 기업의 담당자들과의 만남을 잘 활용한다면 자기소개서 작성과 면접에서 활용할 수 있는 몇 가지 Key Word를 알아낼 수도 있다.

면접관: 인턴으로 어떤 일을 했습니까?

지원자: 네트워크 게임업체에서 메인서버, 웹서버 관리, 장애에 대한 처리 업무를 담당했습니다.

Advice 회사명과 인턴기간, 배운 점도 간략하게 언급하는 것이 좋겠다.

면접관: 어떤 업무를 희망합니까?

지원자: 현재 **사의 주력 사업은 아니지만 향후 회사를 크게 발전시킬 가능성이 높은 네트워크 보안과 광전송망 구축업무를 희망합니다. 빠르게 발전하는 네트워크 기술과 네트워크 융합에 따라 보안의 중요성은 더욱 중요해지게 되고, 향후 기간망뿐만 아니라 PON이 아닌 확실한 FTTH로의 전환도 가시화 될 것으로 생각하며 제가 창업정신으로 혼신을 다해 성공시키겠습니다.

Advice 지원자는 잘되고 있는 주력사업에서 폼잡기를 희망하는 게 아니라 현재로서는 불투명한 사업에 자신감 있게 회사와 자신의 미래를 묶어 답변한 것이 돋보인다.

면접관: 희망 직무와 연관하여 어떤 준비를 해왔습니까?

지원자: 컴퓨터 구조, 컴퓨터 네트워크 및 데이터 통신과 같은 네트워크 교과목과 디지털통신, 멀티미디어통신 등 통신 교과목을 두루 수강하며 실력을 쌓아왔습니다. 그리고 네트워크 관리사 1급 자격증과 RFID-GL자격증도 취득하였습니다. 한 가지 더 있습니다. 저에게는 <u>네트워크 솔루션 전문가가 되기 위한 남다른 열정이 있습니다.</u>

Advice ✓ 희망 직무의 실무 준비만을 묻는 질문이 아니라 준비한 모든 것(정신적인 것도 포함)을 묻는 질문으로 이해하고 답변하도록 하자.

면접관: 희망 직무에서 실무적으로 가장 잘할 수 있는 일이 뭡니까?

지원자: 금방도 말씀드렸습니다만 저는 네트워크 솔루션 개발 업무에 대한 준비가 충분히 되어 있다고 생각합니다. 전공인 네트워크에 관해서는 말할 것도 없고, 보통 정보통신학과 출신의 경우 컴퓨터공학과에 비해서 프로그램실력이 떨어진다고 생각되지만 저의 경우는 Java프로그래밍에 관해서는 누구보다 잘할 자신이 있습니다.

면접관: 네트워크 솔루션에서 중요한 것을 말씀해보십시오.

지원자: 보안이 제일 중요하다고 생각합니다. 아무리 좋은 네트워크 솔루션이 있다 해도 보안에 취약하다면 인정받을 수 없을 것입니다. 최근 모 기업의 전산망의 보안이 뚫려 여론으로부터 뭇매를 맞고 그동안 쌓아왔던 기업의 이미지가 한 순간에 무너지는 것을 볼 수 있는데 이도 역시 가장 중요한 보안을 소홀히 한 결과입니다. 네트워크에서의 보안은 아무리 강조해도 지나치지 않다고 생각합니다.

면접관: 네트워크 분야의 시장을 어떻게 보십니까?

지원자: 전 세계 네트워크 시장 규모는 2,000억 달러가 넘을 만큼의 거대 황금시장입니다. 시스코·에릭슨·알카텔루슨트 등 소수의 기업이

주도하는 가운데, 가격 경쟁력을 갖춘 중국기업이 급성장하고 있습니다. 국내 시장 규모도 5조 원 대의 시장으로 향후 시장 전망은 아주 밝다고 생각합니다.

Advice 지원하는 분야의 시장 규모와 전망, 상품 트렌트 등은 기본적으로 알고 면접에 임해야 한다.

면접관: ***씨가 생각하는 좋은 회사는 어떤 회사입니까?

지원자: 사원들이 각자의 능력을 발휘할 수 있고, 능력을 키워갈 수 있는 시스템이 되어 있는 회사입니다. 때로 실패를 해도 격려 받고 그 교훈을 통해 능력을 키우고, 성장해갈 수 있는 회사이면 좋겠습니다.

면접관: 그러면 회사는 많은 투자를 해야 하지 않습니까?

지원자: 실패로 얻은 노하우는 결국 회사를 위해 쓰여 지게 됩니다. 리스크에 투자하는 것이 아니라 미래를 위해 투자한다고 생각하면 가능하고, 그렇게 하면 다른 기업에 앞선 기술개발을 할 수 있을 것입니다.

면접관: 자신의 강점을 말씀해보십시오.

지원자: 저는 무엇을 하던 몰입하는 형입니다. 재학 중에는 3개의 동아리 활동도 적극적으로 참여하면서 많은 것은 배우고 경험하였습니다. 학과 공부를 할 때는 집중 이상의 경지 즉 몰입하여 학업 성적도 우수한 편입니다. 앞으로도 직무를 수행할 때 몰입하여 시간을 효율적으로 활용하면서 좋은 성과를 거두도록 하겠습니다.

Advice 강점이 빛을 발한 사례 등을 제시해야 신뢰가 더해지고, 면접관도 흥미를 갖고 듣게 된다.

면접관: 지금까지 입사지원 상황과 결과는 어떻습니까?

지원자: 같은 직종으로 8개 회사에 지원하여 6개 회사에 낙방하였고,

1개 회사는 2차 면접을 합격하고, 3차 면접이 남아있습니다.

Advice 수없이 낙방한 지원자라도 50번 혹은 100번이라고 사실대로 말할 필요는 없다고 생각한다. 지금은 어떤 점을 개선, 보완하여 지원하고 있다는 점을 피력하도록 하자.

면접관: 왜 낙방하였다고 생각합니까?

지원자: 저의 실력을 충분히 보여주지 못해 그렇습니다. 그러나 오늘은 전에 면접보다 잘하고 있다고 생각하고 있습니다.

면접관: 우리 회사도 합격하고 다른 회사도 합격하면 어떻게 하겠습니까?

지원자: ***회사에서 근무하겠습니다. 네트워크 융합기술로 국내는 물론 전 세계로 사업을 확장하고 건실하게 성장하고 있는 역동적인 기업, ***회사와 미래를 함께 하고 싶습니다.

Advice 지원의지와 회사에 대한 충성심을 테스트하는 질문으로 당연히 면접을 보고 있는 회사에 근무하겠다고 해야 한다.

면접관: 사과는 한 개에 1,000원, 배는 한 개에 900원, 감은 한 개에 850원이면 토마토 한 개는 얼마가 될까요?

지원자: 파는 사람에 따라서 다를 것입니다. 물론 원가가 기준으로 이익을 얼마로 하여 팔 것인가를 결정하여 팔겠지만, 상인에 따라 일일 판매목표, 시장상황, 소비자의 토마토 선호도 등을 고려하고, 고객에 따라 판매가도 달리 판매할 수도 있습니다. 따라서 토마토 한 개의 가격은 파는 사람의 마음에 달려 있습니다.

Advice 이 질문도 정답 없는 질문이다. 얼마이어야 하는 이유, 논리가 중요하다. 800원 등 금액을 말하고, 그 값이 되는 이유를 설명하지 못하면 순발력, 사고력이 약한 사람으로 평가할 것이다.

업종: 광고 ‖ 직종: 광고영업 ‖ 전공: 광고홍보

면접관: 지원동기를 말씀하십시오.

지원자: 대학에서 공부한 광고 지식을 바탕으로 발로 뛰면서 성과를 내보고 싶어 지원하였습니다. 저는 사람들과 어울리고, 대화하는 것을 좋아합니다. 처음 대하는 사람들과 쉽게 사귀는 편입니다. 저의 사교적이고 적극적인 성격을 업무에 활용하면 남다른 성과를 낼 수 있을 것으로 생각합니다.

Advice 이렇게 면접관이 많이 듣는 유형의 답변은 설득력이 없다. 경험을 바탕으로 자신만의 메시지를 사례와 키워드를 중심으로 풀어 가면 좋은 평가를 받게 된다.

면접관: 전공을 택한 이유는 무엇입니까?

지원자: 어려서부터 막연하게 광고에 대해 관심이 많았습니다. TV 광고를 보면서 짧은 시간에 상품 구매를 하고 싶게 하는 것에 흥미를 갖게 되면서 신문 등의 광고도 유심히 보게 되었습니다. 자연스럽게 광고홍보를 전공하였고, 특히 광고를 심리학적 측면에서 공부하고 싶어 광고심리학을 깊이 있게 공부하였습니다.

면접관: 광고를 뭐라고 생각합니까?

지원자: 광고는 소비대중에게 제품을 구매하거나 서비스를 이용하여 소비대중의 삶을 바꾸라고 제안하는 것이라고 생각합니다.

Advice 광고의 확실한 정의는 없다. 이 질문에는 원론적인 내용을 포함하되 약간 표현의 방법을 달리하면 면접관이 신선하게 받아들일 것이다.

면접관: 광고 제작사와 광고회사의 고객의 차이점이 있을까요?

지원자: 광고 제작사는 소비자를 중심으로 광고를 제작하고, 광고회사는 주로 기업이나, 기관, 지자체가 고객이 됩니다. 광고회사, 광고대행사의 클라이언트 즉 광고주의 광고를 소비자를 대상으로 광고 제작사가 광고를 제작합니다.

Advice 대체로 답변과 같이 구분할 수 있지만 광고 제작사에서도 광고 대행을 하기도 하고, 광고대행사에서 광고물을 제작하기도 한다.

면접관: 최근의 광고 트렌드는 어떻습니까?

지원자: 포장하여 선전하고 설득시키는 광고 형태에서 상품, 브랜드, 기업의 가치를 공감하고 느낄 수 있게 하는 커뮤니케이션이 중심이 된 광고가 대세인 것으로 생각합니다. 여기에 소셜미디어도 광고와 홍보의 큰 트렌드로 자리 잡아 가고 있습니다. 다중의 소비자에게 하는 기업의 일방적인 광고가 아닌 기업과 소비자가 1:1로 만나는 광고방식을 고민해야 한다고 생각합니다.

면접관: 자기소개서에 성격이 낙천적이고 활달하다고 했는데 보기에는 내성적이고 소심할 것 같은데

지원자: 내성적이고 소심한 면도 있지만 낙천적이고 덜렁대는 면도 있어 성격을 딱 이렇다 하기 어렵습니다.

Advice 자기소개서를 신중히 솔직하며 일관성 있게 작성하지 않으면 이런 질문을 받기 쉽고 또한 모순된 답변을 하게 된다. 이렇게 답변을 하면 면접관은 화가 머리끝까지 오를 수 있다. 본인의 성격도 모르는 사람을 어떻게 채용할 수 있겠는가? 내성적 성격이라고 불합격하는 것은 아니다. 대신 이런 장점이 있고, 저런 노력을 하고 있다고 해야 한다.

면접관: 어려움을 극복한 경험이 있으면 말씀해보십시오.

지원자: 중학교 때 아버지께서 사업에 실패하시면서 경제적으로 많이 어려웠습니다. 저는 아르바이트를 하며 온 가족이 힘든 시간을 보낼 때 어머니가 정신적인 지주가 되어 견디어 내며 어렵게 고등학교를 다니고, 대학에 입학하였습니다. 가족이 위로가 되고 힘이 되어 여러 가지 아르바이트를 하며 대학교를 졸업하였습니다. 이제는 어떤 어려움과 시련이 있어도 이겨낼 자신이 있습니다.

Advice 이 답변은 많이 듣던 이야기 같아 공감이 약하다. 이때 지원자가 전하는 내용에 맞는 표정의 전달(연기가 아닌)도 중요하다. 힘든 시기의 경험 중 사례 한두 가지와 그때의 목표와 터득하거나 배운 점 등을 정리해보도록 하자.

면접관: 인상적인 광고 한 편을 말씀해보십시오.

지원자: 현대카드 광고입니다. 장면이 연속되면서 메시지를 전해주는 것이 아니라 만들고 버리는 장면이 계속 되면서 '우리는 누군가 따라하는 것을 즐긴다. 그럼 우린 또 새로운 걸 만들테니까' 하는 오만함이 느껴지는 멘트가 나오고, 'make break make'로 끝나는 게 인상적입니다.

Advice 광고, 홍보분야 지원자는 평소에 영상광고, 인쇄매체광고를 보며 분석하는 습관을 길러야 한다.

면접관: AE를 지망하셨는데, AE에게 요구되는 자질을 말해보십시오.

지원자: AE의 중요한 업무는 광고를 수주하고 광고주를 관리하는 것입니다. 상품에 대한 정확한 이해를 바탕으로 시장을 연구, 분석하고 그에 부합하는 광고가 제작될 수 있도록 광고주와 광고제작팀 사이에서 브릿지 역할을 해야 합니다. 이를 위해서는 광고에 대한 열정을 가지고 있어야 하며, 크리에이티브 감각과 기획력, 프리젠테이션 능력 등을 기본적으로 갖추고 있어야 합니다. 또 대인관계 능력과 함께 마케팅 관련 지식도

갖추고 있어야 한다고 생각합니다.

면접관: 작업을 하다보면 야근, 철야도 잦을 수 있는데 괜찮겠습니까?

지원자: 각오하고 있습니다. 저는 하고 싶은 일을 할 때는 좀처럼 피로를 느끼지 않는 스타일입니다. 대학시절 프로젝트 진행을 하면서 5일간 3시간 정도씩을 자며 몰두하기도 했고, 공모전 참가를 준비하면서도 거의 한 달 동안 긴장한 채 생활하기도 했습니다. 저에게는 젊음과 열정이 있습니다. 오히려 많은 광고를 수주하여 철야를 하며 일하면서 많은 것을 배우고 싶습니다.

Advice 광고, 예술, 미디어 분야에서 의욕과 열의를 야근 등의 질문으로 평가하기도 한다. 따라서 야근은 물론 철야도 즐기며 일하겠다는 열의를 전하는 것이 중요하며, 자신감을 표현할 필요가 있다. 일면 화려하게 보이지만 긴장도가 높고 스트레스도 많이 받는 직종들이다.

면접관: 단편영화를 제작한 경험에 대해 간략히 말씀해보세요?

지원자: 대학교 3학년 때 단편영화 제작 경험이었습니다. 제가 감독이 되어 배우 및 장소를 섭외하는 등 기획의 총 책임자가 되었습니다. 기자재 대여, 배우 스케줄 문제, 촬영일정 등을 치밀하게 기획하고 시나리오에 공을 들이는 것이 대단히 중요하며, 이 단계가 영화 전반에 영향을 준다는 사실을 새삼 느끼게 되었습니다. 또 예기치 않게 발생하는 일에 대해서 순발력 있는 대처가 중요하다는 것도 배웠습니다.

업종: 상사 ‖ 직종: 해외영업 ‖ 전공: 경영학

면접관: 해외연수를 1년간 다녀왔는데 비용은 어떻게 마련했나요?

지원자: 인턴으로 일하면서 모은 돈과 부모님께 지원받은 돈으로 다녀왔습니다.

면접관: 부모님께서는 학비도 대주시고, 해외연수 비용도 지원해주셨는데, 부모님께 너무 경제적인 부담을 드린 건 아닌가요? 결혼하면서 또 도움을 바라실 텐데.

지원자: (긴장한 탓에 면접관의 질문을 대략 이해했지만 자신이 없어) 제가 긴장을 해서 면접관님의 말씀을 이해하지 못했습니다. 다시 여쭈어봐도 되겠습니까?

면접관: 대화를 한다고 생각하고 듣고 말씀하시면 됩니다. 부모님께서는 학비도 대주시고, 해외연수 비용도 지원해주셨다고 했습니다. 부모님께 너무 경제적인 부담을 드렸다고 생각하지 않으시나요? 결혼하면서도 도움을 바라실텐데요.

지원자: 이제부터는 제가 부모님께 해드리고 결혼도 저의 능력으로 할 생각입니다. 늘 감사하는 마음을 갖고 열심히 사는 게 부모님께 보답하는 길이라고 생각합니다.

Advice 면접 중에 질문을 잘 듣지 못했거나 이해가 되지 않을 때에는 공손하게 재질문을 요청하는 것이 동문서답하는 것보다 낫다. 지원자의 인성, 도덕성을 평가하는 질문으로 교과서적으로 답변하면 무난하나 독자 중에 이런 정도의 답변을 할 정도라고 생각되면 모의면접을 경험해볼 것을 권한다.

면접관: 해외연수도 다녀오고 영어 성적이 좋은데, 일상적인 비즈니스 회화는 가능합니까?

지원자: 예. 자신 있습니다.

면접관: 해외 연수에서 힘들었던 점, 배운 것을 말씀해보십시오.

지원자: 처음에는 언어 소통이 잘 안되어 고생했지만 열심히 하여 3개월 후부터는 어느 정도의 소통이 가능해졌습니다. 다양한 나라의 사람들과 생활하며 각기 다른 생활방식, 문화에 대해 배울 수 있었습니다.

Advice 이렇게 답변하면 면접관은 지루하고 짜증이 난다. 자신이 경험하고 느낀 에피소드로 시작하여 결론을 맺으면 사실감이 더해져 면접관의 관심을 끌 수 있을 것이다.

면접관: 회계나 재무 성적도 좋아 경영지원 분야 업무도 잘할 수 있겠는데요.

지원자: 회계나 재무 쪽도 채용해주신다면 뭐든지 잘할 수 있습니다.

Advice 유도 질문, 함정 질문에 빠지면 안 된다. 해외영업을 지원하고, 그 부서가 아니어도 아무 부서나 채용만 해주면 열심히 하겠다는 말인데, 직무에 대한 의지, 준비, 실력 등을 의심받을 수 있는 답변이다. 회계나 재무분야에 대한 실력은 지원 업무에 큰 도움이 될 것이라고 답변하면 무난하다.

면접관: (목소리를 높여) 그런데 왜 해외영업을 지원했습니까? 경영지원 분야를 지원하지.

지원자: 저~ (작은 목소리로) 영어에 자신 있고, 회계는….

Advice 이렇게 답변하면 확신도 없이 지원한 사람으로 보일 수 있다. 오직 지원 분야에 대한 열정과 실력, 준비한 것을 보여주자.

면접관: 문화충돌에 대해 말씀해보십시오.

지원자: 서로 이해하지 못하는 문화가 부딪치면 충돌이 일어나는 현상을 말하며, 힘의 우위에 선 부류의 문화가 승리하게 됩니다. 패배자는 승리자의 문화를 흡수하고, 드물게는 승리자도 패배자의 문화를 엿보며 흡수하기도 합니다. 해외근무를 하려면 풍습, 가치, 정서적으로 우리와 다른 문화를 이해하고 적응하려는 마음이 필요하다고 생각합니다.

면접관: 최근 기업의 글로벌마케팅 추진 트렌드에 대해 말씀해보십시오.

지원자: 우선 가장 중요한 트렌드의 하나는 의사소통 강화입니다. 콜센터, 웹페이지의 고객센터, 이메일, 트위터 같은 소셜네트워크를 통한 의사소통을 강화하고 있습니다. 두 번째 핵심 트렌드는 Green 혹은 Eco 마케팅입니다. 지역, 업종에 관계없이 지구온난화와 이산화탄소 배출, 환경파괴에 대한 상품의 친환경성 메시지를 강조하고 있습니다. 세 번째 트렌드는 혁신(Innovation)입니다. 현재 기업이 제공하는 가치와 고객이 요구하는 가치의 차이를 최소화하기 위해 시도하고 있습니다.

면접관: 해외영업을 할 수 있는 회사는 많은데, 우리 회사를 지원한 특별한 동기가 있습니까?

지원자: 귀사에서 생산되는 두께 3마이크론을 초과하는 초박막 캐퍼시터 필름은 각종 전자제품에 사용되며, 두께 3마이크론 이하 극초박막 제품은 하이브리드카와 전기차의 축전 겸 절연용 핵심소재로 쓰이고 있습니다. 향후 두 가지 제품의 시장은 무한히 커져 갈 것입니다. 두 제품의 세계 최대 메이커인 회사에서 제가 지금까지 키워온 실력과 글로벌 비지니즈 감각으로 세계를 무대로 영업을 하고 싶어 지원했습니다.

Advice 지원 동기는 면접 회사마다 준비를 해야 한다. 기업의 제품, 시장 상황 등이 다르기 때문이다. 이때 자신의 강점과 각오를 함께 피력하도록 하자.

면접관: 입사 후 포부와 비전을 말씀해보십시오.

지원자: 입사 후 1년은 세계와 무역에 대한 지식과 안목을 기르기 위해 관련 서적을 30권을 읽고, 선배님들의 해외 영업 노하우를 벤치마킹하며, 저만의 새로운 영업방식의 이론과 실전 기초를 다지겠습니다. 다음 3년은 기초를 바탕으로 중국과 같은 큰 시장과 미개척 시장을 뛰어 놀랄 만한 결과를 만들어 내겠습니다. 그 다음 5년은 그간의 노하우와 새로운 마인드, 세계를 한눈으로 보는 시야로 신화를 창조하겠습니다.

Advice 자신감 있는 눈빛으로 미래의 청사진을 보여주어 준비된 인재라는 것을 어필하도록 하자. 진지한 자세와 의지 없이 '신화 창조'와 같은 추상적인 어휘를 쓰면 오히려 감점 요인이 될 수 있음에 유의하자.

면접관: 자기계발을 위해 오랫동안 해오고 있는 게 있나요?

지원자: 영어와 중국어를 매일 공부하고 경제신문 2가지를 보며 경제지식과 흐름을 공부하고 있습니다. 매일 아침 체력 증진을 위해 조깅도 하고 있습니다.

면접관: 중국어를 공부하고 있다고 했는데, 중국이 안고 있는 큰 문제는 뭐가 있습니까?

지원자: 경제가 발전하면서 빈부의 격차, 도시와 농촌의 격차가 커지고 있습니다. 부정부패도 여전히 큰 문제입니다. 또한 소수민족과의 갈등도 쉽게 풀 수 없는 문제입니다.

Advice 비교적 잘한 답변이다. 여기에 미래에 큰 문제로 대두될 수 있는 문제가 중국인구의 구조 변화로 오는 노동력의 부족이다.

업종: **음식료** ‖ 직종: **영업** ‖ 전공: **식품영양학**

면접관: 하루 일과를 말씀해보십시오.

지원자: 7시에 일어나 8시 30분에 도서관에 도착하여 12시까지 영어공부와 전공 관련 공부를 하고 있습니다. 점심식사 후 오후 3시까지 **자격증 공부를 하고, 4시부터 10시까지는 파트타임 아르바이트, 11시부터 1시까지 ***자격증 시험공부를 하고 있습니다.

면접관: ***씨의 강점은 뭐가 있습니까?

지원자: 해야 할 일에 대하여 빠르게 파악하고 문제점을 개선하여 성과를 올린다는 점입니다. 저는 아르바이트를 주로 유통관련 업종에서 해왔습니다. 지금도 잡화도매상에서 아르바이트를 하고 있는데, 우선 제가 해야 할 일에 대해 파악한 다음, 일 처리 순서에서부터 효율적인 방법을 연구하고, 동료에게 제가 생각하는 개선안에 대해 조언을 구하여 부장님 결재를 받아 개선하여 좋은 평을 받고 있습니다.

Advice 예를 들어 독서량이 많은 지원자는 그 지식을 내세우는 것보다는 그 지식을 업무에 어떤 방식으로 활용하면 좋은 무기가 된다고 답변해야 한다.

면접관: 예를 들어 말씀해보세요.

지원자: 제가 일하는 회사는 잡화품목이 500여 가지에 달합니다. 일간. 월간. 연간 입출고 수량, 품목별 진열면적 등의 자료를 바탕으로 업무와 공간을 효율화 할 수 있도록 적정 재고량, 적재순서 등의 개선안을 제시하여 실행하였습니다.

Advice 강점을 말할 때도 이처럼 이어지는 질문을 염두에 두고 답변을 준비하자.

면접관: 저희 회사 상품에 대해 어떻게 생각합니까?

지원자: 회사에 대해 연구하기 위해 2개월 전에 10대 100명, 20대 100명에 대해 귀사와 귀사의 경쟁사인 ***사의 회사 인지도와 상품 선호도를 조사한 적이 있습니다. 귀사의 상품 중에는 **상품이 10대와 20대 모두 가장 즐겨먹는 것으로 나타났습니다. @@은 성분, 맛 등에서 경쟁사에 비해 뒤지지 않는데 경쟁사의 ###을 선호하는 것으로 나타났습니다. 앞서 말씀드린 조사내용과 제가 작성한 @@상품의 마케팅 전략안을 제출하고 싶습니다.

면접관: 이리 주세요.

지원자: (허리를 굽혀 인사하며 자료를 건넨다.) 여기 있습니다.

면접관: (반가운 표정으로 받은 자료를 보며) 예. 열의를 높이 평가하고 싶네요.

지원자: 감사합니다.

Advice 지원회사에 대해 연구하고, 맞춤 전략안으로 지원해야 성공확률이 높다. 똑같은 이력서, 쉽게 쓴 자기소개서를 제출하고, 운좋게 서류전형에 통과하여도 기업연구를 하지 않고 면접에 임하여서는 자신이 바라는 회사에 취업하기 쉽지 않을 것이다.

면접관: 회사에서 식품개발 아이템을 제안하고 싶은 게 있습니까?

지원자: 비만, 당뇨, 고협압 환자들이 병에 따라 영양소 등을 섭취할 수 있는 밥을 개발하면 성공할 수 있다고 생각합니다. 물론 일반 햇반 가격보다는 비쌀 수밖에 없지만 우유처럼 가정에 배달하면 장기적인 고객 확보가 가능할 것입니다.

 지원 기업과 상품, 업계를 어느 정도 알고 있는가를 보기 위한 질문으로 실현 가능성이 높지 않아도 신선한 발상이 중요하다. 이런 질문은 순발력으로 답변하기는 어려우므로 예상 질문을 만들어 상품의 내용, 디자인, 마케팅까지 생각해보도록 하자.

면접관: 일에 대한 열정, 의지는 강한 것 같은데, 그래도 영업하기에는 어려움이 있을 것 같은데요.

지원자: 몸이 좀 마르편이라 약하게 보셨을 수도 있습니다. 저는 강단이 있는 체질입니다. 감기 등의 잔병도 거의 없었습니다. 저는 의지가 강한 점이 장점이기도 합니다. <u>한 번 하고자 마음먹은 일은 해내고 마는 성격입니다.</u>

 성격을 이해할 수 있는 근거, 이루어낸 결과를 예로 들어야 한다. 지원자가 '저를 채용하시면 회사에 큰 공헌을 하겠습니다' 하고 말하면 면접관은 '아~예. 그렇습니까? 믿고 채용하겠습니다' 하지 않는다. 당연히 '어떻게 공헌할 것인가?' 추궁하고 압박하면서 지원자의 잠재능력 평가할 것이다.

면접관: 구두쇠 사장에게 새로 개발되어 출시된 비싼 TV를 어떻게 팔겠습니까?

지원자: 저는 이익을 주고받는 방법으로 팔겠습니다. 그 사장님이 하는 사업에 관한 정보를 수집 분석하여 단계별로 제시하겠습니다. 사업을 하시는 분이라 사업적으로 도움이 될 정도의 정보를 제공한다면 분명히 구입할 것입니다. 계속 정보를 제공하면서 친분을 쌓아 다른 분들도 소개받을 정도의 VIP 고객으로 만들겠습니다.

 순발력과 지원 업무에 대한 의지를 평가하는 질문이다. 사장의 부인에게 구입하도록 하는 방법, 사장과 취미를 같이 하는 방법 등 여러 가지가 있을 수 있으나, 면접관이 들어보지 못한 새로운 방식, 미래의 이익까지 염두에 둔 방식을 시도하겠다고 하면 좋은 점수를 받게 될 것이다.

면접관: 전공을 보면 개발 분야가 좋을 것 같은데 왜 영업을 지원하셨나요?

지원자: 제과제빵과 식품사업에서 국내 식품문화를 선도하고, 국민 건강에 이바지 하고 있는 **사의 상품으로 저의 식품공학 전공 실력을 영업에 활용하면 누구보다 신뢰받는 영업을 할 수 있을 것 같아 지원하였습니다.

면접관: 전공을 어떻게 활용할 생각입니까?

지원자: 상품을 분석하여 원료, 영양적 측면, 상품의 제조 과정과 위생적 측면 등 상품의 우수성을 파워포인트로 영업자료를 만들어 영업에 활용할 계획입니다. 또한 평소에 식품 전문가로서 실력을 쌓아가고, 최신 정보를 수집하여, 고객에게 고객이 원하는 것 이상의 지식과 정보, 서비스와 신뢰를 주는 영업인이 되겠습니다.

Advice 앞의 질문에서 이 답변까지 했어야 했다. 면접관이 다음 질문을 하지 않았으면 득점 기회를 놓치고 말았을 것이다. 영업 분야는 전공을 중요시 하지 않으므로 전공을 업무에 어떻게 활용할 것인가를 어필하면 된다.

면접관: 영업에 대해 생각해보신 게 있으면 말씀해보십시오.

지원자: 영업은 주고받는 거래행위라고 생각합니다. 거래는 주고받아야 지속적인 거래가 가능할 것입니다. 저는 마음과 신뢰를 많이 주도록 하겠습니다.

Advice 간단한 면접 질문이지만 포괄적인 답변을 요구하는 것이 많다.

어떻게 마음과 신뢰를 줄 것인가를 밝혀야 한다.

면접관: 실패한 경험이 있으면 말씀해보십시오.

지원자: 대학교 1학년부터 용돈을 아끼고 아르바이트를 해서 모아온 500만 원을 2010년 초부터 우리나라와 중국 투자 주식상품에 투자를 하였습니다. 그런데 몇 개월 후 예상치 못했던 미국발 경제위기가 오면서, 수익률은 우리나라 40%, 중국 50%에 달하였습니다. 고수익에 대한 환상에 사로잡혀 유행을 쫓았던 자신에 대해 많이 반성하고, 앞으로는 쉽게 돈을 벌기 위해 구체적인 계획, 정보 수집과 분석 없이 트렌드를 따라가는 모험을 하지 않을 것입니다.

면접관: 좋은 추억이 있다면 말씀해보십시오.

지원자: 대학 3학년 여름 방학 때, 파트타임으로 대형마트에서 매장을 관리하면서 식품을 판매했던 경험이 저를 많이 성장시킨 계기가 되어 가끔 생각이 납니다. 그날의 중점 판매 상품의 아이디어를 내어 보기 좋게 진열하고 목청 높여 상품의 신선도와 맛과 영양, 가격 등을 신나게 설명하면 놀라울 정도로 고객이 몰리고, 매출이 쑥쑥 올랐습니다. 그때부터 적극적인 자세가 고객을 움직이고, 좋은 결과도 만들어 낼 수 있다는 확신을 갖게 되었습니다. 채용되면 경험을 살려 실적을 올리는 영업사원이 되겠습니다.

업종: 유통 ‖ **직종**: 영업관리 ‖ **전공**: 통계학

면접관: 취업을 했다는 전제로 부모님께 우리 회사를 자랑해보십시오.

지원자: 19**년에 창업하여 고객에게 항상 더 높은 가치 제공을 회사 핵심 가치로 하여 고객중심, 신바람, 프로를 기업문화로, 창의, 스피드, 실행을 업무문화로 정착시켜, 201*년 업계 점유율 *위, 매출 *조, 점포수 127개로 한국 최고의 유통회사를 목표로 성장해가는 회사입니다. 또한 여성간부가 많은 회사, 20010년 아시아 최고의 직장 선정, 4세대 할인점 이라는 수식어를 만들어 낸 회사입니다.

Advice 부모님이 아니라 면접관에게 하는 자랑으로도 부자연스럽고, 내용도 상황에 맞지 않는다. 자연스럽게 회사의 강점, 최신 뉴스 등을 중심으로 전개하는 것이 좋겠다. 지원 회사에 대해 어느 정도 연구했는가와 순발력을 보기 위한 질문이다.

면접관: 유통 영업관리 사원을 채용하는 회사는 많은데 왜 우리 회사를 지원하셨나요?

지원자: 유통 영업관리 분야에 취업하기 위해 백화점 등 여러 회사를 나름대로 연구하고 매장을 돌아보았습니다. 그중에서 ***사가 행사코너에 진열하는 품목의 진열기간이 가장 짧았습니다. 시기별로 기민하게 고객을 앞서가는 시스템이 작동하는 회사이고, 그에 따라 시장점유 성장이 가장 빠를 것으로 생각하여 지원하였습니다.

Advice 지원동기는 논리가 아닌 구체적인 예나 근거를 포함하여 답변하여야 한다.

면접관: 유통업에 취업하기 위해 무엇을 준비했습니까?

지원자: 대학에서는 품질경영, 마케팅, 유통과 프랜차이즈, SCM 과목을 수강하였고, @@ 회사에서 매장관리 아르바이트로 경험을 쌓았습니다. 고객과 회사의 win-win을 위하여 많은 노력을 하겠습니다.

면접관: SCM을 간략히 말씀해보십시오.

지원자: SCM(supply chain management)은 자재 공급업체와 생산업체 그리고 고객에 이르기까지 거래 관계에 있는 기업들끼리 IT를 이용한 실시간 정보공유를 통해 시장이나 수요자들의 요구에 기민하게 대응토록 지원하는 시스템입니다. 세계적으로 선도적 위치에 있는 제조업체, 물류업체, 유통업체들은 SCM을 통해 거래처들과 긴밀하게 협력하여 이익을 훨씬 더 극대화하고 있습니다.

면접관: 사회생활에서 가장 중요한 것이 무엇이라고 생각하십니까?

지원자: 성실과 신뢰라고 생각합니다. 성실한 자세와 마음 그리고 많은 사람이 저 자신을 신뢰할 수 있도록 만드는 것이 중요하다고 생각합니다.

Advice 대부분의 질문은 지원자의 자세, 능력, 사고력을 알기 위한 것이므로 지원자는 포괄적으로 이를 위해 어떤 노력을 하고 있는지 사례를 들어 답변하면 더 좋은 평가를 받게 될 것이다.

면접관: 친구들이나 아는 사람들의 김길동 씨에 대한 신뢰점수는 몇 점이라고 생각하시나요?

지원자: 일반적인 평균 점수를 60점으로 보았을 때 저는 90점이라고 생각합니다.

Advice 자신의 신뢰점수와 비교 가능한 점수를 제시하여 그 자체로 믿음이 갈 수도 있으나 근거 제시가 없어 아쉽다.

면접관: 그렇게 생각하는 이유는 뭔가요?

지원자: 저의 성실성과 노력하는 자세, 언행을 일치시키려고 노력하는 점을 들 수 있겠습니다.

Advice 이렇게 막연하고 추상적인 답변보다는 사례를 들어 답변하면 좋은 점수를 받을 수 있다.

면접관: 저희 회사가 상장해서 지금까지 주식 최고가가 얼마인지 아시나요?

지원자: (당황하여 얼굴이 붉어지며 잠시 생각하다) 그건 잘 모르겠습니다. 어제의 주가는 219,800원이었습니다. (밝고 큰 목소리로) 면접관님! 상장초기부터 지금까지 주가의 변동추이를 조사하여 자료를 일주일 이내에 면접관님께 제출하겠습니다.

Advice 주식 최고가를 아는 사람은 많지 않을 것이다. 지원 기업에 대한 연구가 필요하고, 모르면 모르는 대로 열의를 보이는 당당함이 필요하다. 모른다는 말로 끝나는 패기 없는 사원을 선발하지는 않을 것이다.

면접관: 혁신(Innovation)을 실행한 경험이 있으면 말씀해보십시오.

지원자: 2년 전 자연 경관이 좋은 전원 식당에서 아르바이트를 할 때입니다. 여느 식당의 차림표와 같은 모양의 차림표를 색다른 모양으로 만들어 보고 싶어서 궁리한 결과 한국적이고, 고전적인 느낌이 나도록 두루마리 차림표를 만들면 느낌이 좋을 것이라는 생각이 들었습니다. 천에 고전 그림을 배경으로 차림표를 만들었는데, 반응이 예상 외로 좋았습니다. 간단한 아이디어로 식당의 이미지를 높이고 손님들에게 새로움을 선사하였습니다.

면접관: 단골 고객을 유치하기 위한 새로운 방안이 있으면 말씀해 보십시오.

지원자: 사원들의 취미를 살려 지역 주민들과 동호회를 결성하여 활성화한다면 동호회에 가입하는 회원은 단골 고객이 될 것입니다. 또한 이를 언론에 알리면 회사를 홍보하는 효과도 볼 수 있습니다.

<u>Advice</u> 기획, 마케팅, 영업 관련 업무 지원자는 지원회사의 상품, 시장 트렌드를 연구하고, 매출 신장 방안도 생각해보고 면접에 임하자. 새로운 방안은 실현 가능하고 가시적 성과를 올릴 수 있는 가능성이 있을 때 좋은 점수를 받게 된다.

면접관: 그건 다른 회사에서 최근에 추진하고 있습니다.

지원자: 다른 회사보다 더 활성화될 수 있게 연구할 필요가 있다고 생각합니다.

<u>Advice</u> '아~ 예 죄송합니다' 하지 말고 당당히 자신의 생각을 밝히도록 하자.

면접관: 저희 회사가 개선해야 할 점 두 가지를 말씀해보십시오.

지원자: 경기가 어려울수록 더 싼 상품을 원하는 소비자는 늘어나게 됩니다. 가격 경쟁에서 우위를 점하면서도 믿을 수 있는 상품이 필요한데, 현재 ***사의 PB 상품군은 매우 미미한 실정입니다. 생필품 외에도 제조업과의 전략적 제휴를 통해 PB 상품을 대폭 늘려야 할 것입니다. 다른 한 가지는 식품매장에 가면 직원들이 큰 목소리로 상품에 대해 외치는 것을 볼 수 있습니다. 일반 시장과는 다른 분위기, 즉 조용한 분위기에서 쇼핑을 할 수 있도록 특판하는 상품은 POP 등을 크게 하여 홍보하는 것이 더 좋을 것 같다는 생각을 했습니다.

<u>Advice</u> 지원 회사의 매장을 방문하여 좋은 점, 개선되어야 할 점 등을 생각해보도록 하자.

면접관: 자신을 동물에 비유한다면 어떤 동물일까요?

지원자: 저는 바퀴벌레의 생존 특성을 닮았다고 생각합니다. 바퀴벌레는 환경 적응력이 대단히 강하며, 이동력이 뛰어납니다. 저는 어려운 집안

환경에서도 집안 살림과 아르바이트, 공부를 계속 병행하였습니다. 집과 아르바이트 근무지, 학교를 이동하는 하는 시간도 최대한 활용하며, 순간 이동하는 마음으로 살아왔습니다. 앞으로도 어떠한 어려움과 과제가 주어지건 바퀴벌레의 특성으로 이겨내어 유통전문가가 되도록 하겠습니다.

Advice 자신의 강점을 표현 수 있는 동물, 식물, 사물을 생각해두자.

면접관: 5년 후 ***씨는 어떤 모습일까요?

지원자: 3년 정도 영업을 하면서 눈에 보이는 실적을 올리려고 많은 노력을 할 것입니다. 그러면서 시행착오도 겪게 될 것입니다. 하지만 남다른 노력과 감각으로 상품의 라이프 싸이클, 소비자의 소비 트렌드, 납품업체에 대한 분석 등을 착실하게 해나갈 계획입니다. 5년 후는 이 노하우를 바탕으로 영업기획이나 회사의 전략기획 업무를 담당하게 될 것입니다.

Advice 미래의 모습은 지원회사마다 다르게 되므로 미리 생각해보고 가자. 생각해보지 않은 지원자는 순발력으로 면접관이 납득할 수 있는 미래의 자화상을 그려낼 수 없다.

면접관: 우리 회사에 대해 아는 대로 말씀해보십시오.

지원자: 197*년 창업 이래 3*년간 국내 가정용 가스기기의 발전을 이끌어 온 대표 기업입니다. ***기구 전문업체에서 가전, 웰빙, 환경제품에 이르기까지 영역을 확대하여 소비자의 다양한 Needs를 충족시키기 위해 많은 노력을 기울이고 있습니다. 특히 1993년부터 가스취반기, 가스레인지, 생선구이기 등으로 시작한 업소용 조리기기 사업은 중·고등학교의 의무적 직영급식체제 전환으로 높은 성장률을 기록하고 있습니다. 지난해 조달청 납품시장에서 22%의 시장점유율과 전년대비 530%의 판매 실적을 거두고 어린이집과 유치원에는 90%가 넘는 시장을 점유하고 있습니다. ***회사에서 일익을 담당하고 싶습니다.

면접관: ***이 시장 점유율이 높고, 매출 신장률이 높은 이유가 뭐라고 생각하시나요?

지원자: 각종 떡과 죽, 찜 등 부드러운 음식과 조림, 볶음 등 다양한 반찬을 포함한 한식 요리에 적합하기 때문입니다. 특히 현지 요리 환경에 맞춰 개발된 대다수 수입 오븐과는 달리 한국인의 입맛에 맞춘 한식·양식·중식·제빵 등 자동요리 프로그램이 100개가 내장되어 있고, 모든 프로그램이 한글로 되어 있어 누구나 쉽게 작동할 수 있습니다. 또한 1,000개 이상의 음식을 한 번에 조리할 수 있는 대용량 제품으로 학교뿐만 아니라 고급 레스토랑, 기업체, 관공서 등 대형 급식 장소에 적합하며, 층마다 여러 종류의 음식들을 한꺼번에 할 수 있어 조리 시간을 기존대비 1/3로 줄일 수 있고, 기름 사용량도 90%까지 절약할 수 있는 장점 등이

업소용 조리기기 시장을 평정할 수 있었던 이유라고 생각합니다.

면접관: 전혀 경험도 없고 어려운 많은 일을 다음 날 오전까지 해야 할 경우 어떻게 하겠습니까?

지원자: 밤을 새워 일하는 것은 문제가 되지 않습니다. 처음 하는 일이라 처리 방법이 잘못되면 업무적 miss가 될 수도 있고, 시간 내 처리가 어려울 수도 있기 때문에, 먼저 사내(社內)에 이 일을 경험한 선배님이 있는가를 알아보고, 업무 처리 방법에 대해 알아본 후에 처리하도록 하겠습니다. 없으면 저의 인맥 중에 이 업무의 경험이 있을 만한 사람에게 조언을 구한 후 실행하도록 하겠습니다.

면접관: 회사는 조직체입니다. 조직생활에서 가장 중요한 역량을 무엇이라고 생각합니까?

지원자: 커뮤니케이션 능력이라고 생각합니다. 회사에서는 사원 한 사람의 독립적인 업무가 주어지는 것이 아니라 많은 조직원들이 업무협조에 의해 진행되기도 하고, 함께 연구하고 문제를 해결해가기도 하기 때문에 자신의 생각을 잘 피력하고 함께 하는 조직원의 의견을 경청하며, 협력하면서 진행하는 자세가 중요하다고 생각합니다.

Advice 중요한 역량을 무엇으로 제시하든 논리성과 답변하는 지원자의 진실성을 느낄 수 있게 답변해야 한다.

면접관: 재무파트의 업무를 쉽게 설명해보십시오.

지원자: 심장의 기능과 같다고 생각합니다. 사람은 심장에서 인체 각 부분의 혈관으로 혈액을 공급하고 순환시키듯이, 기업은 자금으로 움직이는데, 혈액 순환이 원활하면 건강하듯이, 자금의 관리와 흐름이 원활하게 하는 업무로, 기업이 발전하게 되는 심장의 기능과 같은 업무라고 생각합니다.

<u>Advice</u> 면접관은 지원자보다 업무에 대해 더 잘 알고 있어 업무를 그대로 설명하면 지루하게 느낄 수 있다. 지원 업무를 색 다르게 설명할 수 있도록 생각해보자.

면접관: 어려운 일을 추진해본 경험과 결과를 말씀해주십시오.

지원자: ***관광회사에서 인턴으로 근무할 때 일입니다. 외국인을 상대로 '한국에 대한 인식과 여행의 만족도 조사'라는 프로젝트를 수행하라는 지시가 있었는데, 직원들이 선뜻 나서지 않아 제가 수행하겠다고 나서 3주간 공항에 나가 외국인 관광객에게 만족도 조사를 하였습니다. 초안 설문을 수정 보완 하고 설문자료를 토대로 보고서를 작성하여 추진력을 인정받은 경험이 있습니다.

면접관: ***씨가 외국인을 상대로 해야 하는 업무를 자청했다면 영어에 자신이 있었다고 생각되는데, 잘 합니까?

지원자: 영국에 1년간 어학연수를 갔던 경험도 있고, 영어회화는 자신 있습니다.

면접관: 재무분야의 인턴이나, 아르바이트 실무경험은 없습니까?

지원자: 예. 없습니다. 그러나 저는 ERP정보관리사, 회계관리1급, 기업 회계2급 자격증도 취득하여 실무를 처리할 수 있는 기본 실력은 갖추었습니다. 선배님들께 배우며 열심히 하겠습니다.

<u>Advice</u> 실무경험이 없어도 자격증, 그간 실무와 연관하여 공부해온 것을 어필하는 적극적인 자세가 필요하다.

면접관: 본인의 면접 점수를 준다면 몇 점을 주겠습니까?

지원자: 80점 정도 되지 않을까 생각합니다.

<u>Advice</u> "80점 정도 되지 않을까"라고 했는데 우유부단한 성격으로 보일

수 있다. "80점 주겠습니다"라고 명쾌하게 해야 한다.

면접관: 그 점수를 준 근거는 어디에 있습니까?

지원자: 대체로 무난하였는데 사례, 근거의 제시가 약해 신뢰점수가 좀 떨어졌을 거라고 생각합니다. 말씀드린 관광회사 인턴 때에 '만족도 조사' 복사본을 제출하지 않았고, 영어실력을 보여드리지 못했습니다.

Advice 면접관이 근거를 묻지 않았다면 이 답변은 생략되었을 것이다. 처음의 질문에서 잠시 제 소개를 영어로 해도 되겠는가 묻고 영어 실력을 보여줄 수도 있는 상황이었다. 어떤 질문에서도 가능한데까지 자연스럽게 자기 PR을 하는 시간으로 활용해야 한다.

면접관: 최근 가장 행복한 때는 언제입니까?

지원자: 저는 8시간의 아르바이트를 마친 후 취업을 하기 위해 공부하고 있습니다. 취업에 몇 번 낙방은 하였지만 힘들고 불행하다고 생각은 한 적이 없습니다. 많은 분들 덕분에 늘 감사하고 행복한 삶을 살고 있다고 생각합니다. 제가 취업하면 더 많은 사람들에게 이 마음을 전하고 싶습니다.

Advice 가치관, 인성을 알기 위한 질문으로 솔직하게 말하되 지원업무에 연관시켜 답변하면 더 좋은 평가를 받을 것이다.

면접관: 앞으로의 포부를 말씀해보십시오.

지원자: 성실하고 열린 마음으로 업무를 배우고 타사보다 뛰어난 기술을 개발하도록 최선을 다하겠습니다. 또한 인간적 신뢰도 함께 받을 수 있도록 노력하겠습니다.

Advice 수차 지적하지만 추상적인 답변보다는 면접관이 실감할 수 있도록 미래의 그림을 현재를 근거로 펼쳐 보여주어야 한다.

면접관: 답변이 너무 추상적이네요. 우수한 기술을 개발하기 위해 어떻게 하실 건가요?

지원자: 답은 시장 즉 고객에게 있다고 생각합니다. 고객이 무얼 원하는가에 초점을 맞추어야 된다고 생각합니다. 거기에다 타사와의 경쟁력을 함께 염두에 두고 시장에서 경쟁력 있는 기술 개발을 목표로 하겠습니다.

Advice 이 질문도 지원회사와 경쟁사의 경쟁부분은 무엇이고, 어떻게 하는 것이 필요하다는 등의 실질적인 사례와 방안 제시가 있어야 한다. 실현 가능성이 약하더라도 지원자의 열의를 보여주어야 한다.

면접관: 여러 기업을 지원하셨을 텐데 회사 선택의 기준이 있나요?

지원자: (무슨 질문인지 잘 이해하지 못해) 제가 지금까지 지원한 기업의 선택 기준을 말씀드리면 됩니까?

Advice 면접 중에 잠시 딴 생각을 하다 못 들을 수도 있고, 질문은 이해하지만 답변할 수 없는 경우도 있다. 또 무슨 말인지 통 이해할 수 없는 질문을 받을 때도 있다. 어느 경우나 정공법으로 맞서는 용기가 필요하다. 아는

척하다 빗나간 답변을 하는 것보다 낫다.

면접관: 예.

지원자: 저는 대기업이나 중견기업이 아닌 한 분야에 특화된 사업을 하는 기업을 지원했습니다. 그중에서도 향후 친환경기술 분야를 선도적으로 이끌고 개발할 수 있는 회사를 희망하고 있습니다.

Advice '제가 성장할 수 있는 회사인지가 중요합니다'라고 답변하는 지원자도 많은데, 회사는 이익을 내는 조직이지 사원을 성장시키기 위해 존재하지 않는다. 즉 이익을 창출하는데 기여할 수 있는가, 그런 능력이 있는가를 보려한다는 점을 염두에 두자.

면접관: *** 씨가 말씀하신 것 외에 중요한 것은 급여가 얼마냐이죠?

지원자: 제가 희망하는 회사는 업계의 평균 이상은 될 것으로 생각하기 때문에 급여는 선택 기준에서 중요한 사항은 아닙니다.

Advice 급여에 대해 여러 가지 변형된 질문을 할 수 있다. 지원하기 전에 지원회사에 대해 대략적인 급여에 대해 파악하여 면접 자리에서는 이에 대해 질문하지 않는 것이 좋으며, 질문을 받아도 심각하게 대응하지 않는 것이 좋다.

면접관: 친환경산업에 대해 아는 대로 말씀해보십시오.

지원자: 고도의 산업문명으로 자연환경이 가속적으로 파괴되어 가고, 이로 인하여 오존층이 파괴되고, 극지방의 빙하가 녹아 지구의 재앙이 올 수 있으므로, 자연의 훼손을 막아 지구를 지켜 내면서 풍요롭고, 편리한 삶을 살아가자는데 목표를 두고 있는 산업입니다. 관련 사업으로는 저탄소 배출 관련 산업, 신·재생에너지산업, 친환경부품소재산업, 녹색서비스산업, 자원재활용 관련 산업, 고효율 장비·장치산업 등이 있으며, 귀사는 신·재생에너지를 비롯한 친환경에너지개발의 대표

기업이라 할 수 있습니다.

<u>Advice</u> 방송, 신문, 인테넷을 통해 얻은 자료를 대충보고 면접에 임하면 그 기사를 인용하는 정도의 답변을 하게 되고, 면접관은 금방 알아챌 것이므로 중소기업을 지원하여도 그 기업에 대해 연구하고 가야 한다.

면접관: 우리 기업의 사업분야 중에서 어느 분야에서 근무하고 싶습니까?

지원자: 전력 송 · 배전기기 및 산업기계 등 기존 사업을 통해 축적해온 기술적 노하우를 바탕으로 국내 최초 독자 기술의 풍력발전 시스템을 구축한 풍력사업단에서 근무하고 싶습니다.

면접관: 개발해 보고 싶은 제품 있으면 말씀해보십시오.

지원자: 풍력사업단 개발 분야는 아닌 것 같습니다만 말씀드리겠습니다. 저비용으로 전력을 생산할 수 있는 연료전지를 이용한 가정용 발전기입니다. 여러 기업에서 연구하고 있지만 경제성이 떨어지고, 개발되고 있는 물이나 바람을 이용한발전기는 일반 가정에 설치하기에는 어려움이 있고, 설치비용 대비 낮은 효율성이 문제입니다. 지금의 전력 공급 수단은 비 등의 자연재해에 약하여 경제성 있는 가정용 연료전지의 개발이 필요하다고 생각합니다.

<u>Advice</u> 연구개발 분야 지원자는 지원 기업의 제품 개발 아이디어를 생각해보고 면접에 임하면 당황하지 않고 답변할 수 있을 것이다. 조금 황당한 아이디어라도 진지한 태도로 논리적으로 제안하면 감점 없이 넘어갈 수 있다.

면접관: 프로젝트를 진행하는데 무임승차하는 동료가 있다면 어떻게 하겠습니까?

지원자: 일에 몰두할 수 없는 사정이 있거나 업무와 관련된 불만이

있거나 이유가 있을 것입니다. 조용히 이유를 들어보고 팀의 목표를 위해 어렵고 힘들더라도 적극적으로 동참해 줄 것을 제안하겠습니다.

Advice 다양한 답변이 나올 수 있다. 팀워크의 중요성, 조직원 간의 인화에 관한 질문으로 이해하고 답변하면 무난할 것이다. 프로젝트의 효율적 진행을 위해 동료를 배제한다고 하고 납득할 만한 이유를 제시하지 못하면 의도를 벗어난 답변이 된다.

면접관: 타임오프제에 대해 어떻게 생각하십니까?

지원자: 노동자들의 권익을 보장하기 위해 어느 정도의 노조 활동은 반드시 필요합니다. 그러나 지금까지 노조 전임자들이 누려왔던 지나친 특혜 및 여러 가지 문제점은 개선되어야 한다고 생각합니다. 노조도 기업의 경쟁력 강화를 위해 군살을 빼내고, 일부가 아닌 전체 노조원을 위한 조직이 되어 기업과 노조가 동반자 관계가 되도록 노력해야 한다고 생각합니다. 타임오프제의 시행은 바른 정책이라고 생각합니다.

Advice 왜 이런 질문을 하는가를 생각해 보면 어떻게 답변해야 하는가도 답이 나올 것이다. 이런 질문은 당연히 기업의 입장에서 답변해야 한다. 면접을 보는 회사에 취업 의사가 없으면 노조 측에서 주장하는 내용대로 전면 반대한다고 목청을 높여도 될 것이다.

면접관: *** 씨가 면접관이라면 무엇을 묻겠습니까?

지원자: 저는 인생의 목표에 대해 물어보겠습니다. 저는 친환경 에너지 개발에 제 인생과 열정을 다 하고 싶습니다. 날로 전기 등의 에너지 소비량은 증가하게 되므로 친환경 에너지 전문가로 삶의 보람을 찾으며 사회와 인류에 공헌하고 싶습니다. 제 눈을 봐 주십시오. 제 눈 속에 저의 꿈이 담겨 있습니다. 아직은 꿈을 꾸는 청년이지만 제 눈 속에 있는 꿈을 반드시 이룰 것입니다.

업종: 통신 ‖ 직종: 홍보 ‖ 전공: 광고홍보학

면접관: 1년 휴학한 이유와 휴학기간 동안 무엇을 했는지 말씀해보십시오.

지원자: 경제적인 문제로 휴학을 하고, 판촉, 설문조사, 서비스 아르바이트 등 다양한 일을 사회를 경험한다는 마음으로 열심히 하였습니다.

Advice ✓ 경제적인 문제, 병이나 교통사고, 해외 연수, 기타 사정으로 휴학한 이유를 납득할 수 있어야 하며, 위 질문에서 무엇을 배우고 얻었는지가 중요한데 이를 밝히지 않았다.

면접관: 홍보와 관련하여 지금까지 무엇을 배웠습니까?

지원자: 홍보에 관심이 많아 1학년 때부터 학과 관련 수업으로 광고론, PR론, 광고관리론, 광고홍보실습, 통계학 등을 이수하였습니다. 전국대학생연합 홍보광고 동아리에서 활동하면서 10인의 광고인을 만나 인터뷰하고 자료를 정리하면서 그분들의 공통점으로 '열정'이 있음을 발견한 것은 큰 수확이었고 교훈이 되었습니다. 졸업 후에는 기업홍보 수단인 미디어에 대한 제반 지식 습득을 위해 방송관련연수원에서 방송영상전문인력양성 과정과 영상컨텐츠 프로듀서 과정을 수료했고, **마케팅 리그 과정에서 현직에 계신 분들께 홍보와 브랜드 마케팅에 대한 교육도 받았습니다.

Advice ✓ 10인의 광고인에 대한 인터뷰 과정과 내용, 느끼고 배운 점에 대해 좀 더 강조하면 좋을 것 같다.

면접관: 취업이 되면 어떻게 홍보를 할 계획입니까?

지원자: 홍보에서 가장 중요한 것은 본질의 전달입니다. 다시 말하면 '진실'로 소비자의 감성에 호소하는 것이라고 생각합니다. 내용물보다

화려한 문구로 눈길을 끌기보다는 소비자와 감정적 경험을 공유하는 것이 중요합니다. 우선은 기업이 최고의 가치로 삼고 있는 사업방향과 지향점이 소비자의 이해와 협력을 얻을 수 있도록 지속적으로 커뮤니케이션 활동을 펴나갈 것입니다. 또한 빠르게 변화하는 온·오프라인 미디어 환경에 탄력적으로 대응할 수 있는 효율적인 홍보 전략도 끊임없이 고민하겠습니다.

Advice 목표는 있으나 구체적 계획이 없는 애매한 답변이다. 감성에 호소하고, 감정을 공유하기 위한 방안을 제시해야 한다.

면접관: 우리 회사 홍보에 대해 어떻게 생각합니까?

지원자: 예. 저~ 음…. (작은 목소리로) 잘 모르겠습니다.

Advice 면접에서 막힘없이 답변한다고 합격하는 것은 아니다. 모른다고 위축되지 말고 '더 공부하겠습니다' 하고 큰 소리로 답변하자.

면접관: 취업도, 홍보도 쉽게 생각하는 것 같군요.

Advice 면접관이 화가 난 상태이다. 지원하는 회사와 지원 직무에 대해 연구를 많이 하고 면접에 임해야 한다. 홍보분야 지원자는 지원회사의 최근 1~2년간의 매스컴 보도내용, 홍보방식, 신상품, 실적 등을 분석하고, 경쟁사의 것도 비교 분석하도록 하자. 여기에 자신의 홍보 아이템을 담아 프리젠테이션 자료를 만들어 제출하면 좋은 점수를 받을 것이다.

면접관: 우리 회사의 최근 상품에 대해 어떻게 생각합니까?

지원자: 지난 4월 말 출시한 아이용 로봇 키봇에 대해 말씀드리겠습니다. 키봇의 기능 중에서는 RFID 낱말카드와 동요·동화 보기, 영상통화 등이 인기가 있는 걸로 알고 있습니다. 특히 매월 새로운 콘텐츠를 업데이트 할 수 있다는 점이 가장 큰 장점이 아닐까 생각합니다. 고객

입소문과 체험 마케팅을 통해 제품 이미지 각인에 주력했고, 8월 말 현재 목표를 초과달성 했다고 알고 있습니다.

Advice 제조회사나 서비스 회사의 경우 면접 전에 지원한 회사 제품의 특징, 장단점, 서비스 내용 등을 경쟁사와 비교하여 꼼꼼히 살펴보자.

면접관: 이 상품의 출시 의미를 말씀해보십시오.

지원자: 가정생활의 변화를 가져올 특화 기능의 개인서비스용 로봇의 대중화를 시작했다는 점에서 의미가 있다고 생각합니다. 앞으로 초등학생 대상의 교육용 로봇, 시니어용 반려로봇 등 개인서비스용 로봇들이 개발 출시되면 가정에서 생활이 더욱 편리해질 것입니다.

면접관: 외모를 보면 홍보 업무를 수행하기에 약해 보이는데.

지원자: 저는 13개 회사에 지원해 4개 회사는 면접을 보았습니다. 저는 앞으로 제가 하고 싶은 기업 홍보분야에 취업하기 위해 100개 회사라도 더 뛰어다닐 것입니다. 지난번에는 지원 회사를 방문하여 20명의 사원에게 취업에 도움이 될 좋은 얘기를 들었고, 귀사에서는 22명의 사원을 만나보았습니다. 여기 22명의 명함이 있습니다. 열정과 끈기가 저의 강점입니다.

Advice 이 지원자는 자신의 열정을 사례로 전하기 위해 지원회사의 수를 밝혀 문제가 되지 않으나, 보통은 면접관이 묻지 않는 한 밝힐 필요가 없다. 혹 긁어 부스럼을 만들 수 있기 때문이다.

면접관: 많은 회사를 지원하면서 실망도 많이 하고 참 힘들었을 것 같은데요.

지원자: 처음에는 막연하게 지원했으나 여러 회사에 지원하고 면접을 보면서 많은 것을 배우고 느꼈습니다. 저의 시야를 넓히고, 사회생활에

필요한 인내를 키우며 정신적으로 많이 성장한 시간이었습니다. 그래서 지금은 많은 준비를 하고 자신감도 갖게 되었습니다.

Advice 한두 회사에 지원해서 바로 합격하는 지원자는 많지 않을 것이다. 과거와 현재의 자기분석을 바탕으로 미래의 좌표를 설정하고, 이 과정에서 새로운 잠재성, 가능성을 발견하고 성장시켜 가는 의미 있는 시간이 되도록 즐기자.

면접관: 13개의 회사에서는 왜 ***씨를 채용하지 않았을까요?

지원자: 제 열정을 충분히 전달하지 못한 게 원인인 것 같습니다. 그래서 지난번부터는 지원회사를 찾아가 지원 업무분야의 사원분들께 조언을 구하고 있습니다. 지금도 자신 있게 임하고 있고, 좋은 결과가 있을 것으로 기대하고 있습니다.

면접관: 홍보 업무가 아닌 광고회사나 중소기업을 지원하면 취업이 쉬울 수도 있을 텐데요.

지원자: 저는 광고보다는 홍보업무를 하고 싶고, 중소기업에서는 홍보 업무만을 전담할 수 있을 것 같지 않아 중견그룹 이상으로 지원을 하고 있습니다. 저는 기업홍보 전문가로 성장하고 싶습니다.

Advice 지원 업무에 대한 의지와 자신감을 보기 위한 질문으로 소신 있게 잘한 답변이다.

면접관: 기업 경영에서 가장 중요한 것을 말씀해보십시오.

지원자: 회사가 성장해갈 수 있는 경영 전략이 중요하다고 생각합니다. 특히 요즈음 같은 장기적 불황, 무한 경쟁시대에는 회사의 자원을 활용할 수 있는 성장 동력을 발굴하여 회사의 역량을 집중하는 경영전략이 필요할 것입니다.

업종: **여행사** ‖ 직종: **상품기획** ‖ 전공: **경제학**

면접관: 긴장한 것 같은데 긴장 풀고, 한번 웃어 보세요.

지원자: (약간 긴장했던 얼굴에 미소를 지으며) 예. 감사합니다.

면접관: 자신을 식물에 비유하여 표현해보십시오.

지원자: '민들레 씨앗'이 적절한 것 같습니다. 저는 웃음이 많은 편입니다. 작은 일에도 웃고 하는데요, 그런 저를 보고 즐거워하며 같이 웃는 사람들이 많습니다. 민들레는 생명력이 강하여 황무지에서도 잘 자라며 아름다운 꽃을 피우고 씨앗은 바람에 날려 여기저기서 또다시 피어나듯이, 제가 입사하면 동료, 선배님들, 고객에게 웃음의 씨앗을 전해 모두 행복해지도록 하겠습니다.

Advice 자신의 강점을 전할 수 있는 식물을 기왕이면 면접관이 호감 있게 들을 수 있게 표현하면 좋은 점수를 받게 될 것이다.

면접관: 서비스를 뭐라고 생각합니까?

지원자: 고객 또는 이용자의 편익을 위한 노력으로 고객의 입장에서 생각할 수 있는 마인드가 중요하다고 생각합니다. 여행상품 기획도 고객이 생각하고 바라는 것을 최대한 고려해야 한다고 생각합니다.

Advice 대부분의 질문은 질문 이상의 답변을 기대하고 하고 있다는 것을 염두에 두고 답변하도록 하자. 이 질문도 서비스의 정의만이 아니라 회사와 사원, 여행상품과 고객과의 함수관계를 알고 있는가를 묻는 질문이다.

면접관: 어떤 여행상품을 기획하고 싶습니까?

지원자: 해외진출을 생각하고 있는 기업들을 대상으로 해외의 공장,

지점, 출장소 등의 후보지를 적은 비용과 시간으로 예비 조사할 수 있는 여행상품을 기획하고 싶습니다. 여행사는 각지의 축적된 현지의 정보가 있을 것이므로, 기업들이 필요로 하는 것들을 보완하고 축적하여 상품화 한다면 각 기업은 별개로 쓰는 비용을 줄일 수 있고, 여행사는 수익을 낼 수 있을 것입니다. 여기에 현지의 행정 절차 등의 정보를 제공하면 부가가치를 더 높일 수 있을 것입니다.

Advice 상품 기획 마인드나 자질을 보고자 하는 질문으로 실현, 수익 가능성이 낮아도 새로운 발상이 중요하나 황당한 것은 점수를 얻지 못한다.

면접관: 여행자들이 여행사에 바라는 것은 무엇이 있을까요?

지원자: (시선은 면접관의 책상 밑을 향하고) 최대한 편안하고 즐거운 여행이 될 수 있는 서비스와 여행에 필요한 각종 정보의 제공을 바랄 것입니다.

Advice 답변할 때의 시선은 면접관의 코 정도를 바라보는 것이 좋고, 좌우로 또는 위아래에 치우치는 것도, 고정하지 못하고 자주 움직이는 것도 불안정하고, 자신감이 없어 보인다. 다수의 면접관일 때는 질문자에게 70%, 나머지 면접관에게 30% 정도를 눈길을 주며 답변하도록 하자.

면접관: 저가 항공사들을 어떻게 생각합니까?

지원자: 여행자들 중에는 비용에 관계없이 편안한 여행을 원하는 분들도 있고, 적은 비용으로 여행을 하고 싶어 하는 실속형 여행자들도 있습니다. 그런 점에서 저가 항공사들은 필요하다고 생각합니다. 단 저가항공사들이 다양한 '원가 절감' 노력을 기울여 서비스의 질을 크게 떨어뜨리지 않아야 한다고 생각합니다.

면접관: 해외여행 가본 적 있나요? 제일 좋았던 해외여행에 대해 말씀해 보십시오.

지원자: 호주의 시드니 비치 중 가장 유명한 본다이 비치의 높은 파도와 주변의 아름다운 경관, 넓게 펼쳐져 있는 백사장과 바다에서 즐기던 물놀이가 지금도 생생하고, 시드니의 '록스'에서 본 여러 관광명소와 축제가 <u>참 아름다웠습니다.</u>

Advice 이렇게 추상적인 설명보다는 제일 좋았던 것 하나에 대한 구체적 감상을 밝히도록 하자. 정서적 관점, 가치관, 표현력 등이 평가 포인트이다.

면접관: 최근 관심을 갖고 있는 것은 무엇입니까?

지원자: 각국의 명소에 대해 관심이 많아 책과 인터넷을 통해 자료를 정리하고 있습니다. 세계에는 참으로 아름답고, 독특한 문화를 갖고 있는 곳이 많다는 것을 새삼 느끼고 있습니다.

Advice 지원하는 기업, 그 기업의 상품, 서비스, 직종, 업무와 관계되는 관심사를 어필하는 것이 좋으며, 관계없는 관심사는 좋은 평가를 받지 못한다.

면접관: 월급은 알고 있나요? 그리고 첫 월급으로 무엇을 하고 싶은가요?

지원자: 저는 월급의 액수보다 제가 희망하는 일을 할 수 있는지가 더 중요합니다. 월급은 회사 규정에 따르겠습니다. 첫 월급은 그동안 뒷바라지해주신 부모님께 감사의 큰절을 올리고, 부모님 용돈으로 쓰시라고 드리겠습니다. 부모님께서 아주 행복해하실 것 같습니다.

면접관: 기업의 목표와 개인의 목표 중 무엇이 우선되어야 한다고 생각합니까?

지원자: 기업의 입장에서는 기업의 목표가, 개인의 입장에서는 개인의 목표가 더 중요합니다. 저의 목표는 지원한 업무의 연장선상에서 전문성을 쌓아가는 것이 목표이므로 기업과 저의 목표가 같습니다. 회사의 목표가 달성되면 저의 목표도 달성되는 것이므로 기업의 목표에 우선을

두겠습니다.

 '개인의 목표가 우선이고, 기업은 개인의 목표를 이룰 수 있는 장이 되어야 하며, 개인의 목표가 이루어지면 자연히 기업의 목표도 이루어진다'고 하면 반대의 답변이 된다.

면접관: 오늘 본인의 면접 점수를 얼마라고 생각합니까?

지원자: 면접 점수를 저는 인상과 품행, 커뮤니케이션 능력, 실무 잠재능력을 평가한다고 생각합니다. 인상과 품행 25점 만점에 23점, 커뮤니케이션 능력 25점 만점에 21점, 실무 잠재능력 50점 만점에 42점, 합계 86점으로 합격 점수라고 생각합니다.

 자기 분석을 제대로 하고 있는가를 평가하기 위한 질문이므로, 자신에게 주는 점수이지만 객관성을 고려하여 점수를 주어야 좋은 평가를 받게 된다.

업종: 호텔 ‖ 직종: 호텔리어 ‖ 전공: 아동학

면접관: 여러 직종이 있는데 왜 호텔리어를 선택하게 되었습니까?

지원자: 서비스 업종에는 여러 가지가 있지만 호텔이 최고의 서비스업이라고 생각하기 때문입니다. 다양한 손님을 만나면서 최고의 서비스를 제공하고 싶고, 저 또한 직업을 통해 많은 것을 느끼고 배우면서 성장해가고 싶어 선택하였습니다.

면접관: 호텔리어에게 중요한 것을 뭐라고 생각합니까?

지원자: 손님의 눈빛만 보고도 손님의 기분을 감지하여 자연스럽게 문제를 해결해 줄 수 있는 센스와 품위, 교양을 갖추어야 한다고 생각합니다.

면접관: 전공 분야가 아닌 호텔 근무를 지원했나요?

지원자: 전공분야와 하고 싶은 일로 많이 고민하다가 평생 즐겁게 할 수 있는 일을 하기로 결심한 후 ***호텔교육원을 수료하고, 호텔 실무에 관한 책을 보며 공부하고 있습니다. 영어는 자신이 있고, 일본어는 간단한 대화를 할 수 있습니다.

Advice 관련 전공자가 아닌 지원자는 반듯이 이 질문에 대하여 납득할 수 있는 답변을 준비해야 한다.

면접관: 호텔교육원 교육과정이 힘들지 않았나요?

지원자: 제가 하고 싶은 일을 배워가는 과정이어서 흥미와 의욕을 가지고 이수하였습니다.

면접관: 캐나다에 어학연수를 1년 다녀오고 영어는 자신 있다고 했는데, '오늘 밤에 시간이 있으시면 칵테일과 저녁을 함께 하실까요?'를 영어로

말씀해보십시오.

지원자: 예. (잠시 생각한 후) Umn… If you're free tonight, would you join me for cocktails and dinner?

면접관: 최근 언론에 보도된 저희 호텔에 대해 어떻게 생각합니까?

지원자: 예. 사원의 판단 미숙으로 생긴 결과로 큰 문제가 되지 않는다고 생각합니다. 그렇지만 이와 유사한 사건이 재발하지 않도록 여러 관점에서 호텔의 문제점이 있는지 점검해볼 필요가 있다고 생각합니다.

Advice 지원한 기업이 좋은 일이든 불미스러운 일이든 언론에서 집중 조명을 받은 경우에 그 건에 대해 생각을 정리하고 임하도록 하자.

면접관: 학창시절에 학업 이외에 열심히 했던 것이 있습니까?

지원자: 순수 음악동아리로 음악을 사랑하고 함께함을 사랑하자는 *** 음악동아리 활동을 열심히 했습니다. 통기타로 모든 장르의 음악을 소화해 내느라 고생하면서 1년에 한 번씩 공연을 하였습니다. 저희가 한 콘서트는 어떤 면에서 부족하고 아쉬운 점이 있었지만 음악이라는 한 가지 목적을 가지고 모두가 한마음이 되어 열정적으로 해 냈던 기억이 아름답게 생각됩니다.

Advice 이 답변처럼 사례, 경험, 근거를 제시해야 현장감 있게 전달되고, 면접관에게 흥미와 신뢰를 줄 수 있다.

면접관: 입사하게 되면 어떻게 하겠다는 계획이나 목표가 있습니까?

지원자: 호텔리어는 저의 꿈이며 희망입니다. 직업에 자부심을 갖고 항상 고객의 요구와 기대가 충족되게 하여 다시 방문하고 싶은 호텔로 기억되게 하겠습니다. 그러기 위해서는 고객에게 맞는 서비스, 타사와 차별화된 서비스를 제공할 수 있는 프로페셔널리즘이 필요하다고 생각합

니다. 이 점을 늘 새기고, 배워가며 최고의 호텔리어가 되도록 노력하겠습니다.

Advice 많은 지원자들은 이처럼 추상적으로 답변하는데, 계획이나 목표에는 구체적으로 기간, 과정, 수치 등을 제시해야 좋은 평가를 받을 수 있다

면접관: 호텔은 서비스업입니다. *** 씨는 고객에게 어떻게 서비스를 할 생각입니까?

지원자: 서비스는 주어진 업무로 하는 게 하니라 고객이 기뻐할 수 있어야 한다고 생각합니다. 흔히 '고객 만족'이라고 말하는데 저는 만족 이상으로 고객을 기쁘게 해드릴 것입니다.

Advice 흔히 하는 식상한 표현보다는 순수한 우리말을 활용하여 답변을 돋보이게 하는 것도 좋은 답변 방법이다.

면접관: 대인관계에 있어 가장 중요한 것을 뭐라고 생각합니까?

지원자: 상대의 입장을 이해하고 배려하는 마음이라고 생각합니다. 누구나 자신의 마음을 상대방이 알아주기를 원하듯 상대방의 마음을 읽고 배려하면, 상대도 마음을 열게 대하게 되고 그러면 서로 신뢰가 쌓여가서 좋은 관계가 오래 유지된다고 생각합니다.

Advice 사회생활은 대인관계로 이루어진다. 즉 사회성을 묻는 질문이므로, 직위, 경제적인 능력 등을 들면 질문 의도에 맞지 않는 답변이 된다.

업종: 사회복지 ‖ 직종: 사회복지 ‖ 전공: 사회복지학

면접관: 삶에서 가장 가치 있는 것을 뭐라고 생각합니까?

지원자: 제 인생을 걸고 일할 수 있는 것으로 남을 위한 봉사라고 생각합니다. 돈, 권력, 출세 등 자신의 일신을 위한 것보다는 경제적, 신체적 약자들과 함께 하며 그들에게 작은 행복이라도 줄 수 있는 게 아름다운 삶이고, 가치 있는 일이라고 생각합니다.

Advice 평소에 추구하는 가치, 삶을 희망 직무와 연결하여 생각해보면 답변이 쉬울 것이다. 가치관, 인성, 비전, 그에 대한 준비 등을 보고자 하는 질문으로 상식적인 선에서 답변하면 무난하다.

면접관: 사회복지를 전공하게 된 동기는 무엇입니까?

지원자: 어려서 경제적으로 어려운 환경에서 도움을 받고 자라면서 저도 나중에 어려운 사람들을 도우며 살겠다는 생각을 하였고, 고등학교 때 RCY 봉사단체에서 활동을 하며 봉사에 관심을 갖기 시작하면서 봉사에서 행복감을 느끼는 자신을 발견하고 사회복지학과를 지원하였습니다.

면접관: 우리나라 사회복지 제도의 문제점과 해결방법에 대해 말씀해보십시오.

지원자: 첫 번째로, 현재 장애인과 같은 스스로 자립하기 힘든 상황에 놓여 있는 사람들에게 당장의 궁핍함을 해결하도록 하고 있으나, 직업교육과 같이 스스로 자립하여 살아갈 수 있도록 도와주는 프로그램 운영이 미비합니다. 그들을 스스로의 힘으로 살아갈 수 있게 기술 등의 교육과 함께 일자리를 마련해 주어야 합니다. 두 번째로, 현재 사회복지사 등

전문인력이 많이 부족한데, 미래 사회로 접어들수록 사회복지에 대한 수요는 꾸준히 증가할 것이기 때문에 처우 등을 개선하여 전문인력을 늘려야 할 것입니다.

Advice 장애인만을 언급했는데, 사회복지의 대상으로는 노인, 빈곤층 등의 복지문제에 대해서도 생각해보도록 하자.

면접관: 사회복지에서 어느 분야에 관심이 많습니까?

지원자: 4학년 때 보건복지부 아동청소년사업단으로 현장에서 활동한 경험이 있습니다. 청소년들의 리더십과 적응력 향상, 소외 청소년의 지원 등 특성화된 캠프를 진행하면서, 환경에 따라 달라지는 아이들의 행동을 읽게 되었습니다. – 이때 지원자의 휴대폰 울린다– (지원자가 면접관의 눈치를 보다 휴대폰을 끄고 어쩔 줄 몰라 하며) 죄송합니다. 제가 휴대폰을 꺼놓는 걸 잊었습니다. 답변의 결론은 소외된 아동청소년들에게 도움을 … (말을 잇지 못한다)

면접관: 면접 시간에 휴대폰을 꺼 놓는 건 상식 아닙니까?

지원자: (일어나서 고개를 숙이며) 정말 죄송합니다.

Advice 사실 면접 중에 이런 황당한 경우도 있다. 돌이킬 수 없는 상황이므로 잘못을 사과하고 평상심을 찾아야 한다. 면접 전에 꼭 확인하도록 하자.

면접관: 휴일은 보통 어떻게 시간을 보냅니까?

지원자: 휴일은 휴식을 취하면서 가치있게 보내려고 노력하고 있습니다. 아침 일찍 조깅을 하고, 오전에는 독서목록에 있는 책을 읽고, 다음 주 계획을 세웁니다. 오후에는 친구들을 만나 취업에 관한 얘기를 주로 나누는데 때로 영화를 보기도 합니다.

 구직자의 신분으로 휴일을 어떻게 활용하는가를 보기 위한 질문으로, 재충전, 자기계발, 취업 등을 위해 계획성 있고, 유용하게 보낸다고 하면 무난하다. 그냥 쉰다거나 TV를 본다는 등은 질문 의도를 벗어나는 답변이다.

면접관: 다른 사람들은 *** 씨를 어떻게 봅니까?

지원자: 착하다는 말을 많이 합니다. 어려운 사람들에 대해 관심이 많고, 봉사활동을 많이 하기 때문인 것 같습니다. 저는 사회적인 지위나 목표보다는 어려운 이웃들과 함께 하는 삶을 살고 싶습니다.

면접관: 급여가 적어도 괜찮습니까?

지원자: 우리나라의 복지수준은 낮은 편입니다. 이 분야의 종사자들이 감내해야 할 부분이라고 생각합니다. 저는 일에서 행복을 찾고 싶습니다.

 '급여는 얼마입니까?' 하고 묻기도 하고, 자신의 실력과 지원회사에 맞지 않는 금액을 제시하는 지원자도 있는데, 미리 지원회사와 직종의 급여 수준을 알아보고 지원하는 것이 바람직하다. 면접 중에는 급여에 대해 길게 말하지 않는 것이 좋다.

면접관: 만약 사귀는 남성이 결혼 후 직장생활을 그만두라고 강요한다면 어떻게 하겠습니까?

지원자: 제가 왜 취직을 했는지, 제 삶에 일은 어떤 의미가 있으며, 꿈이 무엇인지에 대해 솔직하게 그리고 충분한 시간을 두고 이야기해서 동의를 얻겠습니다.

 결혼 적령기의 여성지원자들에게 잘하는 질문이다. 결혼 후 직장은 어떻게 할 것인지 그리고 의견 대립이 생겼을 때 상대방을 어떻게 설득하고 타협하는지도 알아보려는 질문이기도 하다.

면접관: 2분 동안 자기소개를 하십시오.

지원자: 고등학교 시절부터 출판기획을 꿈꿔온 미래 출판의 달인 @@@ 입니다. 저는 국문학을 전공하고 **출판아카데미 과정을 수료했습니다. 출판계가 어렵다고 하지만 새로운 아이디어로 새로운 독자, 출판사 고유의 이미지를 창출해가면 지속적인 성장이 가능하다고 생각합니다. 저는 독자층의 기호와 시장의 흐름을 분석, 데이터화 해 기획의 디딤돌을 구축하겠습니다. 나아가 사원이 곧 경영인이라는 자세로 회사의 이익을 위해 열심히 일하겠습니다. 아직 미흡하고, 가시적으로 보여 드릴 수 있는 것은 작지만 잠재되어 있는 제 자신의 능력을 믿고 있으며, 그 능력을 발휘하기 위해 항상 최선을 다하겠습니다. 출판 공해 속에서 **출판사가 지식과 교양과 꿈을 주는 산소 같은 책을 펴내는데, 그리고 서점의 **출판사 코너에 독자들이 몰려 책을 볼 수 있도록 함께 땀 흘릴 수 있는 기회를 주시기 바랍니다.

Advice 자기소개는 '자기소개'의 의미보다 '자기 PR'의 의미로 생각하고 소개해야 한다. 컨셉을 미리 정하고 면접관에게 자신을 각인시킬 수 있는 키워드로 소개해야 다른 지원자와 차별화 된다. 지원 분야와 관련하여 도움이 될 수 있는 특별한 경험이나 경력, 강점, 재능, 감각, 포부, 직업관 등에서 자신을 가장 잘 나타낼 수 있는 재료를 찾아보자.

면접관: 학교 성적이 아주 좋으네요. 공부를 열심히 하셨나 봐요?

지원자: 문학에 흥미를 갖다보니 자연스럽게 열심히 하게 되었습니다. 저는 공부 외에도 동아리 활동과 과 편집부 활동도 적극적으로 하였습니다.

<u>Advice</u> 학교 성적이 좋으면 좋은 대로 나쁘면 나쁜 대로 질문을 받기 쉬우므로 미리 준비하자. 동아리, 편집부 활동을 예로 이런 강점이 있다고 구체적으로 밝혀야 했다.

면접관: 신문에서 흥미나 관심을 갖고 읽는 기사가 있습니까?

지원자: 문화면 기사를 관심 있게 보는데 특히 책과 관련된 기사를 많이 보고 있습니다. 그중에서도 문학도서 관련 기사는 거의 다 보고 있습니다. 제가 앞으로 기획하고, 편집하게 될 분야이기에 서평을 꼼꼼히 읽으며 스크랩도 하고 있습니다.

면접관: 출판기획, 편집은 힘들고 어려운 일인데요. 뭐가 어려울 거라고 생각합니까?

지원자: 책이 잘 팔리지 않는 상황에서 시장의 트렌드를 읽고 팔릴 수 있는 책을 기획하고, 좀 더 좋은 책을 만들기 위해 원고와 씨름하고, 저자와 내용, 원고료 등의 문제를 놓고 밀고 당기는 작업이 힘들 거라는 생각이 듭니다.

면접관: 말씀하신 시장의 트렌드를 어떻게 파악할 수 있을까요?

지원자: 베스트셀러와 스테디셀러의 기획력을 분석하고, 서점에서 고객들과 많은 대화를 통해 구매 동기 등을 분석하고, 다음은 판매가 부진한 책의 원인을 분석해서 참고 해야 할 것입니다.

면접관: 이론적으로나 말로는 참 쉽게 할 수 있는 게 출판기획입니다.

지원자: 쉬울 거라고 생각하지 않습니다. 출판기획은 책을 만드는 데 가장 중요한 과정이라고 생각합니다. 창의성과 수익성 등을 고려하여 회사에 도움이 될 수 있는 책을 기획하도록 하겠습니다.

면접관: *** 씨가 사는 동네에 냉면집을 시작하려고 하면 사전에 무엇을

조사해야 할까요?

지원자: 인근 냉면집의 수와 위치, 식당의 넓이와 인테리어의 특징, 종업원 수, 각 식당의 매출액, 맛과 질의 특징, 가격, 서비스 내용, 고객들의 만족도, 주변의 인구수와 주간의 일별, 시간대별 유동인구수 등을 조사해야 합니다.

Advice 상식, 사고의 폭과 시야가 넓어야 기획을 잘할 수 있다. 출판 분야의 질문은 미리 공부한 것일 수 있어 전혀 관계없는 분야에 대한 것을 질문하고 있다.

면접관: 최근 베스트셀러 중에 세 권은 왜 판매가 잘될까요?

지원자: (한참을 망설이다) 잘 모르겠습니다.

면접관: 신문의 문화면 기사와 문학도서 관련 기사는 관심 있게 본다는 말은 사실이 아니네요?

지원자: 아닙니다. 계속 보고 있습니다.

Advice 면접 시점의 분야별 베스트셀러와 특징을 정리하고 면접에 임하자.

면접관: 그렇게 신문을 보면서도 베스트셀러의 특징을 모르는데, *** 씨는 출판기획은 하기 힘들 거라고 생각하는데 어떻습니까?

지원자: 저는 어려서부터 책 읽고 글 쓰는 것을 좋아해 자연스럽게 국어국 문학과에 입학하였습니다. 제가 읽었던 많은 책이 누군가의 노력에 의해서 만들어진 것이라는 생각을 하고 저도 책을 기획하고 만드는 일을 해야겠다고 결심한 후 출판, 편집 실무과정을 수강하고, 준비해왔습니다.

Advice 준비 없이 면접에 임하면 이런 질문을 받게 되고, 열정, 기획력, 실력 중 어느 것 하나도 보여주지 못한다.

면접관: 출판에 관심이 있어 조금 배운 거고 하고 싶은 일이지요. 사실은

기획 업무를 하기 위해 특별히 공부한 것도 없고, 잘할 수 있는 자신도 없지요?

지원자: (위축되어 작은 목소리로) 오늘부터 열심히 연구하겠습니다.

면접관: 향후 출판시장에 대해 어떻게 생각합니까?

지원자: 뉴미디어가 활성화 되면 출판시장은 정체현상을 보일 것으로 생각됩니다. 그러나 아무리 미디어의 기능이 발전해도 본래의 종이를 이용한 출판물은 금방 쇠퇴하지 않을 것입니다. 그것만의 장점이 있기 때문입니다. 같은 시장을 놓고 출판사 간 치열한 경쟁을 해야 하는 상황이 될 것으로 보입니다.

면접관: 지금까지 읽은 책 중에서 가장 기억에 남는 책은 무슨 책입니까?

지원자: 도스토예프스키의 '죄와 벌'로 심리주의 소설입니다. 인간의 본성을 선입견이나 편견 없이 밑바닥까지 드러내 보이고 있는 작품으로 인간은 평등하고, 생명은 소중하다는 메시지를 전하는 휴머니즘적인 작품으로 평가할 수 있는 작품입니다. 인간 내면에 자리하고 있는 죄의식과 이런 죄를 인식하지 못하고 죄를 범하는 인간들에게 경고한 작품으로 생각됩니다.

Advice 책 제목을 말한 다음 답변처럼 기억나는 이유, 감상을 설명해야 한다. 출판계나 문화관련 분야가 아니면 소설보다는 사회, 경제, 경영분야 책에 대하여 감상, 배운 점 등을 밝혀 늘 공부하고 있음을 보여주는 것이 좋다. 이때 정치나 종교에 관련한 책은 언급하지 않는 것이 좋다.

면접관: 주인공에 대해 설명할 수 있나요?

지원자: 주인공인 가난한 대학생 라스콜리니코프는 약한 사람들의 피를 빨아먹는 모기 같은 존재인 전당포 여주인을 도끼로 죽이고도 자신만의 정당한 사상을 내세워 결코 죄의식을 갖지 않습니다. 자신을 비범인으로

생각하고 남들의 삶에 간섭할 권리가 있다고 생각합니다. 우리 사회도 일부 사회적 지도층 인사들이 보통 사람들이 이해할 수 없는 주장을 펴거나 행동하는 것을 보면 이 작품이 생각납니다.

면접관: 실무 경험이 있습니까?

지원자: **대학교 국어국문학과 소모임 '글마당'에서 문예활동을 하였고, 3학년 때는 과 편집부 부장을 맡으며 과 학생회 간부로 활동을 했습니다. 당시 학과에서 학기에 두 번, 일 년에 네 번 펴내는 '아라리잔치'의 총괄적인 기획, 편집을 담당하였습니다.

Advice 인턴 등 직장 실무경험이 없는 경우에 실무에 도움이 될 수 있는 지원 직종과 연관된 경험을 피력하는 것도 좋은 평가 자료가 된다.

면접관: 야근, 공휴일 근무는 어떻게 생각하나요?

지원자: 저는 이미 각오하고 이 직종을 선택하였습니다. 출판일정에 따른 기획, 교정, 편집 등을 맞추기 위해 필요한 경우 즐거운 마음으로 야근, 휴일 근무를 하겠습니다.

면접관: 회사에서 *** 씨에게 권한을 준다면 어떤 책을 출판하고 싶습니까?

지원자: 이 시대를 살아가는 젊은이들에게 꿈과 희망을 줄 수 있는 책을 펴내고 싶습니다. 지금 많은 청년들이 취업 등의 문제로 어려움을 겪고 있습니다. 각계 인사들의 자신의 경험, 삶의 지혜, 미래를 향한 자기계발, 목표를 향한 도전의식 등의 메시지를 삽화와 함께 담아 책을 펴내고 싶습니다. 제목은 '이 땅의 청년들에게 고함'이라고 하면 좋을 것 같습니다.

Advice 출판 관련 업종의 지원자는 지원의지와 기획력 등을 평가하기 위한 이 질문에 대하여 미리 생각해보도록 하자.

업종: 전자 ‖ 직종: 총무 ‖ 전공: 행정학

면접관: 자기소개를 하십시오.

지원자: 맛좋고 영양가 많은 샌드위치 같은 김말동입니다. 샌드위치는 모양은 비슷하지만 어떤 재료로 만드는가에 따라 맛과 영양이 다르게 됩니다. 저는 사람에게 좋은 영양소를 담은 다양한 재료로 만들어진 샌드위치라 할 수 있습니다. 샌드위치에서 마요네즈는 야채에 가미되어 상큼한 맛을 냅니다. 회사에서 상큼한 맛을 내는 사원이 되고, 영양가 많은 인재로 귀사에 공헌하겠습니다.

Advice 색다른 소개는 좋지만 추상적인 표현으로 멋있고, 매력적으로 보이려 하지 말자. 신선한 비유에는 논리와 내용이 들어 있어야 한다. 기업은 멋있는 사람이 아니라 일을 잘할 준비가 되어 있는 지원자를 원하고 있음에 초점을 맞추자.

면접관: 우리 회사 신제품에 대해서 아는 데까지 말씀해보세요.

지원자: 최근 출시된 제품은 TV화면 뒤에서 빛을 비추는 발광다이오드 (LED) 백라이트를 화면 전체에 설치한 '풀LED TV'입니다. 세계 최대 크기로 72인치 시네마 3D 스마트TV로 극장에서 3D 영화를 보는 웅장함을 집에서도 느낄 수 있는 제품입니다. 2천여 개의 LED 소자가 화면 뒷면 전체에 촘촘이 배치돼 선명하고 밝은 3D 입체영상을 구현합니다. 명암비는 1천만대 1까지 구현하며, 소비전력은 최대 30%까지 절감됩니다.

Advice 제조회사나 서비스 회사의 경우 업계의 트렌드, 회사의 최근 언론 보도내용을 알고 가야 한다. 회사의 제품의 특징, 장단점, 서비스 내용 등도 경쟁사와 비교하여 꼼꼼히 살펴봐야 한다.

면접관: 우리 회사가 시장 경쟁력을 키우고, 이익 극대화를 꾀하기 위해서 어떻게 하면 될까요?

지원자: 구글의 모토로라 인수 발표와 스티브 잡스의 애플 CEO 퇴진 등으로 최근 글로벌 스마트폰 시장 환경이 급변할 것으로 예상되는 상황에서 우선 스마트폰 시장에 대응할 제품을 혁신하는 것이 급한 과제이고, 소프트웨어 및 콘텐츠 경쟁력을 강화해야 한다고 생각합니다. 이익의 극대화를 위해서는 지속적인 SCM을 통한 비용절감도 중요할 것 같습니다.

면접관: 총무업무를 수행하는데 도움이 될 수 있는 남다른 강점이 있다면 말씀해보십시오.

지원자: 인사, 예산, 재무, 기획 등 다양한 총무업무를 수행하려면 많은 부서, 많은 사원들과 접촉을 해야 하고, 대외섭외력이 있어야 하는데 친화력이 있다면 큰 도움이 될 것입니다. 저는 친화력이 좋아 쉽게 사귀고, 상대방을 배려하는 편입니다. 또 한 가지 강점이 있습니다. 남들보다 계획성이 뛰어납니다. 총무업무는 다양한 일을 계획성 있게 처리해야 하기 때문에 이 점도 큰 도움이 될 것입니다.

Advice 자신의 강점을 들어 업무에 적합함을 피력하면 좋은 평가를 받게 되고, 면접관이 좋아할 플러스알파를 덧붙이면 더 좋을 것이다.

면접관: 총무업무 수행에 필요한 자세에 대해 말씀해보십시오.

지원자: 총무부서는 다양한 업무를 수행해야 하므로 일을 즐기는 자세가 중요하다고 생각합니다. 여러 부서의 많은 사원과 접촉해야 하므로 동료 사원들에 대해 이해하고 진심으로 대화하면서 즐겁게 일하도록 하겠습니다.

면접관: *** 씨가 본 책 중에서 가장 인상 깊은 책을 말씀해보십시오.

지원자: 대니얼 앨트먼 교수가 세계 경제의 장기적인 변화 방향을 예측한 '10년 후 미래'입니다. 세계 경제가 앞으로 10년 동안 직면하게 될 12가지 놀라운 변화를 분석하고, 수많은 기회와 위험이 우리 앞에 놓여 있는 상황에서 현재의 정치, 경제 제도가 과연 이 같은 미래의 변화를 감당할 수 있을 것인지 문제를 제기하고 있습니다. 또 미래에는 어떤 산업이 성장하고 어떤 국가가 경제적 위험에 직면할 것인지, 다음의 경제위기는 어디서 어떻게 발생할 것인지에 대한 날카로운 통찰을 보여주고 있습니다.

Advice 문화관련 산업이나 직종이 아니면 문학보다는 자기계발, 사회, 경제분야의 책을 드는 것이 좋다. 만화, 잡지, 취업관련 도서는 면접에서 독서에 포함되지 않는다.

면접관: 우리 회사에 와서 보고 느낀 소감을 말씀해주세요.

지원자: 지원하기 전에 퇴근 시간에 맞추어 회사 앞에서 선배님들께 몇 가지를 여쭈어 보았는데, 애사심과 자부심을 갖고 있음을 알게 되었습니다. 제 질문에 친절하게 말씀해주셨고, 저도 이런 회사에 근무하고 싶은 생각이 들어 다음 날 지원했습니다. 오늘 1시간 일찍 도착하여 회사 이곳저곳을 둘러보는 중에 오가는 사원들끼리 밝게 인사를 나누는 모습을 보며 활력이 있는 회사라는 생각이 들었습니다.

Advice 인터넷으로 지원하고 당일 날 면접에 임하는 지원자도 많은데, 미리 회사에 대해 연구하고 직접 찾아가 정보를 수집하자. 이렇게 노력하면 지원회사에 차별화된 애정과 지원의지를 보여줄 수 있다.

면접관: 지난번에 와서 무엇을 질문하였나요?

지원자: 회사 분위기, 사업 전망, 보수, 면접에 관한 것 등 여러 가지를 여쭈어 보았는데, 입사하기 바란다고 미소로 격려하며, 그런데 일은

많이 해야 한다고 말씀하신 게 기억에 남습니다. 저도 입사해서 일을 실컷 해보고 싶다는 생각을 했고, 단단히 각오하고 있습니다.

면접관: 저희 회사 신입사원 채용에 이번에도 많은 분들이 지원했습니다. 어떤 지원자들이 합격할거라 생각하십니까?

지원자: 우선은 자기 분석을 면밀하게 한 다음에 자기 분석을 토대로 자신의 능력, 적성, 비전에 맞는 기업을 선택하고, 선택한 기업을 분석한 후에는 기업에서 바라는 인재 형에 부족한 부분을 보완하고 다듬은 열정적이고 패기 있는 지원자가 합격한다고 생각합니다.

Advice 자기 분석을 한 다음 업계 연구, 기업 연구를 하고, 그에 맞는 준비를 해야 합격할 가능성이 높아진다.

면접관: 업무가 적성에 맞지 않거나 생각했던 것과 다르면 어떻게 하겠습니까?

지원자: 취업 후 그런 일이 없게 적성을 고려하여 직종을 선택하였습니다. 적성검사 테스트도 받고, 취업한 선배님들을 통해 제가 지원한 직무에 대한 업무내용, 어려운 점, 보람 등에 대해서 충분히 듣고 지원하여 그런 일은 없을 것입니다.

면접관: 인생관이나 좌우명을 말씀해보십시오.

지원자: 저의 좌우명은 '영원히 살 것처럼 꿈꾸고, 오늘 죽을 것처럼 살아라'입니다. 나태해지고 싶을 때, 무력감을 느낄 때 좌우명은 특효약처럼 제 자신을 본래의 길로 가게 합니다. 저는 저의 좌우명 깃발을 들고 희망을 갖고 꿈을 향해 치열하게 달려가는 인생 마라토너가 될 것입니다.

Advice 면접에서 이따금 나오는 질문이기도 하지만 좌우명, 인생관 질문

에 대한 준비가 필요하며, 인생의 항해에 꼭 필요하지 않을까 한다.

면접관: 퇴근 후 약속이 있는데 갑작스럽게 일이 주어진다면 어떻게 하겠습니까?

지원자: 제가 당일 처리해야 하는 일이라면 당연히 약속을 취소하거나 미루고 업무를 마무리하겠습니다. 그런데 개인적으로 매우 중요한 일이라면 팀원에게 개인 사정을 말하고 도움을 청하겠습니다. 평소 팀원 간에 업무적인 협조를 할 수 있는 관계를 만들어가는 가는 것도 중요하다고 생각합니다.

Advice 조직원으로서의 자세, 소양을 묻는 질문이므로 회사일이 우선이라는 답변이 강조되어야 하지만 사적으로 대단히 중요 일이라면 위의 답변도 무난하다.

면접관: *** 씨가 팀장이라면 어떻게 팀원을 관리하겠습니까?

지원자: 저는 팀원들의 능력을 키우는데 주력하겠습니다. 각 팀원의 적성과 능력, 팀 내에서 맡고 싶은 업무 등을 파악하여 업무를 맡기고, 항상 격려하고 사기를 돋워 신나게 일할 수 있는 팀 분위기를 조성하고 문제점은 토론하여 해결해가도록 하겠습니다.

Advice 여러 가지 답변이 나올 수 있으나 회사, 팀의 조직융합력과 리더십, 목표의식을 강조하면 무난하다.

업종: 학원 ‖ 직종: 강사 ‖ 전공: 수학

면접관: 가족을 소개해주세요.

지원자: 저희는 4식구입니다. 중소기업의 회사원이신 아버지는 현장에서의 배움도 중요하지만 책을 통해 많이 배우신다며 늘 책을 보시며 독서의 중요성을 강조하십니다. 어머니는 공장에서 근무하시면서도 결코 가정 일을 소홀히 하지 않으시는 가족에 헌신하시는 분입니다. 여동생은 고3으로 입시준비에 여념이 없지만 웃음을 잃지 않는 사랑둥이입니다. 저는 저희 가족의 일원이라는 것이 자랑스럽습니다.

Advice 자기소개서와 같은 내용으로 가족 소개를 하면 좋은 점수를 받지 못한다. 가훈, 부모님의 말씀 등으로 가정의 분위기를 느낄 수 있게 하면 좋을 것이다.

면접관: 지원동기를 말씀해주세요.

지원자: 우리나라의 특별한 교육열과 입시제도는 학원 간에도 학생유치를 위해 치열한 경쟁을 할 수밖에 없습니다. 저는 저만의 교수법을 개발하여 열정을 가지고 가르치는 선생님이 되고자 합니다. 특히 단순히 교과목의 내용만을 가르치는 게 아니라 학생들의 고민을 들어주고, 목표를 가지고 공부할 수 있는 사회 선배로서의 역할을 하고 싶습니다. 많은 직업이 있지만 저는 학생들을 가르치고 함께 울고 웃는 그런 선생님이 되고 싶어 지원하였습니다.

Advice 이직률이 많은 직종 중의 하나가 학원 강사이기 때문에 몇 개월 경험 삼아 해보고 적성이 맞으면 계속하겠다는 등의 답변을 하면 당연히 낙방하게 되므로 지원의지를 보여주도록 하자.

면접관: 학생들을 가르쳐본 경험이 있습니까?

지원자: 3학년 여름방학과 겨울방학 때 아르바이트로 가르쳐본 경험이 있습니다. 열심히 수업준비를 하고, 아이들이 쉽게 알아들을 수 있도록 설명하면서 아이들의 반응을 보는, 선생님이라는 직업이 적성에 맞는다는 생각을 하게 되었습니다.

면접관: 학교교육과 학원교육의 차이점을 뭐라고 생각합니까?

지원자: 학교교육의 특징은 평준화된 객관적 교육이라고 말씀드릴 수 있고, 학원교육의 특징은 그 반대인 비평준화된 주관적 교육이라고 생각합니다. 지향목표가 다르기 때문에 교육 방식도 달라야 한다고 생각합니다. 우리 사회는 학력과 학벌로 평가받는 경향이 강하여, 초·중·고교생들이 보다 나은 대학에 진학하려고 하는데 공교육에서는 이 욕구를 충족시키지 못하고 있다고 생각합니다.

Advice 사교육 시장은 공교육을 보완하는 정도가 바람직하지만 학생들은 학원을 더 신뢰하는 경향도 있다. 우리나라 교육의 문제점을 정리하고 면접에 임하도록 하자.

면접관: 구체적으로 말씀해보십시오.

지원자: 학원교육은 수요자인 학생이 필요로 하는 교육을 시키고 실질적인 성과를 보여줘야 합니다. 대부분의 학생은 성적향상을 목표로 하기 때문에 이 목표를 충족시키고 여기에 더하여, 인성 교육도 병행해야 한다고 생각합니다.

면접관: 어떻게 하면 성적을 올릴 수 있다고 생각합니까?

지원자: 가장 중요한 것은 동기부여이고, 다음은 능률적 학습법을 가르쳐야 합니다. 물론 개인마다 다르기 때문에 세심한 관찰과 대화로 학생에게 맞는 학습법을 찾아내는 것이 중요하다고 생각합니다. 그 다음이 쉽게

이해하고 응용할 수 있는 강사의 교수법이라고 생각합니다.

Advice 학원 강사를 지망한다면 자신만의 교수법 개발 등 성적을 올릴 수 있는 방안에 대해 많이 생각해야 할 것이다. 열정이 필요함은 물론 자부심과 긍지가 있어야 한다.

면접관: 수학을 잘 가르칠 수 있는 특별한 교수법 같은 게 있습니까?

지원자: 수학에서 가장 중요한 것은 개념과 원리의 이해입니다. 그런데 선생님들은 보통 개념과 원리에 대해 재미없게 설명을 합니다. 저는 수학의 개념과 원리 이해에 스토리텔링을 접목시켜 가르칠 생각입니다. 설명을 재미있게 하여 학생들이 집중하여 수업을 받게 하면 이해가 빠르고 흥미도 갖게 될 것입니다.

면접관: 급여는 어느 정도 받기를 바랍니까?

지원자: 강사의 능력에 따라 차이가 많다고 알고 있습니다. 저의 능력을 대내외적으로 인정받을 때까지 본원의 급여 규정에 따르겠습니다.

Advice 학원에 따라, 강사의 능력에 따라 강사의 대우는 많은 차이가 있음을 알고 답변하면 무난하다.

면접관: 수업시간에 딴청을 하거나 수업 분위기를 흩트리는 학생이 있으면 어떻게 하겠습니까?

지원자: 수업 중에 간단히 주의를 주고, 수업이 끝난 다음 왜 그런 행동을 했는가를 물어보고 대처하겠습니다. 기본적으로는 아이들을 이해하고 대화하려는 열린 마음과 그들을 사랑하는 마음으로 해결해가도록 하겠습니다.

Advice 수업 중 있을 수 있는 상황 대처 방안에 대해 생각해보자.

업종: 에너지 ‖ 직종: 경영지원 ‖ 전공: 법학

면접관: 기업에서 신입사원에 대해 부족하다고 느끼는 것을 뭐라고 생각하십니까?

지원자: 애사심이 부족하고 이기적인 점이라고 생각합니다. 저는 회사를 저의 꿈을 펼칠 수 있는 장이라고 생각합니다. 그러므로 회사에 <u>충성하는 자세로 저 개인보다 회사를 우선하는 자세</u>로 임하겠습니다.

Advice 최근 조사자료에 따르면 신입사원에게 불만스러운 이유로 '근무태도와 일에 대한 열정이 부족하다'(40%)는 점을 꼽고 있다. '충성하는 자세' 등의 표현은 지나친 아부로 보일 가능성이 있고, '회사를 우선'이라고 하면 우선 취업하고 보겠다는 말로도 들릴 수 있으므로 이유를 밝혀야 한다.

면접관: 법학을 공부하고, 왜 경영지원 그것도 회계에 관심이 있습니까? 고시공부는 안 했습니까?

지원자: 법학을 전공하면서 회계에 관심이 많아 회계원리, 재무회계, 원가회계, 세무회계 등을 학원 수강하며 공부하였습니다. 전공도 열심히 하여 성적은 좋은 편입니다. 저의 강점은 회계와 법학 지식을 모두 활용할 수 있다는 것입니다. 고시공부는 하지 않았습니다.

Advice 비전공자는 지원업무에 왜 자신이 적합한가를 보여줄 수 있도록 준비를 해야 한다.

면접관: *** 씨의 단점을 말씀해보십시오.

지원자: 저는 해야 할 일을 하지 않으면 불안해지곤 했습니다. 작은

걱정도 많은 편이었습니다. 예를 들면 시험 두 달 전부터 미리 시험 준비를 해야 마음이 편안해지곤 했습니다. 그래서 학교 성적은 좋은 편입니다. 그러나 지금은 조금 마음에 여유가 있는 편입니다.

면접관: 그렇게 잔걱정이 많은 성격이면 여러 가지 일도 해야 하고 회사 내에 여러 사람들을 신경 써야 할 텐데 괜찮을까요?

지원자: 취업을 준비하면서 많은 사람들을 만나 취업에 대해 어드바이스를 들었고, 점차 새로운 만남을 즐기게 되었습니다. 지금은 잔걱정도 별로 없이 취업을 위해 뛰고 있습니다.

Advice 면접에서 솔직한 것은 좋으나 위와 같이 조직생활에는 부적합할 수 있다는 생각으로 추궁 질문을 할 수 있으므로, 조직생활에 큰 문제가 될 것 같은 단점을 드러낼 필요는 없다.

면접관: 최근의 성공적인 경험을 말씀해보십시오.

지원자: 작년 중국 어학연수 때의 일입니다. 저와 같은 한국학생들이 많았는데 반일감정이 있어 일본학생과의 룸메이트를 꺼렸습니다. 저는 가까이에서 그들을 보고 싶기도 하고 일본어를 배우는데 도움이 될 것 같아 자처하여 일본학생과 룸메이트로 생활하였습니다. 중국과도 다른 문화의 차이, 그들의 역사인식 등에 대해 생각해볼 수 있었고, 무엇보다 일본어를 공부하는데 많은 도움이 되었습니다. 편견과 불편함을 극복하고 많은 것을 배울 수 있는 시간이 되었습니다.

면접관: 변화와 혁신에 대한 차이를 설명하고, 우리 회사에서 실행해야 할 혁신방안이 있으면 말씀해보십시오.

지원자: 변화란 전제적인 틀은 유지하면서 부분을 바꾸는 것이며, 혁신은 기존의 틀을 과감히 버리고 더 높은 효율을 추구하는 것입니다. 혁신방안에 대해서는 생각나는 게 없습니다. 죄송합니다.

Advice 이에 대한 답변은 기업마다 다를 것이다. 현재 근무하는 사원도 아닌 지원자에게 사원과 같은 답변을 요구하는 것은 아닐 것이나 지원회사에 대해 연구하고 면접에 임하면 좋은 점수를 받게 될 것이다.

면접관: 노조가 필요하다고 생각합니까?

지원자: 장·단점이 있다고 생각합니다. 노조와 회사가 상생하면 회사발전에 도움이 되고, 노동자들의 권익 등을 잘 대변한다면 없는 것보다는 있는 것이 좋을 것입니다.

면접관: 노조가 가장 관심을 두어야 할 부분 3가지를 말씀해보십시오.

지원자: 노조에 대해 깊이 생각해보지 않았지만 경기가 어려울 때이므로 '고용안정'을 우선 들고 싶습니다. 다음은 '근무환경'과 '복리후생'에 대해 관심을 두면 좋을 것 같습니다.

Advice 면접에서 노조에 관한 질문에 질문 의도에 반하는 답변을 하면 100% 낙방한다. 이런 질문에는 회사를 염두에 둔 답변을 해야 한다. 권력화 해가고 있는 일부 대기업 노조 활동에 찬성한다고 해서는 안 되며, 회사와 노동자가 상생하는 선에서 답변해야 한다. 노조의 중요 과제에 '임금'을 말하면 감점될 가능성이 높다.

면접관: 희망부서가 아닌 부서에 발령이 나면 어떻게 하겠습니까?

지원자: 지금까지 공부해온 것과 적성을 감안하여 경영지원 업무를 지원했습니다만 회사에서 제 적성과 능력 등을 고려하여 재배치한다면 그 인사결정에 따라 열심히 하겠습니다. 제가 아는 업무와 실제 업무는 차이가 있을 거란 생각이 듭니다. 또 그 부서에서 경험을 쌓고 제가 희망하는 업무를 하게 된다면 많은 도움이 될 수 있을 거라고 생각합니다.

Advice 지원 분야를 쉽게 포기하는 듯한 인상을 주어서는 안 되지만 위의 답변처럼 잘 모르는 상황이기에 융통성 있게 답변하는 것은 괜찮다. '어느 부서이든 괜찮다' '희망 부서이어야만 한다'는 말 다음에는 논리가 있어야 한다.

면접관: 자본적지출과 수익적지출에 대해 설명해보십시오.

지원자: 자본적지출은 우선 간단하게 말하자면 자산으로 회계 처리하는 것이고, 수익적지출은 비용으로 회계 처리하는 것입니다. 자본적지출이란 해당 자산의 미래 경제적 효용을 증가시켜주는 지출 즉 자산을 증가시켜주는 지출로서 자산의 내용연수를 연장시키거나 가치를 실질적으로 증가시키는 지출을 말합니다. 수익적지출은 해당 자산으로부터 당초 예상되었던 성능수준을 회복하거나 유지하기 위한 비용으로 자산의 원상을 회복시키거나 능률유지를 위한 지출을 말합니다.

Advice 비전공자에게는 업무관련 용어, 상식문제로 지원자를 테스트하는 경우도 많다.

면접관: 10년 후, 우리 기업의 비전을 말씀해보십시오.

지원자: 20세기까지는 제조업, 정보통신산업이 세계경제를 이끌어 왔는데, 21세기는 환경이 지구촌 경제를 이끌 것입니다. 세계적 그린에너지 사업의 대표주자인 네델란드 에컨선그룹은 '모두를 위한 지속 가능한 에너지'를 모토로 연간 100% 성장하고 있는 신재생에너지 기업집단입니다. ***그룹도 녹색산업분야를 그룹 신성장동력의 핵심축으로 집중육성하고 있어, 5년 후는 조선기계, 해운, 무역, 플랜트, 건설, 에너지 부분 중 가장 성장이 빠르고 그룹 핵심사업으로 자리매김할 것으로 보이며, 10년 후는 에컨선그룹과 경쟁하는 회사가 될 것입니다.

업종: 조선 ‖ 직종: 기계설계 ‖ 전공: 기계공학

면접관: 집에서 오는데 얼마나 걸렸습니까?

지원자: 1시간 10분 정도 소요되었습니다. 합격하면 출퇴근 시간을 책을 보거나 외국어를 공부하는데 활용하면 좋을 것 같습니다.

Advice 답변처럼 소요시간을 어떻게 활용할 것인가를 덧붙이면 시간 관리를 잘한다는 인상을 줄 수 있다.

면접관: 기계공학을 전공한 이유가 뭡니까?

지원자: 어려서부터 부품으로 된 물건은 분해해보고 다시 조립하고, 닦고, 새로운 것을 만들어 보면서 기계는 늘 저에게 호기심과 흥미를 주었습니다. 고등학교 때에 기계에 대해 연구하고 설계하는 직업을 갖고 싶은 생각에 전공하게 되었습니다.

면접관: 내세울 만한 경험이나 프로젝트를 수행한 경력이 있으면 말씀해 보십시오.

지원자: 노동부에서 지원하는 설계인력 교육 과정을 9개월간 이수하여 AUTO CAD, 3D CAD, INVENTOR를 배웠으며, 교육과정에서 제품 및 기계설계 프로젝트를 성실히 수행하여 개인프로젝트 대상을 수상하였습니다. 또한 중소기업에서 의뢰를 받아 스크린 도어, 진공챔퍼의 구조해석 및 진동해석, 부품의 미끄러짐 해석 등을 ANSYS로 수행한 경험과 압전체를 이용한 휴대폰용 AF카메라 모듘 개발 프로젝트를 수행한 경험이 있습니다.

Advice 수행한 프로젝트에 대한 간단한 설명과 함께 받은 상을 언급하면 신뢰감을 높일 수 있다.

면접관: 조선업의 전망에 대해 말씀해보십시오.

지원자: 조선업계는 최근의 해운경기 부진으로 인하여 선박공급 과잉 상태가 지속되고 있으며, 이에 따른 발주량 감소와 선가 하락으로 어려움을 겪고 있습니다. 이에 따라 중소 조선사들의 수주 역시 부진할 것으로 보이며, 이로 인하여 중소 조선사 구조조정이 지속될 것으로 생각합니다.

Advice 질문은 조선업 전체에 대한 질문이지만 지원기업에 대한 전망도 언급하여야 한다. 여기까지는 대부분이 할 수 있는 상식범주의 답변이다. 여기에 더하여 지원회사의 사업현황과 전망, 개선점을 나름의 시각으로 피력해야 한다.

면접관: 학점이 낮은데, 이유가 뭡니까?

지원자: 대학생활 동안 많은 것을 경험해보고 싶어 <u>동호회, 학군단</u> 훈련 등에 시간을 많이 할애하였습니다. 그러나 전공과목만큼은 열심히 하였습니다. 이론으로만 배운 공학적인 지식을 형상화 하는 과정인 설계에 흥미를 느껴 열심히 공부하였습니다. 자격증도 많이 취득하였습니다.

Advice 동호회도 지원직무와 관련이 있으면 활동내용과 성과, 배운 것을 함께 피력할 필요가 있다. 학군단에 관하여는 다른 지원자들로부터 많이 듣고 있고, 자기소개서에 있는 내용이므로 장황하게 얘기하면 감점이 될 수도 있다.

면접관: 성적은 별로 안 좋은데 지원한 직무와 관련이 없는 자격증도 많이 취득하셨네요. 자격증 공부하느라 쉴 시간이 없었을 것 같은데, 자격증은 왜 그렇게 많이 취득하였나요? 관련 직무에 관하여 현장 경험도 하고 인턴, 아르바이트 경험이 더 나을 거라고 생각하지 않았나요?

지원자: 그렇게도 생각해보았습니다. 하지만 여러 분야에 대한 지식이나 자격증이 어느 분야이든 응용할 수 있을 거라고 생각했습니다. 현장 경험 등은 취업 후 누구보다 열심히 하여 익힐 자신이 있습니다.

Advice 자격증과 외국어 등 스펙을 쌓느라 노력하는 학생들이 많다. 자격증이 많은 것이 꼭 유리하지는 않다고 본다. 직무에 관련된 필요한 것만 취득하고, 자기분석, 기업연구, 면접, 사회인의 기본소양을 더 준비하는 편이 좋지 않을까 한다.

면접관: 전공과 자격증 이외에는 관심을 두지 않는 것 같이 보이는데요. 자신이 하고 싶은 일, 좋아 하는 일 외에는 하지 않는 성격인가 봐요?

지원자: 아닙니다. 다양한 분야에 관심이 많습니다. 다른 질문을 해주시면 자신 있게 답변할 수 있습니다.

Advice 다수의 자격증 획득 등으로 기세등등한 지원자에게 한방 먹이기 위한 질문이다. 면접관은 어딘가 약한 부분이 보이면 바로 공격해오는 경우가 많다. 솔직함, 자신감이 중요하다.

면접관: 우리나라가 새로운 정보기술 빅뱅시대를 열기 위하여 어떤 것이 필요한가요?

지원자: 통신요금을 대폭 인하해서 새로운 기능의 이동통신 단말기, 편리하고 유용한 애플리케이션, 순식간에 정보를 이용할 수 있게 해주는 네트워크를 부담 없이 활용할 수 있어야 유무선 통합의 신천지로 가는 기반이 구축된다고 생각합니다.

Advice 다른 분야의 관심 정도, 상식 능력을 테스트 하기 위한 질문이다.

면접관: 스타벅스가 우리나라에서 성공한 이유가 뭐라고 생각합니까?

지원자: <u>고급커피로 마케팅을 잘해서 그런 것 같습니다.</u>

Advice 모르면 횡설수설하는 것보다 모른다고 솔직히 얘기하고 앞으로 다양한 분야에 대해 공부하겠다고 하는 편이 나을 것이다. 면접은 직무와 관련된 질문만 하지 않는다.

면접관: 상사가 정당한 일을 시키지 않으면 어떻게 하시겠습니까?

지원자: 먼저 제 자신을 돌아보겠습니다. 업무처리가 미숙하거나 또 다른 문제가 있는가를 생각해보고 저에게 문제가 있다면 상사에게 자신에게 문제가 있음을 자각하고 있고, 앞으로 열심히 하겠다고 하겠습니다. 특별한 이유를 모를 때는 조용한 시간에 상사에게 이유를 묻고, 정당한 업무를 달라고 말씀드리겠습니다.

Advice 합리적으로 문제를 해결할 수 있는지, 자기 분석을 제대로 하고 있는가를 확인하기 위한 질문이므로 자기 분석과 합리적 문제해결에 포커스를 맞추어 답변하면 된다.

면접관: 10년 후의 자신의 모습을 그려보십시오.

지원자: 앞으로 5년간 배운다는 일념으로 근무하겠습니다. 그 5년 동안 계획을 세워 필요한 실무능력, 외국어, 리더십을 키우고 부족한 부분은 더 배워 가면서 5년 후의 10년을 설계하겠습니다. 10년 후 저는 미래의 조선산업 트랜드를 선도하는 프로젝트개발 팀장으로 업무에 매진하고 있을 것입니다. 지금의 10년 후 자화상을 현실화하기 위해 빠른 변화와 진보를 거듭하는 업계의 트렌드를 읽어가며 한발 앞서가는 기술을 개발하는 엔지니어가 되도록 노력하겠습니다.

Advice 전반부는 괜찮으나 후반부는 목표는 있으나 근거, 과정이 없어 설득력이 약하다. 회사의 비전(근거)과 계획, 자신의 강점(과정)을 조화시키면 더 좋은 평가를 받을 수 있다.

업종: 증권 ‖ 직종: 금융자산운용 ‖ 전공: 경제학

면접관: 자기소개를 하십시오.

지원자: 주위에서 취직이 잘되는 경영학을 전공하길 권했지만 저는 국가는 경제의 부침에 좌우된다고 생각하고 경제를 전공했습니다. 저는 업무와 관련하여 증권투자상담사, 증권자산관리사, 파생상품투자상담사 자격증도 취득하면서 증권시장과 증권시장의 업무에 대해 기초적인 지식을 습득했습니다. 외환시장 등 금융시장의 안목을 기르고자 외환관리사 자격증을 취득하였습니다. 지금은 매일 증권, 금융, 경제관련 책을 보면서, 관련 기사를 검색하고 스크랩하며 실전 업무를 준비하고 있는 ***증권에 준비된 인재입니다.

Advice 보통 첫 질문인 자기소개는 답변의 내용도 중요하지만 지원자의 첫인상, 말투, 태도, 눈빛을 읽으며 평가한다는 것을 염두에 두자. 국가경제까지 운운하며 거창하게 시작했지만 불필요한 내용을 들고, 여러 자격증도 이력서에 나와 있는 것을 반복하여 자신의 강점을 어필하지 못했다. 면접관이 납득할 만한 자신을 채용해야 하는 이유, 근거를 제시하는 시간으로 활용해야 한다.

면접관: 취업을 하기 위해 어떻게 준비를 했나요?

지원자: 4학년 여름방학 때 **생명에서 4주간 인턴십에 참가하였고, 취업에 관한 자문을 구하기 위해 대학 선배님들과 지인들 20여 명을 만나 많은 조언을 들었습니다. 지난 3월부터 지금까지 취업스터디 그룹에 참여하여 준비해왔습니다.

Advice 취업에 대한 열의, 의지를 묻는 질문으로 업무와 관련된 아르바이

트도 괜찮다. 답변 시간이 길어지더라도 한 가지 특별한 것을 내세울
수 있으면 강조하도록 하자.

면접관: 우리 회사의 최근 주가 변동은 어떻습니까?

지원자: ***증권은 어제 61,300으로 마감되어 전일대비 2.78% 상승하
였습니다. 지난 1개월간 1.55% 상승하고, 동기간 동안 주가 움직임의
위험지표인 표준편차는 1.4%를 기록했습니다.

Advice 지원한 회사가 금융회사라면 주가와 관련한 질문을 받을 가능성이
많으므로 지원 회사, 동업계의 주가 동향 등에 대해 잘 알고 가야한다.

면접관: 향후 금융업을 어떻게 전망할 수 있을까요?

지원자: 향후의 금융업은 은행, 증권, 보험사 등의 영역이 해제되어
토탈금융서비스를 하면서 수많은 파생상품을 탄생시켜 다양한 투자
환경이 이루어질 것으로 생각합니다. 국내 자본의 투자은행이 탄생하면
서 좀 더 발전된 금융시장과 서비스가 나타날 것으로 보입니다. 또한
헤지펀드 및 해외의 파생기법들을 접하게 되면서 국내에도 해외의 우수한
금융이 들어와 경쟁하며 발전할 것으로 생각됩니다.

면접관: 우리나라 가계 자산의 문제점과 바람직한 자산 관리에 대해
말씀하십시오.

지원자: 우리나라 가구의 보유자산 중 85%가 부동산 특히 주택에 집중돼
있고, 금융자산은 15%에도 미치지 못하고 있습니다. 부동산 보유 자산은
미국 36%, 캐나다 50%, 일본 61%입니다. 주택보급률이 100%를 넘어서
고 인구가 감소하면서 주택의 가치가 크게 떨어지고 있으므로 금융
자산 비중을 늘려야 할 것입니다. 금융 자산도 은행 예·적금에서 벗어나
수익률이 기대되는 주식, 펀드, 연금 등으로 분산돼야 한다고 생각합니
다. 제가 취업이 된다면 자산관리는 고객의 <u>미래 인생 설계도</u>에 맞추어

관리할 수 있도록 도움을 드릴 것입니다.

 질문의 답변에 이어 간략하게 자신의 각오를 '인생 설계도'와 같은 기억에 남을 수 있는 어휘로 표현한 것이 돋보이는 답변이다.

면접관: 자기소개서에 주식투자 경험이 있다고 했는데 무엇을 배웠습니까?

지원자: 3년 전 실전 경험을 해보고 싶어 했던 투자에서 얼마간의 수익을 얻었으나 이후 원칙 없는 투자로 손실을 입고, 투자한 기업이 부도가 나 투자했던 돈을 전부 잃게 되었습니다. 무엇보다 투자 원칙의 중요성과 주식투자는 단순한 매매차익의 수단이 아닌, 투자적 관점에서 위험이 클 때 수익이 큰 것이 아니라 위험이 작으면서 수익을 가장 크게 낼 수 있는 기업을 생각하게 되었습니다.

 실제 투자했던 금액과 손실금액, 회사명, 기간 등을 구체적으로 밝혀야 단순한 1회성이 아닌 경험자로 판단하게 될 것이다.

면접관: IT기업의 주식시장을 어떻게 전망할 수 있을까요?

지원자: 예전에는 국내 IT기업들이 앞선 제조기술로 높은 품질의 하드웨어를 출시, 높은 마진을 기록하면서 높은 성장을 해왔지만 이제는 하드웨어만으로는 어려울 것으로 생각됩니다. 지금은 소프트웨어와 융합된 컨버전스 제품이 대세입니다. 태블릿PC나 스마트폰이 기존 노트북과 PC를 대체하고 있어 애플이나 구글 등 글로벌 기업보다 경쟁력이 떨어지면서 주가도 상승세가 둔화될 것으로 생각됩니다. 세계금융 시장의 불안요소가 아니더라도 헤게모니(주도권)를 이끌 새로운 경쟁력을 갖기 전까지는 지금과 같이 답답한 장세가 이어질 것으로 보입니다.

 전자, 전기, 조선, 금융… 분야별 산업의 흐름과 전망을 연구해야 답변할 수 있는 질문이다.

면접관: SPSS(표준 통계 소프트웨어 프로그램)는 어느 정도 실력이 됩니까?

지원자: 온라인 수강으로 고급과정까지 배워서 자신이 있습니다.

면접관: 직업관을 말씀해보십시오.

지원자: 직업의 고려 대상으로 적성, 흥미, 전공, 미래전망, 업계의 보수 등 다양한 요소를 고려하여 직업을 선택하게 됩니다. 저는 첫째로 적성과 저의 능력을 마음껏 발휘하고 개발할 수 있는 일이어야 하고, 둘째로 기업과 사회발전에 기여할 수 있는 직업으로 숙고하고 결정한 것이 금융자산운용입니다.

Advice 직업관의 기준, 인생관, 지원의지, 삶의 목표를 보고자 함이니 당연히 지원업무와 연관시켜 답변해야 한다.

면접관: 답변하기 힘드시죠? 재미있는 유머 한 가지 들려주세요.

지원자: 유명 대학을 나온 유대가 취직을 하기 위해 면접을 보는데 면접관이 물었습니다. "어떤 대우를 원합니까?" 유대가 대답했습니다. "연봉은 1억 원 이상에 물론 스톡옵션도 있겠죠?" 그 말을 들은 면접관이 말했습니다. "건강보험료 전액 회사 대납, 여름과 겨울 각각 5주 휴가, 퇴직 후 50% 급여지급, 사원용 스포츠카 정도면 되나요?" 깜짝 놀란 유대가 벌떡 일어서며 말했습니다. "와! 그게 정말이예요?" 면접관이 대답했습니다. "당연히 농담이지. 자네가 먼저 시작하지 않았나?"했습니다.

면접관: 재미있네요. 수고하셨습니다.

Advice 기왕이면 업종, 직종과 연관되는 유머를 준비하자. 회사가 위기에 처했을 때는 IQ 높은 직원보다 EQ 높은 직원이 힘을 발휘한다고 한다. 똑똑한 직원보다는 다른 사람의 감정까지도 배려하며 인간관계를 유지할 줄 아는 사원이 회사를 주도적으로 이끌어가고 이직률도 낮다고 한다.

면접관: 우리 회사의 홈페이지를 어떻게 보셨습니까?

지원자: (양손가락을 꼬며 작은 목소리로) 보기는 봤는데… 느낌은…
잘 모르겠습니다.

Advice 지원회사의 홈페이지 방문, 상품이나 서비스 내용, 최근의 언론
보도 내용, 업계 뉴스 숙지 등은 기본 중의 기본이다. 지원 전 한 달
동안은 면접에 대비해 공부하도록 하자. 특히 면접 전날 홈페이지를 체크하
여 사원채용 공지사항이 있는지 확인하도록 하자. 양손은 무릎 위에 살짝
올려놓고, 허리는 곱게 세우도록 하자.

면접관: 전공분야가 아닌 고객상담직을 지원하셨나요?

지원자: 대학졸업 후에 ***회사에서 6개월 간 각종 리서치, 소비자
상담업무를 수행하면서 전공분야보다 고객상담 업무가 적성에 맞고
능력을 발휘할 수 있는 분야라는 확신을 갖게 되었고, @@@회사는
국내 텔레콤업계의 선두이며, 우수한 인재들이 모여 비전 있는 회사라는
생각이 들었기 때문입니다.

Advice 유명기업, 사풍, 대우, 업계 선두이기 때문에 지원했다는 말은
막연히 좋은 회사에 입사하고 싶어 지원했다는 말과 같다. 이런 장점과
저런 능력이 있어 @@@회사의 고객상담 업무를 수행할 적임자라고
어필해야 한다.

면접관: 적성에도 맞는 일이었는데 왜 그 회사에서를 그만두셨나요?

지원자: 팀장님의 업무관리 방식이 일방적이고, 독선적으로 지시하시는
형식이었는데, 저는 팀원들과 토론하고 의견을 존중해주면 팀원들이

더 열심히 일할 수 있다고 생각해 몇 번 말씀을 드렸지만 받아들여지지 않아 그만두었습니다.

Advice 전 직장의 퇴사 이유는 미리 준비하고 가야 한다. 상사와의 불화 등을 퇴직사유로 말하면 추궁 질문을 받을 가능성이 많다. '독선적'과 같은 극단적인 어휘는 지원자의 성격, 조직 적응력을 의심할 수 있으므로 유화된 어휘를 쓰도록 하자.

면접관: 우리 회사의 상담업무를 어떻게 하면 된다고 생각합니까?

지원자: 고객의 입장을 생각하는 마음으로 고객의 요구나 불편사항을 잘 들어가며 고객에게 우호적인 느낌을 전달하고 대화를 함에 있어서 편안하고 신뢰감을 주면서 문제 해결책을 제시해주어야 한다고 생각합니다.

면접관: 답변이 추상적인데 상담할 때의 중요한 것 서너 가지를 들어보세요.

지원자: 첫째 고객의 의견을 경청하는 것이 중요합니다. 둘째 고객이 요구 등을 잘 파악해야 합니다. 세 번째 고객의 말에 공감해주고 우호적인 느낌을 전달해야 합니다. 네 번째 고객의 요구나 불편사항에 해결책을 제시하거나 설득해야 합니다.

면접관: 경험한 사례로 말씀해보십시오.

지원자: 1개월 전에 한 통신회사의 영업사원이 지난 몇 달간의 통화 패턴과 이용서비스에 대한 분석을 바탕으로 제게 조금 더 적합한 요금제와 부가서비스를 안내했는데 저에게 도움이 되는 제안이었습니다. 고객의 이용 정보를 분석해 체계적으로 고객에게 먼저 다가왔던 점, 부담을 주지 않고 대화를 이끌어가는 게 기업의 이익만을 생각지 않고 진정 고객을 위하는 기업이라는 느낌이 들었습니다.

면접관: 그건 *** 씨가 수행한 상담 사례가 아니라 고객의 입장에서

제안을 받은 내용이잖아요.

지원자: 예. 죄송합니다. 제 경우로 다시 말씀드릴까요?

면접관: 괜찮습니다. 경험한 바로 고객의 심리는 어떠합니까?

지원자: 고객으로서 대우받고 싶어 하고, 환영받고 싶어 합니다. 고객이 있어야 회사가 존재한다는 생각으로 고객을 대하는 자세, 존경하는 마음이 있어야 한다고 생각합니다.

Advice 고객 중에는 상품에 대해 상담원들보다 더 많이 알고, 다양한 정보를 갖고 있는 고객들도 있다는 것을 염두에 두고 상담에 임해야 한다.

면접관: 고객이 회사 규정상 해결할 수 없는 요구를 하거나 욕을 한다면 어떻게 하겠습니까?

지원자: 조금 전에 말씀드린 자세로 경청한 후 이해시키고 설득시키겠습니다.

면접관: 그러면 스트레스를 많이 받을 텐데요.

지원자: 사실 그런 고객도 있습니다. 여유로운 마음으로 그분들을 이해시키는 것도 중요한 업무라는 생각합니다. 회사에 대한 <u>충성심</u>과 직업에 대한 자부심을 갖고 일하겠습니다.

Advice 면접에서 전달하고자 하는 내용이 중요하지만 적절한 표현도 중요하다. 빤히 속이 보이는 듯한 아부나 지나친 표현은 지원자의 인격을 낮게 평가할 수 있다. 충성심보다는 애사심 정도가 적절하다.

면접관: 다른 사람에 비해 어떤 점이 뛰어나다고 생각하시나요?

지원자: 예. 저는 다른 사람을 기쁘게 하는 것을 좋아하고, 재능이 있다고 생각합니다.

Advice 이렇게 막연하게 답변하지 말고 적절한 사례를 들어야 답변에 대해 인정하게 된다.

면접관: 상담업무는 회사의 사업전략에 중요한 역할을 하게 되는데 그 이유를 뭐라고 생각합니까?

지원자: (면접관 책상에 놓인 서류를 쳐다보며) 고객에게 직접 들은 요구사항이나 불편사항 등은 살아 있는 현장 정보이기 때문에 상품 개발과 마케팅 전략의 기획, 방향 설정에 중요한 자료로 활용할 수 있기 때문입니다.

Advice 면접관과 시선을 맞추지 않으면 자신이 없거나, 거짓 답변을 하는 것으로 의심할 수도 있으므로 주의해야 한다.

면접관: 본인의 성격과 대인관계에 대해 말씀해보십시오.

지원자: 여러 사람과 좋은 관계를 유지하려고 노력을 하기 때문에 제 할 일에 대한 시간이 부족한 것이 장점이면서 단점입니다. 자기계발에 시간을 더 할애하고 대인관계는 시간을 효율적으로 활용하면서 유지하려고 노력하고 있습니다.

Advice 단점이 없다거나 단점을 미화하려고 하면 자기분석을 제대로 하지 못하는 사람으로 평가받게 된다. 단점을 말하되 어떻게 극복, 개선하려고 하는가를 보여주도록 하자.

면접관: 포부나 꿈이 있으면 말씀해보십시오.

지원자: 최고의 콘덴츠와 최고의 서비스를 자랑하는 @@@회사에 입사하여 고객에게 친절한 상담과 정보를 주는 상담원이 되도록 하겠습니다.

Advice 미래의 꿈이 없는 사람의 답변이다. 이 질문도 지원한 회사에 맞는 5년, 10년 후의 자기 모습을 면접 전에 미리 그려보아야 제대로 답변할 수 있다.

업종: 서비스 ‖ 직종: 경리 ‖ 전공: 상고 금융정보과

면접관: 1분 동안 자기소개를 하십시오.

지원자: '정직하라'는 가훈과 성실하게 살아오신 부모님의 영향으로 어려울 때일수록 더욱 더 정직해야 하고, 노력한 만큼의 결과가 있다는 신념을 갖게 되었습니다. 특히 방송반 활동을 하며 적극적 사고, 책임감을 배울 수 있었습니다. 졸업 후 1년 동안 ***회사에서 회계업무, 4대 보험, 급여산정 등의 경리실무를 익혔습니다. <u>이제 좀 더 큰 회사에서 더 많은 것을 배우고 싶어 지원하였습니다.</u>

Advice 경리업무는 머리가 뛰어난 사람보다 성실하고 정직한 품성을 요구한다. 그런 면에서 가훈, 방송반에서 배운 것, 실무능력 등을 거론한 것은 좋으나 이직사유가 적절치 않으며, 이 회사에서도 좀 근무하고 더 큰 회사로 옮길 수 있는 사람으로 보일 수 있다.

면접관: 큰 회사일수록 업무 영역이 좁아지는 것은 알고 있나요?

지원자: 예. 알고 있습니다만 좀 더 체계적으로 업무를 배우고 싶습니다.

면접관: 법인결산도 해 보았겠네요?

지원자: 예. 법인결산, 연말정산 업무 경험도 했습니다.

면접관: 법인결산 등의 회계 업무는 어떤 방식으로 했습니까?

지원자: 더존프로그램으로 처리하였습니다.

면접관: 업무와 관련한 강점이 있으면 말씀해보십시오.

지원자: 지금 근무 중인 회사에서 업무 매뉴얼을 작성하고 있어, 저의 업무나 지식에 대한 정리, 보완, 확인하는데 많은 도움이 되고 있습니다.

업무 매뉴얼 작업을 통해 제 업무를 표준화시킴으로서 업무의 시행착오를 줄이고 시간을 절약하게 되어, 기안 업무 등도 조금씩 배워가고 있습니다. **회사에 근무하게 되면 1년의 경력이지만 업무효율을 높이도록 하겠습니다.

면접관: 부가가치세에 대해 설명해보십시오.

지원자: 상품의 거래나 서비스의 제공 과정에서 얻어지는 부가가치 즉 이윤에 대하여 과세하는 세금이며, 사업자가 납부하는 부가가치세는 매출세액에서 매입세액을 차감하여 계산합니다.

Advice 부가가치세　매출세액(매출액의 10%) − 매입세액(매입액의 10%) 부가가치세는 물건 값에 포함되어 있기 때문에 실제로는 최종소비자가 부담하게 된다. 이렇게 최종 소비자가 부담한 부가가치세를 사업자가 세무서에 납부하는 것이다.

면접관: 최고 법인세율에 대해 말씀해보십시오.

지원자: 2010년부터 최고세율을 〈법인소득세 20% + 법인주민세 2% = 22%〉로 하기로 하였으나, 2년간 유예하였습니다. 따라서 현재는 2009년의 법인세율인 〈법인소득세 22% + 법인주민세 2.2% = 24.2%〉를 적용하고 있습니다.

Advice 새 정부 들어 세율 인하를 예정했으나, 과도한 재정지출 및 세수입 부족으로 법인세율 및 소득세율 최고세율(각각 22%, 35%)에 한하여 2년간 세율 인하를 유예하였다.

면접관: 신종기업어음을 설명해보십시오.

지원자: 기업의 단기 자금을 쉽게 융통하기 위한 어음으로 기업과 투자자 간의 금리를 자율적으로 결정할 수 있습니다.

Advice 기업어음의 일종으로 1981년 기업의 단기 자금 조달을 쉽게 하기 위해 도입된 어음 형식이다. 가장 큰 특징은 고정 이율로 발행되던 기업어음과는 달리 기업과 투자자 사이의 자금수급 관계 등을 고려하여 금리를 자율적으로 결정한다는 점이다. 중소기업은 금융기관의 보증을 받아 CP를 발행할 수 있다.

면접관: 부서 내에서 비리를 목격하면 어떻게 대처하겠습니까?

지원자: 비리 관련자에게 개인과 회사를 위해 원상복구하라고 요구하고, 그렇게 하지 않을 경우 부서장님께 말씀드려 회사에서 조치하도록 하겠습니다.

Advice 정직성, 상황대처능력, 문제해결력 등을 평가하는 질문으로 해결방법을 제대로 제시하지 못하거나 답변을 망설이면 탈락할 가능성이 높다.

면접관: 회사업무와 개인적인 일이 겹칠 경우에 어떻게 하겠습니까?

지원자: 회사업무를 우선 하겠습니다. 그러나 개인적인 일도 중요한 일이 있을 수 있으므로 회사 일의 중요성과 긴급 정도, 다른 동료사원의 도움을 받아 처리할 수 있는가의 여부 등을 파악한 후 결정하겠습니다.

면접관: 경리팀의 경우 거의 매일 야근하고, 힘든 부서인데 그래도 괜찮습니까?

지원자: 지금 근무하는 회사도 야근이 많은 편이지만 열심히 근무하고 있습니다. 이직하려는 이유가 편하게 일할 수 있는 회사에서 근무하기 위한 게 아니라 좀 더 비전 있는 회사에서 체계적으로 일을 배우며 저의 능력을 키워보고 싶기 때문입니다.

업종: **정보통신/포털** ‖ 직종: **웹프로그래머** ‖ 전공: **멀티미디어학**

면접관: 우리 회사를 어떻게 생각하십니까?

지원자: 검색, 미디어, 커뮤니티 등의 포털 사업에 집중하고 있으며, IPTV, 모바일 등의 차세대 플랫폼까지 e-life 영역을 확대하고 있습니다. 제가 지원한 업무파트는 창의적인 마인드로 일에 열정을 가진 젊은 전문가들이 즐겁게 토론하며 새로운 서비스프로그램을 개발하여 새로운 가치를 창조하는 파트로 알고 있습니다.

Advice 질문이 애매할 수 있으나 요지는 회사에 대해 어느 정도 연구를 했는가이다. 회사에 대한 단순하거나 산만한 답변보다 업무파트에 대한 언급은 회사의 사업과 가치에 연관되어 있어 평가가 높아질 수 있다. 어떤 질문도 자신의 역량, 지원의지 등을 연관하여 답변하는 것이 바람직하다.

면접관: 멀티미디어학을 전공한 이유를 말씀해보십시오.

지원자: 컴퓨터를 배우기 시작하며 컴퓨터의 다양한 기능에 흥미를 갖게 되었습니다. 커뮤니티와 다양한 정보의 접근 용이성도 놀라웠고, 다양한 프로그램을 이용하여 여러 가지 작업의 구현할 수 있는 것도 신기했습니다. 그래서 학원을 다니며 배우기도 하고, 책을 사서 혼자 공부하기도 하였습니다. 대학진학 때에도 향후 IT산업은 전망도 좋을 것이라 생각해서 전공하게 되었습니다.

Advice 왜 전망이 좋을 것이라고 생각했는지 근거를 제시해야 한다. 향후 IT산업은 정보기술산업 외에도 자동차, 로봇, 기계, 국방, 조선, 에너지, 의료, 건설 등 여러 산업이 IT기술을 융합하여 발전할 것이므로 전망이

밝다하겠다.

면접관: 프로젝트를 진행할 때 가장 중요한 것을 경험 사례로 말씀해보십시오.

지원자: 학부시절 프로젝트 주제를 정하기 전에 '팀원들이 함께 즐기면서 수행할 수 있는 과제'로 하기로 합의하고, '조선시대 양반놀이게임' 개발을 추진하였는데, 처음의 의도대로 팀원들이 즐기면서 프로젝트를 수행하였습니다. 프로젝트를 즐기면서 할 수 있는 마음과 팀원 간의 효율적인 커뮤니케이션이 되면 기대 이상의 결과를 만든다는 걸 경험하였습니다.

면접관: 개발한 프로그램 중 작품으로 내세울 만한 것을 말씀해보세요.

지원자: 국내 웹프로그램 시장에서 접하기 힘든 언어인 루비를 통해서 설치형 블로그를 만들었습니다. 또한 설치형 블로그에 RSS를 사용하여 Podcast를 구현하였습니다. 상용화를 목적으로 만든 것은 아니지만 정말 많은 노력과 시간을 투자하여 만든 만큼 지금도 무척이나 애착이 가는 작품입니다.

면접관: 희망 직무에서 실무적으로 가장 잘할 수 있는 일이 뭡니까?

지원자: 저는 PHP/ASP는 물론이고 JSP에 관해서도 자신이 있습니다. 웹프로그래머의 경우 새로운 기술이 중요한데 저는 새로운 기술 습득을 즐기는 편입니다. 또한 새로운 기술의 경우 주로 국외에서 먼저 시작이 되어 우리가 배우는 경우가 많습니다. 저는 영어에 자신이 있어 이를 접하는데 있어 유리하다고 생각합니다.

면접관: 프로젝트를 진행하는데 팀 내에 무임승차자가 있다면 어떻게 하겠습니까?

지원자: 프로젝트의 중요성을 설명하고, 함께 같이 할 때 좋은 결과가 나오며, 이 프로젝트에서 그분의 역할과 노력 없이는 좋은 결과를 기대할

수 없으므로 팀원들을 위해 적극 참여해주면 팀원들이 모두 고마워할 것이라고 설득한 후 단합대회 자리를 만들겠습니다.

면접관: 우리 회사 홈페이지에서 보완되어야 할 부분을 지적해보십시오.

지원자: **의 메인 화면은 중앙과 좌, 우로 나뉘어 있는데다 창은 17개로 나뉘어 있어 시각적으로 약간 산만한 느낌입니다. 17개의 창을 **의 강점이 드러날 수 있게 13개 정도로 통합하는 게 좋을 것 같습니다. 교육포털 등 지식 서비스도 부족하다고 생각하며, 인맥 교류 부분도 활성화할 필요가 있다고 생각합니다. 제가 입사한다면 Tistory를 SNS에 접목시켜 인맥 교류가 활발할 수 있도록 방법을 연구해 보고 싶습니다.

면접관: 부하직원이 있다면 어떻게 동기부여를 하겠습니까?

지원자: 사람마다 성격이 다르므로 동기부여도 부하직원 성격을 파악한 후 부하 직원에게 맞는 방법을 택하겠습니다. 전권을 주면 소신껏 일할 수 있는 형과 전체적인 상황과 방향 등을 알려주어야 하는 형도 있을 수 있고… 부하직원의 성격에 따라 달리하되 믿음을 갖고 있음을 느끼게 하겠습니다.

면접관: 상사와 업무상 견해가 다를 경우 어떻게 하겠습니까?

지원자: 제 생각이 옳다고 생각되면 회사를 위해서라도 관철시켜야 한다고 생각합니다.

면접관: (무서운 눈빛으로 목청을 높여) *** 씨의 생각이 회사에 도움이 안 될 수도 있을 텐데요?

지원자: 아~ 예. 죄송합니다. 그럴 수도 있겠습니다.

면접관: (안색까지 바뀌며 신경질적으로) 답변이 오락가락 하는데, 조직 생활에는 부적합한 성격인 것 같네요.

지원자: 아닙니다. 저는 책임감이 강하여 동아리에서도 아르바이트를 하면서도…. (당황하여 말을 잇지 못한다.)

Advice 문제해결능력, 조직부합성 등을 평가하는 질문이다. 한마디 실수가 탈락의 결정타가 되는 경우가 있으므로 긴장을 늦추지 말고 생각하며 답변해야 한다. '제 의견을 충분히 검토해주실 것을 부탁드리겠습니다. 저 또한 상사의 견해에 대해 다른 관점에서 생각해보겠습니다. 그럼에도 상사가 옳다고 말씀하시면 저보다 경험이 많고 다른 위치와 관점에서 생각하신 상사의 의견에 기꺼이 따르겠습니다' 하고 답변하는 것이 무난하다. 이 질문은 도덕성에 관한 질문이 아니므로 끝까지 자신의 생각을 관철시키겠다고 하면 조직부합성에 문제가 있다고 볼 수 있음을 염두에 두고 답변해야 한다.

면접관: (짜증스런 얼굴과 말투로) 회사는 책임감만을 필요로 하지 않습니다. *** 씨는 회사생활에서 가장 중요한 것을 뭐라고 생각합니까?

지원자: 자신이 맡은 업무를 잘해낼 수 있는 업무능력이 제일 중요하다고 생각합니다.

Advice 앞의 질문에서 지원자를 의심하고 조직에 적응할 수 있는 인물인가를 재차 확인하는 질문이므로 '상대를 이해하는 마음' '커뮤니케이션 능력' 등 조직부합성을 강조하는 답변이어야 했다.

면접관: (더 이상 질문할 필요도 없다는 듯) 수고하셨습니다.

Advice 이렇게 면접이 끝나는 경우도 있다. 실수를 하면 바로 잘못된 부분을 정정하는 자세가 중요하다. 지원자는 정정할 타이밍을 놓쳐 당황하면서 실수를 연발했다.

면접관: 마케팅 기획을 지원한 이유를 말씀해보세요.

지원자: 어느 제품이든 마케팅 기획에서 시작하게 되며, 현재의 시장상황, 경쟁력, 유통, 홍보전략 등 많은 것들에 대해 연구하고, 발로 뛰어 회사에 이익이 나도록 해야 합니다. 저는 누구보다 마케팅 기획에 맞는 여러 가지 강점이 있습니다. 열정, 분석력과 감성, 꼼꼼함이 있습니다. 그래서 지원했습니다.

Advice 대부분의 지원자들의 답변이다. 여러 가지 강점 중 비교 우위에 있는 자신의 강점 하나를 사례나 근거를 제시하며 강조하면 좋겠다.

면접관: 중국어를 공부한다고 했는데 이유가 있습니까?

지원자: 중국이 놀랍게 발전하는 것을 보며 무엇을 하든지 중국어를 공부하면 도움이 될 것으로 생각했는데 잘했다고 생각합니다. 중국 시장 마케팅에 큰 도움이 될 수 있을 것입니다.

Advice 이 지원자는 중국어 실력을 좀 더 강조 어필하여 득점까지 끌고 갔어야 했다. 억지가 아닌 이상에는 현재 공부하고 있는 것을 회사와 희망업무와 연결시켜 답변하도록 하자.

면접관: 볼펜을 만들려고 할 때 기획에서 고려해야 할 요소를 들어보세요.

지원자: 길이와 굵기, 볼펜대의 각과 재질, 펜대와 앞머리의 모양과 두께, 볼펜심의 크기, 용수철의 길이와 세기, 상단 똑딱이의 신축성, 잉크의 성분과 조달, 색깔, 디자인 등이 있습니다.

Advice 단순한 요소를 묻는 질문이 아니라 아이디어, 폭넓은 시야와 지식을 묻고 있다. 위에 더하여 중요한 요소로 현재의 상품분석, 시장판도, 경쟁사별 매출과 이익구조, 제품원가, 가격, 유통, 홍보전략, 예상 매출액과 이익 등이 있다. 이 질문은 차별화된 볼펜을 만들기 위해 가장 고려해야 할 요소와 그 이유를 아이디어와 함께 강조해야 좋은 점수를 받을 수 있다.

면접관: 최근 저희 회사의 상품이 잘 판매되고 있는 이유를 뭐라고 생각하시나요?

지원자: 상품개발력이 우수하기 때문이라고 생각합니다.

Advice 이렇게 초등학생과의 대화형식이 되어서는 곤란하다. 다음 질문에 대한 답변까지 이어가야 한다.

면접관: (짜증스럽다는 표정으로) 답답하시네요. 상품개발력이 어떻게 우수한지 구체적으로 말씀해주세요.

지원자: (목례하는 형식으로 고개를 숙여 인사하고) 죄송합니다. (떨리는 마음을 진정시키며, 큰 소리로) 경쟁사들보다 마케팅에서 고객의 요구를 간파하여 시장예측을 하고 기능성 화장품을 개발하였기 때문이라고 생각합니다.

Advice 답변이 부족한 듯하면 면접관의 표정이 돌변하며 지원자의 허점이 여기가 아닐까하고 집요하고 무례한 질문을 하기도 한다. 냉정을 유지하며 침착하게 답변해가도록 하자.

면접관: 저희 회사와 경쟁사 K사의 마케팅의 차이를 말씀해보십시오.

지원자: 우수한 성분을 강조하는 성분 마케팅을 잘 펼치고 있다고 생각합니다. 이미 소비자들에게 잘 알려진 성분이나 자체 개발한 미용에 좋은

특이한 성분을 강조하는 성분 마케팅으로 제품의 우수성을 부각시키고, 타사와의 차별성을 강조한 마케팅이 소비자들에게 잘 어필되고 있다고 생각합니다.

면접관: 화장품 회사의 마케팅 방법에 대해 아는 대로 말씀해보세요.

지원자: 조금 전에 말씀드린 성분 마케팅, 스타 마케팅, 감성 마케팅, 한정판, 조기매진 홍보 마케팅, 컬러 마케팅, 향 마케팅, 입소문 마케팅, 온라인 마케팅 등 다양한 방법이 있습니다.

Advice 대충 회사의 이름을 보고 지원하였가를 파악하기 위해 업무 상식을 묻는 질문이다.

면접관: 최근의 소비자들의 화장품 소비 패턴에 대해 말해보세요.

지원자: 프리미엄 화장품과 중저가 화장품으로 소비패턴이 이분화 되는 경향이 나타나고 있습니다. 시장은 최근 불황임에도 5%대의 성장을 하고 있으며, 기능성 화장품과 남성 화장품 소비 증가가 높게 나타나고 있습니다. 이분화 되고는 있지만 소비수준이 올라가면서 다양한 가격대의 화장품이 판매되고 있는 것으로 알고 있습니다.

Advice '판매되고 있는 것으로 알고 있습니다' '~할 것 같습니다' '~일 것입니다' 는 자신감이 없고 주워들은 것 같은 답변으로 들리므로 '판매되고 있습니다' '~합니다' '~입니다'와 같이 단정적 화법을 쓰도록 하자.

면접관: 우리 회사의 최신 뉴스를 알고 있습니까?

지원자: 중국에 피부과학연구소를 설립하여 중국 여성 피부연구를 통해 중국 고객과 소통하고 글로벌 고객의 니즈를 반영한 기술력을 축적할 것이라는 기사를 보았습니다.

Advice 어느 기업을 지원하던 지원회사에 대한 최근 뉴스를 알고 가야

한다. 마케팅기획을 지원하였다면 여기에 더하여 지난 2~3년간 지원회사에 대한 기사를 스크랩하여, 사업방향과 신제품, 시장 트렌드 등을 분석하고, 이를 토대로 자신이 생각하는 서비스나 제품, 홍보 대안을 PT자료로 만들어 스크랩자료와 함께 제출하면 좋은 점수를 받게 될 것이다.

면접관: 해외 마케팅은 어떻게 해야 할까요?

지원자: 화장품의 성분에서부터 시작해야 할 것 같습니다. '설화수' '후' '백옥생' 등과 같은 한방화장품이 세계시장에서 선전을 하고 있지만 한국 화장품의 세계시장 점유율은 2~3%이며, 자연추출물 성분은 다른 나라에서도 많이 개발되고 있어 한계가 있습니다. 예를 들면 '고려인삼' '영광굴비' '보성녹차'는 아시아에서도 인정받는 상품이듯이 한국을 분명히 알릴 수 있는 우리만의 소재로 개발하고, 그것을 부각시키는 마케팅 전략이 필요하다고 생각합니다.

Advice 지원회사 화장품의 국내시장 점유율, 세계시장 점유율, 세계시장 트렌드 등은 기본적으로 알고 가야 한다.

면접관: 시장 세분화에 대해 말씀해보세요.

지원자: 소비자의 욕구를 기준으로 다양한 소비자 유형에 빈틈없이 대응할 수 있도록 상품기획과 판매방식을 전개하는 것을 말합니다.

Advice '세분화된 소비층을 타킷으로 하여 성공한 경우로, 독신녀, 맞벌이 부부 등을 타킷으로 한 <햇반>이 있고, 탄산 음료, 우유 등에 거부감을 가진 소비 집단을 폭넓게 타킷으로 한 <아침 햇살>, <배지밀> 등을 들 수 있습니다' 라고 예까지 들어 설명해야 질문 의도에 맞는 답변이다.

업종: 은행(외국계) ‖ **직종: 금융사무** ‖ **전공: 회계학**

면접관: 은행을 지원한 동기를 말씀하십시오.

지원자: 금융에 관심이 많아 은행, 증권회사, 보험회사의 <u>다양한 금융상품에 대해 비교분석하다</u> 흥미를 갖게 되면서 금융회사에서 필요한 공부를 하게 되었습니다. 금융전문가가 되어 주위에 있는 사람들에게 금융에 대해 도와주고 싶고, 제 나름의 투자 기법을 개발하여 고객들의 자산을 늘려주는 PB(Private Banker)가 되고 싶어 지원하였습니다.

Advice 금융상품을 비교분석한 자료를 면접장에서 제시해야 추상적 답변이 아닌 신뢰할 수 있는 답변이 된다.

면접관: 일반적으로 고객이 은행을 선택할 때의 고려사항 두 가지를 무엇이라고 생각합니까?

지원자: 예. 수익가치를 가장 우선적으로 생각하고, 다음으로 안전성이라고 생각합니다.

Advice 부가설명을 조리 있게 할 자신이 없으면 이처럼 간단명료하게 답변하는 것이 좋다.

면접관: 우리 회사의 주요사업 3가지를 들어보세요.

지원자: 일반적인 은행 업무, 신탁 업무, 외국환 업무입니다.

면접관: 고객에게 단기, 중기, 장기로 나누어 재테크를 권유한다면?

지원자: 단기는 CMA, 예·적금 상품과 같은 안정성과 유동성을 기초로 투자하고, 중기적 재테크는 예·적금 상품과 함께 간접투자 상품에 투자하도록 하며, 장기적으로는 연금저축, 연금보험, 변액보험 등과

같이 절세효과와 수익성을 기초로 한 상품에 투자하도록 권유하겠습니다.

면접관: 고객이 경쟁사에서 더 좋은 상품이 나왔다며 옮기겠다고 한다면 어떻게 하겠습니까?

지원자: 마음을 다하여 저희 상품의 장점을 설명하고 그래도 안 되면 화분을 사가지고 고객을 찾아가겠습니다.

Advice 적극적인 방식으로 고객을 이해시키거나 감동을 줄 수 있는 방법이 좋다. 자주 묻는 질문이므로 미리 생각해보도록 하자.

면접관: 우리 은행을 흔히 외국계 은행이라고 하는데 우리 은행을 어떻게 생각합니까?

지원자: **은행은 금융선진 시스템을 갖춘 회사로 금융업계의 선도적 역할을 하고 있다고 생각합니다. 선진 시스템에서 유능한 인재들이 차별화된 마인드와 열정으로 일하기 때문에 타 은행들보다 이익도 많이 내고 있습니다. 사원들의 대우도 타 은행에 비하여 높은 편으로 능력만큼 대우를 하는 은행으로 생각합니다.

Advice 언뜻 생각하면 한 가지를 묻는 듯 이해할 수도 있지만 이 질문은 두 가지를 묻고 있다. 지원은행과 외국계 은행에 대한 생각을 묻고 있는데, 외국계 은행에 대한 답변을 하지 않았다. 질문을 잘 듣고 답변해야 한다.

면접관: 은행에서 필요로 하는 인재상을 말씀해보세요.

지원자: 직무역량이 중요한데 그중에서도 영업력이 가장 중요하고, 자기계발 즉 외국어 및 금융지식 역량 강화와 글로벌 관리자로 성장해가야 한다고 생각합니다.

Advice 일반적으로 은행에서 필요로 하는 인재상인지, 지원한 은행에서 요구하는 인재상인지 정확히 답변해야 한다. 은행마다 인재상은 다르기 때문이다.

면접관: 은행의 PF 대출에 대해 어떻게 생각합니까?

지원자: 얼마 전 **저축은행이 과도한 PF대출로 인하여 부실화되어 문제가 되었듯이 세밀하게 평가하고, 신중해야 한다고 생각합니다.

Advice PF대출이란 Project Financing의 약자로 돈을 빌려줄 때 자금조달의 기초를 프로젝트를 추진하려는 사업주의 신용이나 물적담보에 두지 않고 특정 프로젝트 자체의 사업성을 평가하여 대출을 해주고 사업이 진행되면서 발생하는 수익금으로 대출금을 회수하는 금융기법이다.

면접관: 그러면 은행의 안정성 측면에서는 어떤 대출을 해야 할까요?

지원자: 안정성을 우선 고려한다면 대기업을 대상으로 한 대출상품, 해외 자금운용, 환리스크관리 상품이 바람직하다고 생각합니다.

면접관: **은행의 PF 대출에 대해 아는 대로 말씀해보세요.

지원자: **은행은 2007년부터 PF 대출을 하지 않고 있는 걸로 알고 있습니다.

면접관: PF 대출하지 않음으로 해서 어떤 문제가 있을까요?

지원자: 부실 PF는 없겠지만 우량 건설회사가 벌이는 수익성이 뚜렷한 PF도 하지 않으면 결국 전반적인 부동산 관련 서비스 경쟁력이 떨어질 거라는 생각이 듭니다. 우량 PF를 선별하여 시행하는 것이 좋을 듯합니다.

Advice 먼저 질문에서 이 질문에 대한 것까지 답변했어야 했다. 추가 질문을 하지 않았다면 점수를 얻지 못할 뻔했다. 이렇게 꼬리에 꼬리를 무는 질문으로 지원자의 실력을 바닥까지 확인하는 경우도 있으므로 업계상식, 흐름을 잘 알고 있어야 한다.

업종: 방송 ‖ 직종: 방송작가 ‖ 전공: 문예창작학

면접관: 방송작가가 되기 위해 어떤 준비를 했습니까?

지원자: **대학교 방송작가아카데미에서 기초과정을 공부하고, 실제 방송의 컨셉을 제 나름대로 약간 바꾸어 방송대본을 작성을 한 게 10여 개 있어 면접관님께 보여드리려고 가지고 왔습니다.

면접관: 좋아하는 프로의 제작진을 말씀해보세요?

지원자: MBC '휴먼타큐 사랑' 프로그램을 좋아합니다. 기획은 *** 님, PD는 ***, *** 님, 작가는 ***, *** 님입니다.

Advice 관심을 갖고 있는 프로그램의 제작진 이름까지 확실하게 알 정도로 프로그램을 관심 있게 보며 분석하고, 나름대로 보완해야 할 측면을 생각해 두도록 하자.

면접관: 좋아하는 이유를 말씀해주세요.

지원자: 어려운 환경에서 살아가는 사람들이 그 환경을 극복하기 위해 노력하는 과정을 동정적인 시선으로 자극하는 다큐와는 다르게 담아내고, 중요한 것은 희망을 갖고 있는 모습에서 감동을 받기 때문에 좋아합니다.

면접관: 그 프로그램의 특징을 말씀해보십시오.

지원자: 하루하루를 힘들게 살아내야 하는 사람들이 출연하고, 스타들이 1인칭으로 내레이션을 하며, 가족들이 등장합니다. 어려운 환경에서도 희망을 놓지 않고 살아가는 모습이 시청자의 감성을 자극하고, 그 감성이 감동으로 이어지며, 그 감동 때문에 다시 시청하게 되는 것이 특징이라고 생각합니다.

Advice 감성을 자극하고, 감동을 줄 수 있는 글을 쓰는 작가가 되기 위해 어떠한 노력하고 있다는 것을 덧붙여도 된다.

면접관: 방송작가는 치열함이 일상이 되어야 하는데, 왜 그렇다고 생각하시나요?

지원자: 시청률은 곧 다른 방송, 다른 프로와의 경쟁이기 때문에 좋은 아이템을 구상, 기획하고, 대본을 써야 하며, 이런 것들을 잘해내기 위해서는 자신과 힘든 싸움을 해야 하며, 시간과 스케줄에 쫓기기 때문에 개인의 삶은 접어두고 치열하게 노력해야만 살아남을 수 있기 때문이라고 생각합니다.

면접관: 방송작가로서 어느 정도 성공할 수 있다고 생각합니까?

지원자: 저는 누구보다 치열하게 일할 각오와 기획력, 그리고 감각이 남다르고, 제가 만나는 모든 사람들이 저의 작가적 역량을 키워줄 멘토라고 생각하고 있습니다. 만나는 모든 분들, 멘토들에게 음으로 양으로 많이 배워가고 있기 때문에 좋은 작품을 쓰는 작가가 될 수 있으리라 확신합니다.

Advice 이런 말은 누구나 한다. 백화점식으로 나열하지 말고 한 가지라도 그렇게 생각하는 강점, 근거 있는 계획, 비전을 제시하자.

면접관: 세금과 관련이 있는 최근 시사 핫이슈(Hot Issue)는 뭐가 있습니까?

지원자: 무상급식, 감세철회, 초과이익공유제, 전월세 상한제에 대한 논쟁이 가열되고 있으며, 얼마 전부터는 반값 등록금으로 대학가와 정치권의 논쟁이 뜨겁습니다.

면접관: 이런 문제들의 핵심은 무엇이라고 생각합니까?

지원자: 정의라고 생각합니다. 소득재분배를 통한 복지를 이루어 부자와

가난한 자들 간의 평등을 추구하고 그로 하여 정의로운 사회를 만들자는 것이라고 생각합니다.

Advice 작가라면 시사상식, 사회 트렌드도 꿰차고 있어야 한다는 의미에서의 질문이고, 지원자의 생각은 어떠냐고 묻더라도 답변은 어느 일방의 주장에 동조하기보다 균형적 시각에서 문제의 핵심, 양측의 주장과 문제점을 지적하는 것이 좋다.

면접관: 그러면 무상급식 등을 시행해야 한다는 말이네요. 그러면 정의로운 사회로 한발 다가가는 것이고요.

지원자: 아~ 그게… 꼭 그런 건 아닙니다.

면접관: 아니면 뭡니까?

지원자: 저~ (당황하여 얼굴이 붉어진다.)

면접관: 글만 쓰려고 노력했나요? 다음 질문하죠. 술은 얼마나 마십니까? 회식자리에서 늘 폭탄주를 돌린다면 어떻게 하겠습니까?

지원자: 소주로 한 병 정도 마십니다만 분위기에 따라 다릅니다. 작가는 많은 사람과 가슴을 나누는 대화를 할 수 있어야 합니다. 그러려면 어울리려는 자세가 필요하다고 생각합니다. 저의 주량의 문제를 떠나 기꺼이 즐기는 마음으로 함께 하겠습니다.

Advice 좋아하지 않지만 전체 분위기를 위해 요령껏 마시겠다거나, 음주 문화를 개선해야 한다는 내용의 답변을 하면 질문 의도를 벗어난 답변이 된다.

업종: 항공운수 ∥ 직종: 스튜어디스 ∥ 전공: 일어일문학

면접관: 승무원이 되려고 하는 사람이 많은데 왜 그렇다고 생각하시나요?

지원자: ①승무원은 여러 나라의 승객들에게 서비스를 하고, 그들과 대화하며 많은 간접적 문화체험을 할 수 있음은 물론 세상을 열린 시각으로 보며 자신을 성장시킬 수 있는 직업으로 생각하기 때문에 많은 것 같습니다. ②저는 여기에 더하여 승무원이 되기 위해 준비하는 과정부터 승무원이 된 후 근무하는 과정에서 큰 자기 성장이 있을 거라고 생각하여 지원하였습니다. 마음가짐, 행동, 성실성, 열정, 외국어 실력, 자기관리, 세상을 보는 시각 등 많은 면에서 성장해가면서 아름답고, 특별한 자신으로 가꾸어 가도록 노력하겠습니다.

Advice 이 질문은 지원동기를 묻는 질문이다. ①과 같이 일반 지원자의 지원동기를 말하고 ②와 같이 자신의 지원동기를 말하는 것이 바람직하다. '외관적으로 화려한 직업으로 보이기 때문일 것이다' 하고 답변을 끝내면 지원자도 그 범주에 속한다는 말과 같다. 일어일문학을 전공했기에 일본 취항노선에 배속이 되면 직무에 활용할 수 있다는 등의 강점을 보여 주지 않은 것이 아쉽다.

면접관: 영어로 자신을 소개해보세요.

지원자: Instead of relying on and expecting to others, I rather have always tried to take the lead and to do everything by myself with keeping myself sincere and responsible. When we work on something, I consider that the most important things are passion, effort and responsibility. Even though the ability is important,

We can achieve more than our ability when we do our best.
저는 남에게 의지하고 바라기보다는 항상 솔선수범하는 자세로 신의와 책임을 중시하며 살았습니다. 어떤 일을 수행할 때 가장 중요한 것은 열정과 노력, 그리고 책임감이라고 생각합니다. 능력도 중요하지만 최선을 다할 때 능력 이상의 성과를 낼 수 있기 때문입니다.

Advice ✔ 표현력이 중요하지 유창해야 하는 것은 아니다. 쉬운 단어로 생각을 전달할 수 있으면 된다.

면접관: 본인의 성격을 말해보세요?

지원자: 쾌활하고 사교적인 편이라 누군가와 가까워지는 데 시간이 별로 걸리지 않습니다. 어지간한 일은 웃으면서 해결하기 때문에 낙천적이라는 소리를 많이 듣곤 합니다. 간혹 혼자서 화를 삭히는 일도 있지만, 그마저도 금방 잊는 편입니다. 또한 저의 활동적인 성격은 승무원으로 적합하다고 생각합니다. 남에게 싫은 소리를 잘 하지 못하는 단점도 있습니다.

Advice ✔ 성격은 솔직하게 말하고, 단점은 어떻게 고치려고 노력하고 있는가를 덧붙여야 한다.

면접관: 승무원이 되기 위해서 어떻게 준비했습니까?

지원자: 대학 3학년 때 **승무원학원을 이수하였고, 활발하고 적극적이며 남을 배려할 줄 아는 사람이 되기 위해 늘 열린 마음으로 사고하고, 인간관계를 갖고자 노력해 왔습니다. 영어를 꾸준히 공부해 토익은 750점이고, 아침운동을 계속하며 체력도 키워왔습니다. 저는 항공사 승무원의 마음가짐과 <u>능력</u>, 체력을 겸비한 인재라고 자신 있게 말씀드릴 수 있습니다.

Advice ✔ 말미처럼 추상적으로 열거하기보다, 능력이라면 어떤 능력이 있는

지를 어필할 필요가 있다.

면접관: ***항공의 취항노선에 대해서 아는 대로 말해보세요.

지원자: 국내는 12도시 14개 노선을 운항 중이며, 운항도시는 인천, 김포, 청주, 대구, 부산, 광주, 여수, 울산, 제주 … 나머지는 생각이 잘 안 납니다. 국제선은 21국가, 67도시, 85개 노선을 운항 중입니다.

면접관: 저가항공사에 대한 **항공의 전략방안에 대해 말해보세요.

지원자: 우선은 좀 더 고급화된 서비스로 차별화해가는 노력을 해야 한다고 생각합니다. 경영적 측면에서 여러 가지 비용 절감을 연구하고, ##항공사와 기존의 지상조업 분야에서의 시설과 인력을 제휴하면 인건비를 감축하면서 시설의 중복투자를 피할 수 있어 차별화된 경쟁력으로 수익을 유지할 수 있을 것으로 생각합니다.

면접관: 저가 항공사에 맞추어 항공요금을 낮추면 어떨까요?

지원자: 저가 항공사의 낮은 항공요금은 서비스를 줄인 요금이라고 생각합니다. 현재의 서비스와 항공요금은 유지하고, 그런 고객층을 위해 별도의 기내 서비스나 기내식, 수화물, 화물 등의 서비스를 줄인 별도의 상품을 만들고, 더 나아가 좌석의 공간, 짐, 식사 등을 승객이 서비스를 선택하여 그에 대한 요금을 부과 하는 것도 좋은 방법이 될 것으로 생각합니다.

Advice 항공업계의 흐름과 지원회사에 대해 공부해야만 답변할 수 있는 질문을 받을 수 있으므로 준비하도록 하자.

면접관: 올림픽 금메달리스트와 은메달리스트의 실력 차이는 어디에 기인한다고 생각합니까?

지원자: (긴장한 표정으로) 면접관님의 질문을 잘 이해하지 못했습니다. 죄송합니다만 다시 말씀해주시면 감사하겠습니다.

Advice 질문의 뜻을 잘 이해하지 못했거나 답변 도중 앞뒤가 어긋나게 답했을 경우 다시 한번 묻거나, 정정하는 용기가 필요하다.

면접관: 올림픽 금메달리스트와 은메달리스트의 실력 차이는 어디에 기인한다고 생각합니까?

지원자: 예. (자신감 있는 표정으로) 목표를 향한 집념과 자신감에 기인하며, 이 집념과 자신감의 차이가 노력의 차이를 낳고, 노력의 차이가 실력의 차이로 나타난다고 생각합니다.

Advice 여러 답변이 나올 수 있으나 자신감과 집념을 가지고 준비해 왔다는 내용을 전할 수 있으면 무난하나, 결의의 찬 눈빛, 확신에 찬 목소리로 답변하도록 하자.

면접관: 비행 중 승객이 춥다며 담요를 달라고 하는데 다른 승객들이 담요를 사용하고 있어 여분이 없는 상황이면 어떻게 하시겠습니까?

지원자: ① 먼저 담요를 사용하지 않는 승객에게 양해를 구해보겠습니다. 그래도 부족하면 승무원 취침담요를 드리겠습니다. 그리고 ② 기내가 적정한 온도인지를 확인하여 조치를 취하겠습니다.

Advice 보통 ①만을 생각하지만 ②의 상황대처 방법도 중요하다. 기내에서 발생할 수 있는 다양한 상황에 대한 대처능력을 묻는 질문을 받을 수 있는데, 답변의 핵심을 승객에게 최고의 서비스를 제공할 수 있는 방안에 맞추도록 하자.

업종: 건축 ‖ 직종: 인테리어 ‖ 전공: 인테리어디자인

면접관: 개성 있게 자신을 소개해보세요.

지원자: 각별한 노력으로 디자이너의 기본기를 익힌 장래가 유망한 인테리어디자이너 지망생 @@@입니다. 저는 대학교 1학년부터 미술작품, 사진, 소설, 건축물, 자연에 이르기까지 책과 인터넷을 통해 또한 현장을 뛰며 자료를 수집하고 인테리어디자이너 측면에서 분석하며 저만의 내공을 쌓아 왔습니다. 자료 가치가 있는 책만도 300여 권에 이르고, 신문, 잡지, 인터넷 등 언론 매체 등에서 스크랩한 자료도 바인더 12권이 됩니다. 이 과정에서 인테리어디자이너에게 요구되는 감성, 상상력의 원천인 크리에이티브한 시각과 인간애를 바탕으로 한 안락하고 미적인 공간창출에 대하여 많은 것을 공부하여 내공을 쌓았다고 확신합니다. 오늘 12권의 스크랩 자료 중 3권을 갖고 왔습니다. (준비한 자료를 꺼내어 들고) 면접관님! 스크랩 자료를 보여 드리고 싶습니다.

Advice '개성 있게'라는 것은 말 표현의 개성만이 아니라 행동을 가미하여 소개하는 행동 연출도 포함되므로 미리 연습해보도록 하자.

면접관: 그게 개성 있는 소개입니까?

지원자: (첫 질문에 한 방 얻어맞았지만 면접관의 지적을 받아들이는 표정으로) 죄송합니다. 개성 있는 소개를 생각해보지 않았습니다. 저를 진솔하게 소개하면 된다고 생각하고… (면접관의 눈치를 보다가 큰소리로) 다시 하겠습니다.

Advice 누구라도 첫 질문에서 이런 지적을 받으면 지원자 같이 '다시 하겠습니다' 하는 말을 하기 힘들 것이다. 솔직, 당당, 용기로 개성 있게 소개한 만큼의 평가를 받을 것이다.

면접관: 괜찮습니다. 준비한 자료 주세요.

지원자: (밝은 얼굴로 자료를 건네며) 감사합니다. 저의 **회사에 대한 애정과 열정이 담겨 있습니다.

Advice 지원자는 자기소개를 개성 있게 하지는 못했지만 준비한 자료로 충분히 준비된 인재임을 보여 주었다.

면접관: 성격은 어떻습니까?

지원자: 적극적이고 책임감이 강하지만 한번 마음먹은 일은 집착하는 경향이 있습니다. 좀 더 신중히 판단하려고 하고, 잘못 판단하였다고 생각하면 다시 돌아보고 포기하는 용기가 필요하다고 생각하며 고치려고 노력하고 있습니다.

면접관: 회사를 선택하는 기준은 뭡니까?

지원자: 회사의 분위기가 중요하다고 생각합니다. 편안하고 자연스러운 분위기이면 디자인의 창의성, 업무 효율성, 사원간의 협조도 잘될 거라고 생각합니다.

Advice 회사의 비전, 대우 등 기준이 무엇이든 명확한 설명이 중요하다.

면접관: 실내인테리어에서 고려해야 할 중요한 요소를 뭐라고 생각하십니까?

지원자: 실내 환경은 쾌적하고 편리해야 하며, 심리적인 만족과 미적인 환경, 그리고 시공비와 생산성 제고 등이 고려해야 할 중요한 요소라고 생각합니다.

면접관: 그런 것들을 실현하기 위해 가장 필요한 것은 무엇이고, 어떻게 해야 할까요?

지원자: 상상력이 가장 중요합니다. 모방으로는 한계가 있으므로 새로운 발상, 창조적 마인드만이 차별화 되고 경쟁력 있는 인테리어를 만들어낼 수 있다고 생각합니다. 그러기 위해서는 보고, 읽고, 경험하는 등의 노력으로 자양분을 많이 섭취해야 한다고 생각합니다.

<u>Advice</u> 이론적 답변도 중요하지만 눈빛과 표정으로 답변의 내용을 생활화 해가며 꿈을 키워가는 디자이너의 모습을 읽을 수 있게 답변해야 한다.

면접관: *** 씨의 그런 능력을 어떻게 평가할 수 있나요?

지원자: 예. 저의 포트폴리오를 갖고 왔습니다. 많은 작품들이 저의 상상력을 구현해본 것들입니다. (자신감 있는 표정으로 면접관에게 다가가 포트폴리오를 건네고, 자리에 앉은 후) 포트폴리오는 주거, 상업, 업무, 전시 4개의 테마로 구성하여 테마별로 기획부터 도면 및 이미지 완성까지 프로젝트 형으로 구성하였습니다.

면접관: 공모전에 참여하게 된 계기에 대해 말씀해주세요.

지원자: 친구가 '@@공모전에 참여하는데 함께 하자'고 해 '경험 삼아 한 번 해보자'고 생각해 참여하게 되었습니다.

<u>Advice</u> '~ 권유로, 그냥 한번 해보자' '재미있을 것 같아' 하는 마음으로 참여한 것은 의지 없이 참여했다고 들린다. 자신의 실력을 평가 받아 보고 싶고, 성장할 수 있는 좋은 기회라고 생각하여 적극적으로 참여했다고 해야 한다. 공모전에 입선하지는 못했지만 어떤 점을 배운 것이 큰 수확이었다고 답변해야 좋은 점수를 받을 수 있다.

면접관: 디자이너는 시간적인 개념이 달라야 하는데 어떻게 생각합니까?

지원자: 트렌드에 맞는 아이디어를 구하고, 현장을 뛰며 작업기일을 맞추려면 저녁이나 새벽, 휴일 등의 일반적 시간의 개념을 벗어나 일하는 자세가 필요하다고 생각합니다.

면접관: 오늘 복장의 컨셉을 말씀해주세요.

지원자: 연보라 블라우스에 쉬폰장식을 가미하고, 재킷은 ***사의 백화점에서 구입한 옷으로 화사함에 포인트를 주었습니다.

Advice 지원한 회사가 디자인 관련 회사이기 때문에 위의 정형적 차림보다 자신만의 개성을 표현할 수 있는 옷차림을 연출하는 것도 좋다.

면접관: 시각장애인에게 노란색을 어떻게 설명하겠습니까?

지원자: 저는 바나나를 건네주어 만져보게 하면서 색상을 연상하게 하도록 하겠습니다. 바나나는 노란색인데 따뜻하고 밝은 느낌의 색이라고 말하겠습니다.

Advice 추상적인 것을 가시적으로 설명하기 위하여 물건을 예로 들어 설명하는 것이 순발력에서 좋은 점수를 받을 것이다.

면접관: 만일 6개월만 계약하자고 하면 어떻게 하겠습니까?

지원자: 저는 당연히 계약하겠습니다. 6개월간 성실히 근무하면서 선배님들께 많은 것을 배우고 싶습니다. 그리고 그 기간 동안에 저의 가능성을 보여드린다면 분명히 재계약이 되리라고 생각합니다.

Advice 지원의지, 자세 등을 평가하기 위한 질문으로 당연히 'Yes'라고 해야 하고, 열의를 보여줄 수 있는 내용이 중요하다.

면접관: 수고 많으셨는데 재미있는 유머 하나 들려주세요?

지원자: 예. (웃음을 띤 얼굴로) 공무원 면접에서 면접관이 수험생에게 "1+1은 얼마입니까?"라고 물었습니다. 수험생 A가 "답은 2입니다"라고 하자 면접관이 말했습니다. "창의력이 없다. 탈락!" 수험생 B가 "1과 3 사이에 있습니다"라고 하자 면접관이 말했습니다. "예술적 마인드가 약해. 탈락!" 수험생 C가 "감독관님이 얼마라고 하시면 그것이 정답입니

다"라고 하자 "너무 노골적이야. 탈락!" 수험생 D가 "모르겠습니다. 그리고 명확하지 않습니다. 그래서 상부에 물어봐야 합니다"라고 하자 면접관이 "합격! 축하합니다! 내일부터 디자인팀 말고 우리 통계국으로 출근하세요!"라고 했습니다.

면접관: (웃으며) 재미있네요.

Advice 심각한 질문을 하다가 이렇게 엉뚱한 주문을 하면 당황할 수 있다. 지원 직종에 어울리는 내용으로 두세 가지의 유머를 준비하도록 하자. 면접 분위기도 전환하면서 재치, 순발력 등을 보고자 하는 질문이지만 유머를 구현하는 말투, 표정도 중요하다.

면접관: 용돈은 어디에서 충당합니까?

지원자: 지금은 ***마트에서 시간제 아르바이트를 하며 쓰고 있습니다.

Advice 아르바이트 근무처에서 디자인과 관련하여 어떠한 점을 특히 주의 깊게 보고 있다거나, 그곳에서 어떤 점을 배우고 있다고 덧붙이는 것도 좋다. 디자인 업무도 돈과 연결되므로 지원자의 경제관념을 알아보기 위한 질문이다. 집안 사정이 좋아 많이 쓰는 경우도 있겠으나 구직자 입장임을 염두에 두고 답변하는 것이 좋다.

업종: 제약 ‖ **직종: 제약영업** ‖ **전공: 응용화학**

면접관: 1분간 자기소개를 하십시오.

지원자: (꼿꼿한 자세에 당당한 목소리로) 인생에서 새로운 도전을 선택하고, 제가 하는 일을 즐기면서 성공하고자 **제약 영업부문에 지원하였습니다. 응용화학을 전공하고 있는 공학도지만 생화학 관련 과목도 수강하면서 제약에 대해 조금이나마 견문을 넓히려고 공부하고 있습니다. 또한 약이나 건강과 관련된 <u>뉴스나 책, 신문 등을 관심을 가지고 보는 편입니다.</u> 다른 영업부문처럼 불특정 다수가 아닌 특정한 대상을 타깃으로 한 영업에 있어서는 그만큼 차별화 된 마케팅, 영업전략이 중요하다고 생각하며, 저는 귀사가 제일의 제약업계로 성장할 수 있도록 온 힘을 다하겠습니다.

<u>Advice</u> 후반부는 이런 각오이니 믿고 채용해달라는 말과 같다. 자신의 강점을 근거나 경험 사례로 계획이나 비전을 밝히는 것도 좋다. '보는 편입니다'는 '열심히 보고 있습니다'라고 단정적으로 말해야 한다.

면접관: (지원자를 무섭게 노려보며) *** 씨는 자만심이 얼굴에서 가득차 있어요. 인상이 영업에 불리하게 작용할 수도 있는데, 자만심이 멋진 외모 때문인가요, 내적인 데 기인하나요? 본인의 인상을 어떻게 생각하시나요?

지원자: (예기치 못한 면접관의 강펀치에 놀라며) 예. (작은 소리로) 무슨 말씀이신지~, (잠시 생각한 후) 그렇게 보셨다면 저에게 겸손한 자세가 필요할 것 같습니다. 저는 사고나 행동이 건방지지 않다고 생각합니다. 그렇더라도 면접관님처럼 볼 수 있는 사람들이 있을 수 있고,

그것이 영업에 장애가 될 수 있으므로 웃는 얼굴로 겸손한 마음이 전달될 수 있도록 노력하겠습니다.

✔Advice 실제로 그렇게 느껴지지 않아도 위기관리능력, 인성 등을 보기 위해 도전자에게 강펀치를 날려보는 면접관도 있으므로 이런 질문에 대한 대비를 하도록 하자.

면접관: 우리 회사의 약품 중 여름과 관계있는 것을 말씀해보세요.

지원자: 종합활성비타민 'ㅇㅇㅇ 3종 시리즈'가 휴가철 건강관리에 도움을 주는 영영제로 알고 있습니다. 휴가철에는 야외활동이 평상시보다 크게 늘어 체물질의 소모가 많고 땀을 많이 흘려 건강 유지에 필요한 수분, 염분 및 비타민 등이 부족하게 됩니다. 이때 종합영양제를 충분히 섭취하는 것은 휴가를 건강하게 보내는데 도움이 됩니다.

✔Advice 지원한 회사의 의약품에 대해 대략적으로 알고가야 이런 질문에 답할 수 있다.

면접관: 제약영업의 성공비결을 뭐라고 생각하시나요?

지원자: 도전정신이라고 생각합니다. 지금은 사회 첫발로 영업에 도전합니다. 합격하면 목표를 정해놓고 도전하겠습니다. 저는 제약영업의 롤모델이 있습니다. 바로 귀사에 있는 *** 선배님입니다. 우연히 귀사의 사보에 소개된 *** 선배님이 신입사원 시절에 항상 높은 목표를 정해놓고 도전하여 사내 영업 톱이 되었다는 기사를 보고 저도 도전정신을 제일의 무기로 만들겠다고 생각하여 왔습니다.

✔Advice 준비하지 않은 지원자의 모습이다. 자기소개에서 도전정신과 롤모델, 지원동기까지 자신감 있게 피력했어야 했다.

면접관: 그분을 만나본 적이 있나요?

지원자: 예. 세 번 찾아뵈었습니다.

Advice 인맥으로 연결되는 사원이 없어도 의지만 있다면 현재 근무하는 사원을 만나 궁금한 내용이나 면접에 참고할 수 있는 자료를 수집할 수 있는 방법은 있다.

면접관: 학교성적은 보통이네요. 앞서 성공비결을 묻는 질문에 목표의식을 가지고 도전하겠다고 했는데, 학교 성적은 왜 이 정도입니까? 그때는 목표의식이 없었나요?

지원자: 대학시절에 여러 경험을 하고 싶어 몇 개의 동아리 활동을 하고, 여러 가지 아르바이트를 하느라 공부를 좀 소홀히 했습니다.

Advice 납득할 수 없는 궁색한 답변이다. 몇 개의 어떤 동아리인지 구체적으로 밝히고, 거기에서 이런 걸 배우고 저런 교훈을 얻었으며, **아르바이트에서는 이런 좋은 경험을 했다. 그런 것들이 영업에 어떤 도움이 될 것이라고 해야 한다.

면접관: 영업에 관한 책은 읽어 보셨습니까?

지원자: 짧은 기간에 영업능력을 키우기 위해서 책으로 공부하고 있습니다. 지금은 '영업. 마케팅의 천재'를 보고 있는데, 영업과 마케팅에 대한 전략, 지식, 정보, 노하우 등에 대해 많은 걸 배우고 있습니다.

Advice 이렇게 읽은 책이나, 읽고 있는 책의 제목과 내용을 덧붙여야 답변의 신뢰를 높일 수 있다. 문학을 좋아해서 문학도서를 주로 읽는다고 하면 영업 의지에 대해 의심할 것이다.

면접관: 여자 친구, 노래방, 술에 대한 자신의 입장과 함께 그것을 자랑해 보세요.

지원자: 제 여자 친구는 음악으로 비유하면 발라드 곡으로, 술은 백세주

에 비유할 수 있습니다. 저와는 다른 점이 많아 배울 점도 있고 부족한 저를 채워주는 느낌입니다. 저는 노래를 좋아해 노래방에서 같이 어울리면 흥겹게 놀고, 술도 더불어 사는 관계에서는 윤활유가 된다고 생각해 이따금씩 자리를 만들기도 합니다. 저는 음악도 좋아하고 술도 좋아하는 낙가주(樂歌酒)라고 말씀드릴 수 있습니다.

Advice 영업은 대인관계 능력에 의해 좌우되므로, 그를 파악하기 위한 질문이다. 업무와의 연결이 약한 답변이다.

 여자 친구는 없고, 노래방은 즐기지 않으며, 술은 건강을 해칠 있어 안 마시고 대신 혼자 즐기는 고상한 취미가 있다고 하면 추가 질문을 받게 될 것이다.

면접관: 궁금한 것 있으면 말씀하세요.

지원자: 합격하면 한 달 정도 시간을 줄 수 있는지 궁금합니다.

면접관: 출근일자는 후에 일괄 통보합니다.

Advice 이 지원자는 '합격하면 언제부터 출근합니까?' 하고 물어도 될 것을 자신의 입장에 맞춰줄 수 있는가를 묻고 있다. 특히 생각 없는 지원자는 '여기 뭐하는 회사에요?' '언제 연봉이 인상되나요?' '4대 보험 적용되나요?'를 묻는데, 이런 걸 질문하면 낙방 1순위가 된다.

업종: 자동차 ‖ 직종: 영업 ‖ 전공: 물리학

면접관: 자기 PR을 해보십시오.

지원자: 저는 매우 활발하고 적극적인 성격입니다. 사람들을 만나거나 어떤 일을 할 때에도 뒤에서 바라보기보다는 적극적으로 나서서 일을 진행하는 편이며, 사람들 만나는 것을 좋아하는 저는 대인관계가 아주 좋은 편입니다. 또한 어떠한 일을 선택하거나 새로운 일을 시작할 때에는 신중한 자세로 결정을 하지만, 일단 목표가 정해지면 적극적인 자세로 최선을 다합니다.

Advice 적극적인 성격, 원만한 대인관계, 추진력을 PR하려고 했는데, 너무 맛없는 짜장면이다. 재료는 대충 들어 있는데 맛은 너무 아니다. 간이 안 맞고, 향이 없으며, 짜장면 특유의 맛도 없다. 누구라도 먹고 싶어 하는 짜장면을 만들어 보라.

면접관: 전공한 물리학을 영업에 활용할 방법이 있나요?

지원자: 예~ 생각을 해보지 않았습니다. 죄송합니다.

Advice 면접에서는 어떻게 끌어다 붙이든 전공을 활용할 수 있는 방안을 제시해야 한다.

면접관: 오늘 왜 그 넥타이를 골랐습니까?

지원자: **회사의 밝은 미래를 보는 듯한 느낌이 나는 옅은 보라색 바탕으로 전체적으로 밝는 느낌이 드는 이 넥타이를 어제 샀습니다. **회사의 밝은 분위기에 어울릴 것 같습니다.

Advice 기업에 따라 편안한 복장, 개성 있는 복장, 정장 등 선호하는

복장이 다르며, 그 기준에서 자원자의 자세, 태도, 복장 등도 평가받게 되므로 세세한 부분도 신경을 써야 한다.

면접관: 아르바이트 경험에 대해 말씀하십시오.

지원자: 대학생 시절 저는 여러 가지 아르바이트를 통해 사회를 이해하기 시작하였습니다. 그중에서도 3개월간의 세일즈맨 생활은 도전적인 경험이었습니다. 201*년 겨울, 정보지에 난 건강보조용품 전문 판매회사의 영업사원 모집광고를 보고 지원하여 영업을 하였습니다. 전자혈압계, 전자혈당계, 한방침술을 응용한 전자파침술기 등을 상점을 통한 판매가 아닌 전화예약을 통한 방문 판매만을 하는 회사였기 때문에 웬만한 개척정신 없이는 버티기가 힘들었습니다. 겨울방학이 끝날 무렵에는 지점의 판매왕이 되었습니다. 이 정신이면 영업에서 어떤 힘든 과정도 이겨내고 좋은 실적을 낼 수 있으리라 생각합니다.

면접관: 우리 회사의 차종과 좋아하는 차종의 스타일, 특·장점, 가격에 대해 말씀해보십시오.

지원자: 차종은 20여 종 정도 됩니다. 제가 좋아하는 차는 ***인데 스타일 등에 대해서는 아직 공부하지 못했습니다.

Advice 차종별 스타일, 특·장점, 가격, 제원, 주 고객층, 국내와 해외의 판매 대수, 세계시장의 판도와 흐름 등에 대해서도 알고 가도록 하자.

면접관: 어떻게 영업을 할 계획입니까?

지원자: 사교성을 무기로 등산, 조기축구회 등 다양한 활동을 하며 한 달에 30명씩 새로운 사람을 사귀겠습니다. 그분들에게 자주 연락하고, 찾아뵙겠습니다. 1년에 360명, 다음 해부터는 전년도 대비 50%씩 증가시키며, 잠재고객을 확보하겠습니다. 처음 실적은 낮더라도 장기전으로 철판을 깔고 뛰겠습니다.

 내용도 중요하지만 철가면이든, 마르지 않는 에너지통을 만들어 짊어지고 다니든 지원자의 비장한 각오가 느껴져야 한다.

면접관: 노사분규에 대해서 어떻게 생각하십니까?

지원자: 노사가 배타적인 관계에 머물러서는 안 되며, 어느 한쪽의 양보가 지속되어도, 한쪽의 시각과 논리를 내세우며 권리를 주장해도 결국은 회사와 노조가 같이 손해를 보게 될 것입니다. 노조는 조합원의 복지 향상이라는 본연의 목적에 충실하고 노사분규를 강력한 수단으로 사용하기보다 시간이 걸리더라도 정해진 법 테두리 내에서 문제를 해결하도록 노력해야 하고, 경영진은 기업 경영을 투명하게 해 파업의 빌미를 제공하지 않아야 한다고 생각합니다.

 이 질문을 하는 회사는 이 문제로 어려움을 겪고 있는 회사이므로 회사측에서 납득할 수 있는 노사관의 범위를 벗어나는 답변을 하면 낙방할 것이다.

면접관: 어떻게 살아야 성공한 인생을 사는 걸까요?

지원자: 성공의 기준을 정하면 자신의 기준에서 성공한 사람과 타인들이 성공한 사람이라고 하는 경우가 있을 수 있습니다. 저는 가장 가치 있게 생각하는 것을 목표로 열심히 노력하며 하루하루를 소중하고, 행복하게 살아가는 삶을 성공한 인생이라고 생각합니다. 인생은 길기 때문에 추구하는 가치를 향한 과정에서 행복을 찾을 수 있다면 그 삶도 성공한 인생이라고 생각합니다.

 지원자의 가치 기준, 삶의 목표를 보기 위한 질문인데 지원자의 애기가 없다. 금전, 명예, 사회적 지위 등을 기준으로 하고 논리적으로 설명하지 못하면, 가치 기준이 모호하여 평가하기 어려운 사람으로 볼 것이다.

업종: 중소기업 ‖ 직종: 마케팅 ‖ 전공: 경영학

면접관: 자기소개를 하십시오.

지원자: 어릴 때부터 늘 저를 믿어 주신 부모님 덕에 자신의 행동에 대한 책임감이 강하고 모든 일에 과정만큼 마무리를 중요하게 생각합니다. 어떤 일이든 솔선수범하며 책임감 있게 최선을 다합니다. 사회생활은 대인관계로 이루어지고, 제가 추구하는 목표도, 행복도 혼자서 만들어갈 수 없으며 더불어 관계 속에서 이루어진다고 생각합니다. 저의 강점은 어떤 과제가 주어졌을 때 빠르고 확실하게 그 과제를 풀기 위해 노력하는 추진력입니다. 회사의 성장이 저의 성장이라고 생각하고 열심히 하겠습니다.

Advice 위와 같이 자기소개서에 나온 것을 반복하면 면접관은 감점을 준 상태에서 다음 질문을 하게 된다. 자신의 생각을 일방적으로 전달하려 하지 말고, 면접관의 입장, 사고관점을 생각하여 그들이 듣고 싶어 하는 내용을 흥미를 느낄 수 언어로 강점과 비전을 중심으로 답변하도록 하자.

면접관: 우리 회사에 대해 아는 것을 말씀해보십시오.

지원자: 20**년 창업하여 ISO9001, 국산신기술 KT마크를 획득하였고, 벤처기업대상을 수상하였으며, 기술경쟁력 우수기업, 유망중소정보통신기업으로 선정되었습니다. 최근 휴대폰 유해 전자파 차단 기술을 개발하였으며, 스마트폰 충전 및 핸즈프리 장치의 신기술을 개발한 성장가능성이 무한한 회사입니다.

면접관: 중소기업인 우리 회사를 지망한 동기가 궁금하네요?

지원자: 제가 귀사를 지망한 동기는 두 가지입니다. 제 전공인 경영학을 최대한 활용하기 위해서입니다. 대기업에서는 많은 직무의 한 부분을

담당하게 됩니다. 저는 마케팅을 지원했는데 총무, 영업, 기획 등 다양한 업무를 경험해보고 싶습니다. 두 번째는 회사의 성장과 함께 저 자신도 성장하고 싶어서입니다. 저는 일에 욕심이 많습니다. 세 번째는 사회의 뿌리인 중소기업이 탄탄하게 자리 잡는 데 일조를 하고 싶어서입니다. 제가 1인 2역을 해내겠습니다.

Advice 중견기업에도 입사할 실력이 있는 지원자가 중소기업에 지원하면 당연히 의심하게 된다. 어떤 문제가 있는 지원자인지, 잠시 머물렀다 옮길 사람인지가 면접관의 제1평가 포인트이다. 확실하게 면접관을 안심 시킬 수 있어야 한다.

면접관: 중소기업에서는 대기업과 같은 근무여건과 급여를 줄 수가 없는데, 그래도 근무할 의사가 있나요?

지원자: 예. 이미 각오하고 지원했고 꼭 입사하고 싶습니다.

면접관: 입사한다면 어떤 일을 하고 싶습니까?

지원자: 신기술 제품의 홍보마케팅을 우선 해보고 싶습니다. 귀사에서 개발한 신제품은 무궁무진한 시장이 있습니다. 문제는 어떻게 홍보하느 냐에 따라 신제품에서 얻을 수 있는 이익과 회사의 새로운 기술개발에 대한 방향과 투자금액도 달라질 것입니다. 최대 효과를 위한 방안을 강구하여 실현시키겠습니다.

Advice 회사에 대하여 수집한 자료가 있다면 시간이 걸리더라도 마케팅안 을 기획하여 제출하면 지원자에 대한 평가가 달라질 것이다. 불합격 또는 합격 후 입사하지 않더라도 몇 개의 지원 회사에 대한 작업과정에서 배우며 실력을 향상시킬 수 있으므로 시도해보자.

면접관: 취미가 있으면 말씀해주세요.

지원자: 운동이 취미입니다. <u>정수볼링동아리</u>에서 활동하고 있습니다. 같은 취미생활로 인해 여럿이 함께 친목도모와 함께 이슈가 되는 문제들에 대해 토론을 할 수 있다는 것이 무엇보다도 좋습니다. 활동적인 것을 좋아하여 현재도 당구, 인라인 스케이트 등을 즐기고 있습니다.

Advice 어떤 회원으로 구성되어 있으며, 주간 모임횟수는 몇 회인지 간략하게 덧붙여야 한다.

면접관: 사람이 살아가는데 가장 중요한 게 뭐라고 생각하시나요?

지원자: 꿈이라고 생각합니다. 어떤 꿈, 어떤 목표를 갖느냐에 따라, 꿈이 있는가 없는가에 따라 살아가는 방식과 가치관, 행복감, 대인관계 등이 달라진다고 생각합니다.

Advice 가치관, 인성, 비전 등을 알아보기 위한 질문이므로 건강, 사랑, 행복, 희망 등 무엇이든 지원회사나 직무와 연결시켜 답변하면 무난하다.

면접관: 우리 사회의 가장 큰 문제점에 대해 말씀해보십시오.

지원자: 집단 이기주의라고 생각합니다. 계층 간, 단체 간, 지역 간의 집단 이기주의가 심각할 정도입니다. 자신들의 이익만을 추구하고, 자신들의 생각만이 옳다고 주장하는 사회는 분쟁만이 있을 뿐입니다. 이기집단들이 상대에게는 배타적인 태도를 취하면서 갈등과 반목의 골이 깊어지고 있습니다. 정치권의 포퓰리즘 정치행태도 우리 사회의 분열을 조장하고, 발전을 저해하고 있습니다. 사회가 건강하게 발전하기 위해서는 상대를 이해하고, 소통을 통해 문제를 풀어가며 화합해야 한다고 생각합니다.

Advice 우리 사회의 큰 문제인 실업문제, 교육문제, 빈부격차, 노사문제, 세대 간의 갈등, 물질주의, 도농 간의 격차, 고령화 등에 대해 생각해보자.

업종: 공사 ‖ 직종: 행정/ ‖ 전공: 행정학

면접관: ***공사를 지원하기 위해 어떤 노력을 했습니까?

지원자: 학교공부, 상식 등은 지원자의 평균 이상으로 열심히 했다고 생각합니다. 하지만 저는 ***공사에 입사하기 위해 공부하면서 물에 관해 관심을 갖기 시작했습니다. 그래서 물에 관한 책을 에모토마사루 저, 『물은 답을 알고 있다』 1, 2권, 『물의 미래』, 『세계의 물』 물과 건강에 관한 책 등 10여 권을 읽었습니다. 입사하게 되면 물에 대해 좀 더 연구하여 물 박사가 되고 싶습니다.

면접관: (흐뭇한 표정으로) 그중에서 우리에게 가장 추천해주고 싶은 책이 있다면?

지원자: 에릭 오르세나 저, 『물의 미래』를 추천해드리고 싶습니다. 저자는 물은 인류 문명과 역사를 뒤바꿀 최후의 자원이라고 말합니다. 전 세계 물 위기의 현장을 구석구석 찾아다니며, 가뭄과 홍수, 물로 인한 질병으로 생존의 경계에 선 사람들을 만나고 탐사하면서 예리한 분석력과 통찰력으로 지금 물의 미래를 준비하지 않으면 미래의 희망도 없다는 강한 메시지를 전합니다. 그렇지 않으면 종교전쟁, 영토분쟁, 석유파동보다 더 무섭고 파괴적인 물 전쟁의 시대가 올 것이라고 경고합니다. 책을 읽다보면 물의 소중함과 물 자원 보존을 위해 많은 노력을 해야겠구나 하는 생각이 들게 됩니다.

Advice 이 지원자의 경우 한 가지 스펙이 월등히 좋은 지원자 보다 준비된 인재로 좋은 평가를 받게 될 것이다. 다른 공사, 기업도 지원하고자 하는 업무, 회사에 대해 애정을 갖고 연구하여, 차별화된 노력, 열정을 보여주자.

면접관: 학창시절에 제일 관심을 갖았던 건 뭡니까?

지원자: 다른 나라의 문화에 대한 관심이 많았습니다. 영어문화권에서 영어를 좀 더 공부하고 싶어 2학년을 마치고 캐나다에 갔습니다. 거기에서 다른 나라의 문화에 대한 관심을 갖게 되었고, 방학 때마다 배낭여행을 하였습니다. 독일, 프랑스, 영국을 여행하였고, 세계문화에 대해 책과 인터넷으로 공부하고 있습니다.

Advice 무엇에 관심을 갖았던 그것에 대한 열정, 얻은 것, 직무의 활용에 대해 피력하면 무난하다. 특별히 관심을 갖았던 게 없거나 있었어도 소극적이었고, 배운 것, 얻은 것이 별로 없다면 평범 이하의 사람으로 평가될 수 있다.

면접관: 그때는 물에 대한 관심이 없었나요?

지원자: 물은 1년 전에 ***공사에 입사하겠다는 생각을 하고부터 공부했습니다.

Advice 물에 관한 책을 보고 공사에 대해 연구한 것이 가상하고, 궁금하여 위의 질문에 대한 답변에서도 물에 대해 묻고 있다.

면접관: 누구에게도 없는 자신만의 강점이 있다고 생각하십니까?

지원자: 예. 저 자신에 대한 사랑이 누구보다 강한 게 특별하다고 말씀드릴 수 있습니다. 저 자신에 대한 자부심과 긍지, 열정, 꿈 등 저 자신에 대한 모든 것을 소중히 생각하고, 저 자신에 대한 믿음과 기대도 누구보다 크다는 것을 말씀드립니다. 이 시간도 이 세상 누구도 저를 대신할 수 없는 세상에 유일무이한 박길동이 면접관님 앞에 있습니다. 제가 입사하면 저를 사랑하듯 ***공사의 주인이 되도록 하겠습니다.

Advice 누구에게도 없는 강점을 들기는 어려우므로 직무에 도움이 될 수 있는 자신의 강점을 피력하면 된다.

면접관: 자신이 소유하고 있는 것 중 가장 소중하게 여기는 물건은 무엇입니까?

지원자: 어렸을 때부터 초등학교, 중.고등학교, 대학교를 다니면서 공부하고 읽었던 책과 노트입니다. 특히 노트, 일기장에는 제 삶의 역사가 담겨 있어 소중히 보관하고 있습니다.

Advice 가치관과 인성 등을 알고자 하는 질문으로, 일반적 가치에 반하는 것을 들면 다음 질문을 받게 될 것이다.

면접관: 물산업에 대해서 말씀해보십시오.

지원자: 블랙골드, 석유의 시대는 저물어 가고, 블루골드인 물의 시대가 오고 있다는 말처럼 물산업은 단순히 식수, 용수의 차원을 넘어 국가 경제발전에 필수적인 고부가가치를 창출하는 미래 산업입니다. 세계 물시장 규모는 500조 원에 달한다고 알고 있습니다. ***공사는 2020년까지 세계 3대 물 전문기업으로 도약하겠다는 비전을 갖고 있습니다.

Advice 답변의 말미에 지원회사나 물과 연관하여 자신의 비전을 제시하면 더 좋을 것이다. 지원분야에 대한 트렌드, 미래의 전망을 연구하고, 그것과 연관하여 자신의 비전을 그려보고 면접에 임하자.

면접관: 우리 공사의 해외 사업 현황에 대해 아는 대로 말씀해보십시오.

지원자: 물 시장에서의 사업 영역 확대로 신성장 동력을 확보하기 위해 많은 노력을 하고 있으며, 국내 수자원 관리에서 40여 년간 축적된 노하우를 기반으로 해외에서 활발하게 사업을 펼치고 있습니다. 현재 파키스탄 파트린드 수력발전 사업과 중국의 장쑤성 쓰양현 상수도 사업 등 투자사업 6건을 비롯해 18개 사업을 수행 중이며, 총 사업비만 2조

원에 이르는 등 국부창출에 큰 기여를 하고 있습니다.

면접관: 공사의 직원과 공무원의 차이를 말씀해보십시오.

지원자: 공사는 공공적인 경제수요를 충족시키기 위해 설립되고, 그 분야의 경제 생산을 주된 사업으로 추진하는 공공기업이기 때문에 공공적 마인드와 기업적 마인드가 모두 필요하며 또한 전문성과 창의성을 필요로 하며, 공무원은 행정기관의 업무를 법적인 테두리에서 효율적으로 수행한다는 것이 다릅니다.

면접관: 공사의 직원으로 가져야 할 자세에 대해 말씀하십시오.

지원자: 공기업의 직원이기에 도덕성이 중요하다고 생각합니다. 조직의 일원으로 조직에 대한 헌신과 조화도 필요할 것입니다. 또한 긍정적이고 진취적인 자세로 창의성을 발휘하는 자세도 필요하다고 생각합니다.

Advice 이것저것 백화점에 상품 진열하듯 늘어만 놓았지, 자신의 자세와 각오에 대한 얘기가 없다. 자신이라는 상품이 왜 좋은지, 어디에 좋은지를 밝히도록 하자.

면접관: 같은 부서의 상사는 어떤 상사이기를 바랍니까?

지원자: 부하 직원의 의견을 경청해주고, 부서 내 어려운 문제도 대화를 통해 합의를 끌어내는 상사이면 좋겠습니다. 또한 부하 직원이 잘못했을 때 조용히 지적해주는 온건한 리더십의 상사이기를 바랍니다.

면접관: 이번에 입사하면 *** 씨는 어떤 각오로 임하시겠습니까?

지원자: <u>저는 항상 생각하는 습관이 있습니다.</u> 제가 할 업무에 대해 파악하고, 어떻게 하면 더 잘할 수 있을까 생각하며 더 좋은 방법을 찾아 업무에서 성과를 내도록 최선을 다 하겠습니다.

Advice 자신의 강점을 연관시켜 답변하면 무난하다.

제3장 면접 질문·답변 리허설

* 본 장에서는 모든 직종이 공통적으로 참고할 수 있는 면접 빈출 117개 질문과 답변에 대한 어드바이스를 실었다.

* 이를 통해 자연스럽게 면접 분위기와 답변 스킬을 자연스럽게 익힐 수 있을 것이다.

<table><tr><td>01</td><td></td></tr></table>

그 전공을 택한 이유는 무엇입니까?

Check Point 전공 선택 동기, 적성과 전공, 업무와의 연계성

답변 현대의 비즈니스에서 성공하기 위해서는 경영에 대해 잘 알아야 한다는 생각에서 경영학을 전공했습니다. ① 경영학도로서 경영 전반에 대한 전체적인 지식을 습득하기 위해 노력해왔습니다. 특히 기업 재무 분야에 관심을 갖고 많이 공부했습니다. 요즘은 미래 예측서, 일반 경영관련 ② 서적을 많이 읽고 있습니다. 전공으로 배운 경영학을 이론이 아닌 실전에서 활용하여 회사발전에 기여하고 싶습니다.

추가질문 재무분야 관심을 갖게 된 이유는 무엇입니까?

답변 재무와 관련된 강의에 흥미를 느끼고, 경영환경, 금융환경의 변화 속에서 기업이 지속적으로 성장하고 발전하기 위해서는 안정적인 자금 조달과 운용이 필수적이라는 생각에 관심을 갖고 공부하였습니다. 자금조달 및 관리, 자금계획 및 운영, 월·연별 결산을 통한 손익분석, 사업별 매출원가분석, 법인결산, 세무관리에 대해 이론적 공부는 충실히 하여 실무를 쉽게 해나갈 자신이 있습니다.

Advice

* 위의 ①은 지식습득을 위해 구체적으로 어떤 노력했는지 간략히 부언하면 좋겠다. 성적이 좋다면 얘기해도 된다.
* ②는 최근에 읽은 책제목과 간단한 내용을 지원 분야와 연계하여 설명하면 좋은 답변이 된다.
* 구체적인 설명이나 사례를 덧붙이지 않으면 신뢰감이 떨어져 다른 지원자와 차별화되지 않음을 염두에 두고 답변한다.
* 전공을 선택한 동기는 적성과 희망 직무를 연계하여 미리 답변을 준비하자.

Check Point 가치관, 관심사, 사회성, 얻은 것

답변 ① 자원봉사 동아리 활동을 하면서 선배, 동기, 후배들과 인간적인 유대관계를 갖게 되었으며, 봉사현장에서 많은 사람들과 접촉하면서 적극적인 성격으로 바뀔 수 있었습니다. 2학년 때는 ② 총무를 보며 동아리에 필요한 재무, 물품관리, 회원관리 등을 하였습니다. ③ 수재민 돕기도 했고, @@철거촌에서 아이들 공부를 가르쳤습니다. 처음 아이들을 가르칠 때는 아이들이 경계심을 가졌지만 시간이 흐르면서 저희의 마음을 읽고, 열심히 공부하는 모습을 보고 보람을 느꼈습니다.

추가질문 자원봉사를 하게 된 동기나 이유에 대해 말씀해주세요.

답변 어느 사회나 그늘진 곳은 있는데, 건강한 사회는 그들을 보듬고, 희망을 주어야 한다고 생각해 활동하게 되었습니다. 지난 늦봄부터 여름에는 비가 많이 와서 수재를 당한 분들이 많았는데, 여름방학 10여 일 동안 의정부 수재민 집에서 물에 잠긴 살림, 가재도구, 집 청소를 하였습니다. 실의에 빠져 있는 분들과 함께 울기도 했는데, 떠나올 때에 고마워하던 모습이 떠오를 때는 짠한 마음과 행복감이 어우러져 묘한 기분을 느끼곤 합니다.

Advice

* ① 동아리에 대한 질문에서는 성격, 지원자의 역할, 활동내용, 얻은 것을 밝히도록 하자. 앞의 질문에서 추가 질문의 답변내용까지 담았으면 좋았을 것이다. 추가 질문을 하지 않았으면 면접관은 지원자의 그 아름다운 마음을 이해하지 못했을 것이다. ② 역할에 대한 언급은 좋으나 역할 경험으로 얻은 것이 언급되지 않아 아쉽다.
* 사례를 통해 경험하고 배운 것을 업무와 연관시켜 마무리하면 좋겠다.

<table><tr><td>03</td><td>학교성적에 대해서 어떻게 생각합니까?</td></tr></table>

Check Point 성실성, 자기분석능력, 희망직무의 연관성, 비전

답변 저는 대학에 입학하면서 인관관계, 동아리, 취미, <u>사회현상</u> 등 ① <u>많은 것들에 대해 관심을 기울였습니다.</u> 그러면서 학업은 조금 소홀히 하여 교양과목은 성적이 좋지 않았습니다. 그러나 전공과목은 성적이 좋은 편입니다. 좋아서 선택한 전공이었고, 제 미래의 자산이 될 전공만큼은 열심히 해야겠다는 생각으로 공부하였습니다.

추가질문 사회현상에 대한 관심이 많다고 했는데, 최근에 두드러진 사회현상 세 가지를 말씀해보십시오.

답변 수도권 집중화와 농촌 공동화 현상… 음, 그리고… 잘 생각이 나지 않습니다.

추가질문 그건 오래전부터 문제가 되어 온 것이고, 사실은 사회현상에 관심을 가졌던 것도 아니고, 아는 것도 없죠? 놀이에 탐닉한 것을 멋있게 포장하려고 사회현상, 인간관계 운운한 거 아닌가요?

답변 갑자기 생각이 나지 않아서… 죄송합니다.

Advice

* 면접에서 멋있게 포장하여 자신을 보여주려고 하다가는 허세가 많은 지원자로 보일 수 있으므로 솔직하게 답변하는 것이 바람직하다.
* 성적이 좋지 않은 것은 인정하되 관심을 갖고 추구했던 것을 미래지향적으로 답변하고, 객관적으로 입증할 수 있는 것들이 있다면 제시하자.
* ① 특별히 관심을 가졌던 것을 사례로 들어 결과적으로 얻은 것을 포함하여 답변하면 좋겠다.

 학창시절에 가장 몰입했던 것은 무엇입니까?

Check Point 몰입 분야, 몰입의 정도, 가치관, 성격

답변 동아리에서 ① 창업지원 프로그램을 개발하기 위해 2개월 동안 밤을 새우며 몰입했던 경험이 있습니다. 기획에서부터 개발까지 시행착오도 겪으면서 회원들과 많은 대화로 방법을 찾으며 결국 프로그램을 완성하여 은상을 수상하였습니다. 이를 통해서 노력하면 된다는 확신과 몰입의 황홀함을 깨달았습니다. 이런 경험이 회사 업무를 수행하는데 많은 도움이 될 것으로 생각합니다.

추가질문 구체적으로 어떤 프로그램이었나요?

답변 서울시 창업지원 개발 프로그램의 사업계획서 부분이었습니다. 아는 분의 소개로 소규모 가구 제조회사의 의뢰를 받아 자재관리 프로그램도 개발한 경험이 있습니다.

Advice

* 무엇에 어느 정도 몰입했는가와 결과, 경험에서 얻을 것을 어떻게 업무에 적용할 것인가가 답변의 포인트이다.
* 사례와 마무리까지 돋보이는 답변이다.
* ① 면접관이 다음 질문을 하기 전에 어떤 프로그램이었는지, 시행착오나 어려웠던 문제를 풀었던 경험을 구체적으로 소개하면 최상의 답변이 되겠다.
* 주의할 것은 장래 희망이 게이머도 아니면서 컴퓨터 게임을 하느라 며칠 동안 밥도 굶었다는 등, 건전하지 않은 일에 몰입했었다고 답변하면 안 된다는 것이다.

Check Point 휴학 이유, 휴학 기간 동안 한 것, 배운 것

답변 어려서부터 사업을 해보고 싶었는데, 대학 2학년 때 운 좋게 동대문 노점에서 액세서리 장사를 할 수 있는 기회가 와서 휴학을 했습니다. 장사를 하면서 액세서리의 디자인을 보는 법, 판매방식, 유통구조 등을 배우게 되었지만 경험 미숙으로 그만두었습니다. 좀 더 준비하고 차별화된 상품으로 승부를 했다면 성공할 수 있었을 텐데 하는 아쉬움이 있습니다. 이 경험으로 무슨 일이든 준비하고 시작해야 한다는 큰 교훈을 얻었습니다.

추가질문 몇 년 근무하다가 기회가 되면 사업을 할 생각이 있는 건 아닌가요?

답변 노점을 그만두고는 공부에만 전념하였습니다. 실패의 경험을 평생 자산으로 삼아, 더 노력하고 공부하면서 **회사를 저의 회사로 생각하고 영업맨으로 성공하겠습니다.

Advice

* 휴학은 경제적인 어려움이든 해외 연수를 하기 위한 휴학이든 문제가 되지 않는다.
* 휴학하는 동안 무엇을 했고, 무엇을 얻었는지가 질문의 포인트이다.
* 건강에 문제가 있어서 휴학을 했다고 하면 추가 질문이 이어 질 것이다.

Check Point 동기, 목표의식, 배운 것, 지원분야와의 연계성

답변 저는 건강하고, 활동적인 일을 좋아하여 유통, 판매와 관련된 아르바이트를 많이 했습니다. 의류회사에서 매장의 판매 지원 아르바이트와 슈퍼에서 물품인수, 반품, 매장 물품관리 업무를 담당하였습니다. 아르바이트를 할 때마다 사회에 대한 시야를 넓히고, 몸과 마음이 건강해지는 것을 느낄 수 있었습니다. 제 적성에 잘 맞는 유통이나 영업관리에서 일해보고 싶어 지원하였습니다.

추가질문 아르바이트를 통해 배운 것은 뭡니까?

답변 아르바이트를 통해 만난 분들은 대부분 건강한 삶의 철학을 가지고 사시는 분들이었습니다. 급여의 고하를 떠나 자신의 일에 최선을 다하고 주위 사람들과 더불어 따뜻하게 사는 모습을 보고 감동하였습니다. 아마도 제가 큰 회사나 공공기관에서 편안한 아르바이트를 했다면 몸과 마음이 건강한 지금의 제 모습일까 생각해보게 됩니다.

Advice

* 지원자는 처음의 질문에서 추가 질문에 대한 것까지 답변했어야 했다. 아르바이트를 몇 가지, 무엇을 했는가는 중요하지 않다. 동기, 목표, 배운 점, 직무와의 연계성을 알고자 하는 질문이다. 지원자 중에는 여러 가지를 열거하면서 그 자체를 어필하려고 하기도 한다.
* 한두 가지 아르바이트에 대해 그 일을 하게 된 동기와 배우고, 얻은 것을 경험 사례나 에피소드와 함께 답변하면 무난하다.
* 추가 질문에서 몸과 마음이 건강함을 우회적으로 잘 피력하였다.
* 답변은 가능한한 희망 직무에 연계하여 마무리 하도록 하자.

Check Point 한 일, 결과, 업무와의 연관성

답변 대학졸업 후 2년간 변리사 공부를 했습니다. 졸업을 한 후에도 부모님께 용돈을 타서 쓰는 게 부담이 되어 지난해부터는 **학원에서 수학강사로 일을 하며 두 가지를 함께 열심히 하였습니다. 그러나 수업 준비를 해야 하는 시간에 공부를 하면서 갈등을 하게 되었습니다. 변리사 시험 준비를 하면서 공부한 민법 등은 업무에 많은 도움이 될 것으로 생각합니다. 지금은 **사에서 새 출발을 하고 싶습니다.

추가질문 변리사 시험과목은 어떻게 됩니까?

답변 1차는 산업재산권법, 민법개론, 자연과학개론, 영어 4과목이고, 2차는 필수로 3과목 특허법, 상표법, 민사소송법을 보고, 선택 1과목을 봅니다.

Advice

> * 졸업 후 공백 기간이 있었다면 이런 질문을 받게 될 것이다. 그동안 아르바이트, 어학연수 등 무엇을 했든지 성과를 제시해야 한다.
> * 위의 예는 답변이 막연하다. 시험과목 중에서도 자신 있는 과목에 대해 부언하여 사실임을 입증하지 않아 추가 질문에서 진위여부를 확인하고 있다.
> * 변리사 시험 준비 기간에 느낀 점, 입사 후 공부한 시험과목의 활용에 대해 좀 더 적극적으로 피력하면 좋을 것이다.

Check Point 가치관, 목표의 현실성, 가치실현을 위한 노력 정도

답변 자신의 꿈을 향해 한발 한발 정진하여 꿈을 실현하는 것이 가장 가치 있는 일이라고 생각합니다. 저는 서민의 애환을 담아내는 방송작가가 되는 것이 꿈입니다. 대학에서 전공한 언론정보학과 방송작가가 되기 위해 ① 남다르게 닦아온 실력, 여기에 저의 열정과 참신성을 녹여 낸다면 분명 ② 대중과 함께 호흡하는 좋은 작품들을 탄생시킬 수 있을 것입니다.

추가질문 남다르게 닦아온 실력은 뭐가 있습니까?

답변 방송작가는 우선 글로 표현할 수 있는 문학적 재능이 있어야 합니다. 저는 많은 책을 읽고, 많이 써보고, 시대와 사회를 세심한 관찰력으로 보면서 작가적 소양을 길러왔습니다. 여기 제가 쓴 단편소설 2편과 KBS '인간극장'에 대한 제 나름의 평과 새로운 소재 발굴에 대한 기획안을 갖고 왔는데 보여드리고 싶습니다.

Advice

* 질문대로 가장 가치 있는 것만을 말해서는 안 된다. 어떤 가치를 추구하며 어떤 노력을 하고 있는가를 설득력 있게 말해야 한다. 그것이 지원 분야와 연관된다면 자기 PR로 이어가도록 하자.
* ①에서 답변이 길어지더라도 남다르게 닦아온 실력, 가장 내세울 만한 것을 드러내야 한다.
* 추가 질문을 하지 않았다면 ②에서 자신이 생각하는 좋은 작품에 대한 생각을 언급하지 않아 추상적인 답변이 되고 말았을 것이다.
* 보편적 가치나 업무와 동떨어진 것을 가장 가치 있다고 답변하면 좋은 점수를 받지 못한다.

Check Point 인성, 가치관, 비전

답변 제 좌우명은 '열정적으로 살자'입니다. '열정'은 몰입하게 하고, 지치지 않게 하는 에너지 발전소라고 생각합니다. 열정은 불가능에 가까운 목표도 가능하게 합니다. 저는 취업을 위해 열정적으로 준비해 왔습니다. 대학생활 내내 아르바이트를 한 것도, 학교성적이 우수한 것도 저에게는 '열정' 에너지 발전소가 있기 때문이라고 생각합니다.

추가질문 아르바이트로 한 일 중에서 어떤 일이 가장 힘들었나요?

답변 택배 상하차 아르바이트 일이었습니다. 크고 무거운 택배물을 골라 지정된 차량에 싣는 일은 거의 육체적 한계에 도전하는 일이었습니다. 하지만 그 일이 끝난 다음에는 묘한 쾌감을 느끼게 됩니다. 힘든 일을 해냈다는 만족감, 어떤 일이든 해낼 수 있다는 자신감에 피로를 잊고, 집에 돌아오면 책을 잡고 공부하였습니다. 저는 육체적인 일만이 아니라 지구력을 갖고 해야 하는 정신노동도 자신 있게 할 수 있습니다.

Advice

* 좌우명에 대한 질문은 지원자의 인성과 가치관이 어떤 사람인가를 평가하므로, 삶에 어떻게 적용하고 있는가를 구체적으로 답변하자.
* 좌우명이 거창해야 되는 것은 아니다. 평소 좌우명이 없다면 면접을 대비하여 생각해두자. 좌우명은 확신을 갖고 말할 수 있어야 한다.
* 좌우명이라면 당연히 '~입니다'라고만 해서는 안 된다. 면접관이 듣고 싶어하는 것은 좌우명과 가치관, 삶, 비전의 연관성이다.

Check Point 자기분석, 가치관, 비전, 노력

답변 ① 저는 아름다운 금수강산과 반만년의 역사, 자랑스러운 문화유산을 가지고 있는 ② <u>우리나라를 외국인들에게 알리는 관광가이드가 되는 게 꿈입니다.</u> 그 꿈을 이루기 위해 관광과를 졸업하였고, 여행 동아리에 가입하여 우리나라의 문화유산을 익혀왔습니다. 또한 ③ <u>동아리에서 가이드 기획을 담당했던 경험</u>을 살려, 현장 가이드로 회사에서 새로운 상품을 개발하는데 도움이 될 수 있는 아이디어를 내도록 노력하겠습니다.

추가질문 한류 붐이 유럽에서도 일고 있는데 이를 확산시키기 위한 방법은?

답변 최근 아이돌 가수들이 뛰어난 가창력과 댄스 실력을 선보이며 유럽 팬들에게 한류 붐을 일으키고 있습니다. 세계적으로 한류를 확산시키기 위해서는 음악과 드라마에서 벗어나 영역을 넓힐 필요가 있다고 생각합니다. 농무, 판소리 등의 고전적인 예술과 전통주 막걸리 등도 가능성이 많다고 생각합니다.

Advice

* 자기분석을 하고 있는지, 가치관은 어떤지, 꿈을 이루고자 어떻게 노력하고 있는지가 평가 포인트이다.
* 장래의 꿈을 지원 분야와 연관하여 답변하는 것이 좋다. 관광가이드를 지원하면서 최고의 음식점 경영이 꿈이라고 하면 면접관이 어떻게 생각하겠는가?
* ①은 누구나 아는 평범한 얘기로 시간을 낭비하고 있다. 결론 즉 ②에서 시작하는 것이 좋겠다.
* ③ 동아리에서 기획했던 것을 예로 들어야 신뢰를 높일 수 있다.

Check Point 회사 연구, 회사 선택 동기, 입사 의지

답변 ***사는 축적된 기술력을 바탕으로 국내의 대기업은 물론 세계 여러 나라의 고객들에게 고품질의 건설장비를 서비스와 함께 제공하여 각국의 건설업체들로부터 호평을 받는 걸로 알고 있습니다. 또한 최근 개발된 ***을 한국고속철도건설공단에 공급함으로써 제품의 우수성을 인정받아 건설장비 생산업체로서의 신인도를 제고하였고, ① <u>높은 기술력을 바탕으로 상품과 회사의 신뢰도가 뛰어난 기업으로 알고 있습니다.</u>

추가질문 우리 회사가 수출한 국가를 아는 대로 말씀해보십시오.

답변 미국, 프랑스, 사우디아라비아, 러시아… 등 12개국입니다.

추가질문 우리 회사 제품에 대해 아는 것이 있으면 말씀해보세요.

답변 토목용 절곡기 시리즈는 강력한 힘과 견고한 본체가 토목현장에 적합하도록 설계되어 있는 것이 특징이며, 핀 포인트 구간 방식으로 0~180도까지 어느 각도든 정확하고 반복적인 작업이 가능합니다.

Advice

* '知彼知己百戰不殆'라는 말을 기억하라. 어느 기업에 지원하더라도 그 기업에 대한 연혁, 경영이념, 조직, 사업 분야, 주력 상품 등은 알고 가야 한다. CF, 최근 매스컴에 보도된 내용 등도 알고 가야 한다.

* 회사 홍보물이나 인터넷, 언론매체, 기업방문 등을 통해 필히 숙지하자. 면접관은 연구하고 애정을 갖고 있는 지원자에게 관심을 갖는다.

* 면접에서 ①과 같은 정도의 아부는 애정으로 보일 수 있다.

Check Point 지원동기, 직업관, 회사와 업무의 부합성, 충성도

답변 ① **항공의 역사는 대한민국 항공사의 역사라고 해도 과언이 아닙니다. 한국에서 최초로 태평양을 건넜으며, 비빔밥 서비스로 머큐리 상 수상했고, 2002년에는 월드컵 공식 항공사로 선정되었습니다. ② 항공사 승무원이 되기 위해 닦아온 외국어 실력, 배려하는 마음, 체력을 겸비한 저에게 기회를 주신다면, 최고의 친절과 서비스를 제공하는 승무원이 되도록 노력하겠습니다.

추가질문 승무원 직업의 장점은 무엇이 있을까요?

답변 승무원의 장점은 기내에서 다양한 국적의 승객들에게 서비스를 하기 위한 매너, 글로벌 에티켓을 익히는 등 자신을 업그레이드 할 수 있는 교육 프로그램이 있다고 알고 있습니다. 2년이 지나면 퍼스트 클래스로 가기 위해서 갤리교육을 받기 때문에 좀 더 특별한 교육 프로그램을 배우게 되는 걸로 알고 있습니다.

Advice

* 취업하기에는 갈 길이 먼 답변이다. ①과 같이 기업의 지명도, 재무구조, 복리후생 등 외적인 요인을 지원 이유로 답변하는 것은 바람직하지 않다.
* ②의 내용도 표현은 멋있게 했지만 추상적이며, 알맹이가 없다.
* 저가 항공사의 출현 등 경쟁이 치열한 항공산업에서 자신이 어떤 강점으로 지원회사에 기여하겠다는 점을 피력하는 것이 더 좋을 것이다.
* 일반회사의 경우는 회사의 특징이나 사업내용 또는 회사 제품, 서비스와 관련하여 경쟁사와 비교한 특 장점, 시장 점유율 비교 등을 통해 자신과 회사의 부합성이나 자신이 할 수 있는 역할을 강조하는 것도 좋은 방법이다.
* 질문의도는 지원동기, 회사의 충성도 등을 가늠하기 위해서이다.

Check Point 지원동기, 직업관, 회사와 업무의 부합성, 충성도

답변 큰물에서 큰 고기가 자라듯, 저는 ***사와 같이 지명도가 높은 회사에서 저의 야망을 펼쳐보고 싶습니다. ***사는 매출액이나 성장률, 복지후생, 신제품 개발비 투자 등 **업계에서 단연 선두를 달리고 있습니다. 무한한 성장 잠재력이 있는 ***사가 제가 생각하는 이상적인 회사이기에 지원하였습니다. ***사에서 저의 잠재능력을 펼쳐 보이도록 하겠습니다.

추가질문 *** 씨가 큰 물고기로 성장할 수 있는 근거를 보여주세요.

답변 저는 누구보다 근면, 성실하고 끈기가 있습니다. 튼튼한 체력을 바탕으로 한 투지 있는 영업으로 회사 발전에 기여하고 저도 성장하고 싶습니다.

추가질문 그게 다입니까?

답변 예. 많이 노력하겠습니다.

Advice

* 이 지원자는 심하게 말해 자다가 봉창 두드린 것과 같다. 성실성이나 체력을 뒷받침 할 수 있는 사례나 생각해 본 영업전략이라도 밝혀야 한다.
* 회사가 일등 회사이기 때문에 지원했다거나 추상적인 멋진 말로 동기를 밝히기보다 회사의 어떤 면에 관심이 있었고, 그 사업에 동참하여 어떻게 공헌하고, 자신의 비전을 실현하겠는 계획을 밝히도록 하자.
* 지원하는 회사에 대해 연구한 다음 면접에 임하여, 특징이나 사업내용 중에서 자신과 부합되는 강점 한두 가지를 집중 부각시켜 지원 이유를 설명하는 게 무난하다.

Check Point 지원동기, 직업관, 회사와 업무의 부합성, 충성도

답변 **사는 최근 반도체 통신 산업의 급성장으로 급증하고 있는 특수 에나멜동선 및 초극세선 수요의 상당 부분을 공급하고 있으며, 전자통신산업의 지속적인 기술개발과 투자로 품질 고급화를 선도하고, 축적된 기술과 경험을 바탕으로 20**년에는 새로운 제품인 LITZ WIRE를 개발에 성공하여 생산량의 70%를 수출을 하는 등 산업발전에 기여하고 있는 건실하고 비전 있는 중소기업으로 알고 있습니다. 국경 없는 초 경쟁 시대를 맞아 단일 분야로 세계로 뻗어가는 기업, 인간중심의 경영으로 무한한 가치를 창조해가는 기업이기에 더 매력을 느꼈습니다. 제가 입사하고 싶은 한 분야에 국제적 경쟁력을 갖추기 위해 노력하며, 구성원의 능력과 잠재력을 가치로 만들어 내는 기업입니다. 저는 이런 ***사에서 **분야의 전문가가 되어 회사발전에 공헌하고 저의 꿈을 이루고 싶습니다.

Advice

* 동업계의 많은 기업 중에는 경쟁사도 있는데 왜 우리 회사를 지원했는가라고 묻는 것은 지원 회사에 대한 애정과 입사 후 충성도를 보고자 하는 것이다.

* 이 질문은 어느 정도의 아부도 할 수 있는 질문이다. 그냥 '예쁘다'라고 하는 것과 '어떤 면에서 누구나 예뻐할 수밖에 없지 않는가'와 어느 것이 듣기에 좋겠는가? 하지만 그 아부는 논리적이고 감각 있는 아부이어야 한다. 아부를 한다고 다른 기업을 비난하거나, 깎아내리면 실격이다.

* B기업은 이런 것이 좋고 저런 특징이 있지만 이 회사는 '가'가 좋고, '나'의 특별함이 있다. 결론적으로 자신은 이 회사가 더 좋다고 답변하도록 하자.

Check Point 지원동기, 회사와 업무의 부합성, 충성도, 비전

답변   저는 **증권사의 취업하기 위해 대학교 3학년 때부터 꾸준히 모의투자대회 참가하여 어떻게 하면 안정적인 수익률을 낼 수 있는가를 연구하고 경험하였습니다. 1년 전부터는 투자경험을 위해 실전투자를 시작하였습니다. 당시 불확실한 주식시장의 상황에서 낙폭이 큰 대우량주에서 배당주에 가능성을 두고, ***만 원을 투자한 결과 현재까지 좋은 수익률을 거두고 있습니다. 또한 코스닥에도 관심을 갖고 시장을 주도할 테마를 찾기 위하여 노력하였습니다. 나름대로 예상 테마주를 선정하여 투자한 결과 작은 수익을 거두었습니다. 모의투자대회 참가, 실전투자 경험은 제가 증권맨이 되기 위한 노력이었습니다. 이러한 경험과 노력, 금융인으로서의 확고한 철학을 갖고 있는 저는 **증권사에서 꼭 필요로 하는 인재라고 생각합니다.

Advice

* 입사하고 싶은 회사에 인턴십에 참가할 수 있다면 좋겠지만, 그렇지 못한 경우에는 지원하고자 하는 회사에 이벤트, 문화행사에 참여하는 것도 좋은 방법이다. 또 선배 등을 통해 회사에 대해 여러 가지를 알아 두는 것도 좋은 방법이다. 회사에 대해 아는 만큼, 자신감 있게 면접에 임할 수 있고, 면접관은 지원자의 회사에 대한 관심과 애정을 읽게 될 것이다. 취업에 대한 열정이 당락을 좌우할 수 있음을 명심하자.

* 인터넷을 통해 회사 사이트를 방문하고, 인터넷을 통해 신문에 보도된 것을 검색하여 정보를 얻는 정도의 수고를 하고, 면접에서 화려한 수식어로 포장하는 지원자의 대부분은 탈락한다. 면접관은 실력과 현장 경험을 증명해 보이기를 바란다는 것을 염두에 두자.

Check Point 지원동기, 취업 의지, 충성도

답변 저는 ***회사에 취업하기 위해 오래전부터 준비해 왔고 ① 여러 면에서 꼭 필요한 사람이라고 생각합니다. 저는 꼭 이 ***회사에 한 가족이 되어야 합니다. 저의 미래를 이 회사와 함께 하고 싶습니다. 그러므로 만약 채용되지 않는다면 ② 이 회사에 맞는 사람이 되어 다시 도전하겠습니다. 성적과 경력 외에 저의 ③ 열정과 잠재력까지 평가해주시기 바랍니다.

추가질문 열정이 있다고 했는데 어떤 열정이 있습니까?

답변 고등학교 때부터 프로그래밍에 대한 흥미를 느껴 공부했고, 프로그래밍 커뮤니티에서 활동해왔습니다. **통신사의 영상 코덱 알고리즘 개발과 @@기업의 영상개선 화질개설 알고리즘 프로젝트도 성공적으로 수행하였습니다. 모두 열정적으로 수행했고, 그 열정을 귀사에 쏟고 싶습니다.

Advice

* 지원자를 당황하게 만들어 놓고 그 반응을 보는 질문이다. 이 무슨 날벼락 같은 질문이냐고 당황하지 말고 차분하게 답변하라. '다른 회사에 가야 되지 않겠습니까?'라고 입사 의지를 생략한 채 답변해서는 안 된다.
* ① 특히 어떤 면에서 필요한 사람인가를 피력하는 것이 좋겠다.
* ② 억지 같은 애기지만 면접관이 듣기에 기분 나쁘지는 않을 것이다.
* ③ 추가 질문의 답변을 여기에서 했어야 한다. 추가 질문을 받지 못했다면 지원자의 입사 의지와 열정을 어필하지 못했을 것이다.
* 순발력 있게 자신을 채용하면 윈−윈 게임이 됨을 강조해도 좋겠다.

Check Point 지원동기, 자기분석, 취업 의지, 이직 가능성

답변 ***사는 10년 동안 대기업에서 생산하지 않는 틈새상품을 개발하여 성공시킨 내실 있는 기업으로 알려져 있습니다. 선배님의 권유도 있었지만 우선 무한한 성장 가능성과 창의적으로 일할 수 있는 회사이기에 정보통신을 전공한 제가 해야 할 일은 많다고 생각합니다. 현재의 웹사이트와 콘텐츠를 보완하여 ***사와 ***사의 상품을 저만의 ① 차별화된 아이디어로 홍보하고 시장을 개척하여 성과를 올리고 싶습니다.

추가질문 선배가 어떻게 권유했으며, *** 씨의 생각은?

답변 개발부에 근무하시는 @@@ 님이 중소기업이지만 활력이 있고, 시장에 기민하게 대응하며 신제품을 개발하고, 한편으로는 거시적인 안목으로 투자하고 있는 회사이므로 저의 능력을 펼치기에 좋은 회사일거라 말씀하셨고, 저 역시 대기업에서 작은 영역의 업무를 담당하는 것보다 포괄적으로 업무를 수행해보고 싶습니다. 정보통신 전공이지만 홍보마케팅 영역까지 담당해보고 싶습니다.

Advice

* 중소기업은 기업규모에 비해 특출하게 능력 있는 인재는 잠시 근무하다 회사를 옮길 가능성이 많기 때문에 이직 가능성이나 어떤 문제가 있는가를 보려한다. 그러므로 지원동기를 설득력 있게 피력해야 한다.

* ② 특별한 것이 아니어도 아이디어의 예를 부언하여 능력을 보여주지는 못해도 열정은 보여주도록 하자.

* 지원회사의 좋은 점과 약점을 피력하고, 자신이 할 수 있는 일, 하고 싶은 업무나 포부 등을 자신감 있게 피력하자.

Check Point 이직 동기, 자기분석, 능력, 비전

답변 현재 근무하고 있는 회사에서의 제 영업실적은 상위입니다만, 회사에서는 새로운 상품 개발에 소극적입니다. 지금의 상품으로 최대의 이익을 추구하고자 합니다. 지금은 잘 판매되고 있지만 언제 더 좋은 경쟁 상품이 나올지 모르는 상황이고, 미래를 위해 투자하지 않는 회사에서 계속 근무하는 것은 현실의 안주라고 생각하여 저의 미래를 위해 새로운 도전을 하기로 하였습니다.

추가질문 어떤 회사이면 신바람 나게 영업을 할 수 있습니까?

답변 비전을 갖고 일할 수 있는 회사, 미래를 위해 투자하고, 미래를 지향하는 회사에서 열심히 뛰고 싶습니다.

Advice

* 이직 동기를 답변할 때 주의할 것은 과거 또는 현재의 업무, 근무하던 회사에 대해 부정적으로 말해서는 안 된다는 것이다. 이직 이유로 연봉, 인간관계의 문제 등을 말하는 것도 좋지 않다.

* 단, 위의 예의 경우는 예외로 보아도 좋다. 사실을 또 다른 사유로 바꾸면 진실성이 없어 보일 수 있기 때문이다.

* 일반적인 경우는 지난 회사의 경험을 바탕으로 지원회사에서 어떤 능력을 발휘하여 어떤 성과를 이루어 내고 싶다고 피력하는 것이 좋다.

* 지난 업무나 회사에 대해 긍정적인 면을 피력하면서 이직 동기를 밝히고, 이직을 위해 준비한 것과 입사한 후의 포부에 대해 밝히도록 하자.

<table><tr><td>19</td><td>공백기간이 긴 데 그동안 무엇을 했나요?</td></tr></table>

Check Point 휴직 사유, 능력, 비전

답변 ***학원에서 영어 강사로 근무한 2년 동안 긴장과 열정으로 임했습니다. 저의 강의를 열중해 듣고 배워가는 학생들의 모습을 보며 많은 보람을 느꼈습니다. 하지만 영어강사로서의 자질에 뭔가 부족함을 느끼게 되어 학원을 그만두고 **대학교에서 TESOL 과정을 신청해 공부하면서 다양한 교수법을 익히게 되었고 삶의 열정을 재충전하였습니다. 이제는 자신 있게 학생들을 가르칠 수 있습니다.

추가질문 TESOL 과정을 수료한 것이 학생들을 가르치는데 어떤 도움이 될까요?

답변 TESOL 과정에서 효과적인 교수 방법을 연구하고 배웠습니다. 현재는 어떤 교수법이 가장 효과적이라고 단언할 수 없지만 다양한 시도를 해보고 그중에서 가장 결과가 좋은 것을 택하여 가르칠 생각입니다. TESOL 과정에서 영어만을 사용하여 대화 중심으로 수업을 받았기 때문에 영어회화에 자신 있어 수업도 자신 있게 할 수 있습니다.

Advice

* 공백 기간이 있다면 그동안에 무엇을 했는지 답변 준비를 해야 한다.
* 건강의 문제라고 하면 구체적인 질문을 받게 될 것이므로 면접관이 안심할 수 있는 답변을 해야 한다.
* 전 직장의 퇴직 이유를 추가 질문할 수도 있으므로 준비하되, 근무하던 회사에 대해 부정적으로 말하지 않는 것이 좋다.
* 계속 구직활동을 해왔지만 입사하지 못했다고 하는 것보다 그동안 업무에 도움이 될 수 있는 어떤 것을 공부했는지를 말하도록 하자.

*** 씨가 생각하는 성공의 기준은 무엇입니까?

Check Point 인성, 가치관, 삶의 목표, 회사 인재상과의 부합성

답변 ① 성공을 돈이나 권력, 명예 등에 기준을 두는 사람들이 많습니다만, ② 저는 성공의 기준을 행복한 삶에 두고 싶습니다. ③ 저는 제가 열망하는 일에 몰입하여 일하고 싶습니다. 그 과정에서 정신적 만족감을 느끼며 저의 능력을 키워가고, 몰입의 결과로 사회적, 경제적으로 한 단계씩 올라가며 성취감과 보람을 느낄 수 있다면 행복한 삶이라고 생각하고, 그것이 곧 성공적인 삶을 사는 것이라고 생각합니다.

추가질문 돈이나 권력이 있으면 보통 성공했다고 평가받지 않나요?

답변 일반적으로 그렇게 평가하는 경향도 있지만, 저는 꿈을 소중히 여기며 그 꿈을 향해 가는 과정에서 행복감을 느끼며 사는 것이 더 중요하다고 생각합니다. 결과를 중요하게 생각하면 그 결과를 위해 살아가게 될 거고, 위선적인 삶을 살아갈 수도 있다고 생각합니다.

Advice

* 지원자의 인성, 가치관 등을 보기 위한 질문으로 일반적인 가치 기준에 반하는 튀는 답변은 피하도록 하자. 성공의 기준을 무엇이라고 답변하든지 관계없으나 왜 그 기준으로 생각하는지를 논리적으로 설명해야 한다.
* ①과 같이 답변하는 것은 바람직하지 않다. 성공의 기준으로 '자기 성취' 등을 제시하고, 회사에서 업무적 성취를 느껴가며 전문가가 된다면 성공이라고 말해도 된다.
* ①은 생략하고 ②의 본론으로 시작하자. ③ 자연스럽게 이 회사에서 몰입하고 싶다는 말로 자신의 의지를 어필하고 있다.
* 성공의 기준을 지원한 회사와 연관시켜 답변하면 무난하다.

Check Point 인성, 직업관의 기준, 가치관, 삶의 목표, 업무와의 연관성

답변 저는 직업을 통해 자아실현을 할 수 있어야 한다고 생각합니다. ① 제가 하고 싶은 일에 남다른 가치를 부여하고, 자부심과 긍지를 느끼며 제가 꿈꾸는 목표를 향해 갈 수 있는 직업을 갖고 싶습니다. 환경미화원도, 대리운전기사도 자신의 일에 가치를 부여하고 자부심과 긍지로 직업에 충실하다면 올바른 직업관으로 자아실현이든, 행복이든 가능하다고 생각합니다. ② 그러므로 직업관은 사람마다 다를 것입니다.

추가질문 환경미화원도 자아실현이 가능한가요?

답변 자아실현의 정의를 성장 동기가 계속적으로 충족되는 것이라고 볼 때 환경미화원의 경우는 외적인 것, 물질적인 것은 개의치 않고 정신적으로 성장하고, 본인이 행복하다고 생각하면 자아실현이 가능하다고 생각합니다.

추가질문 *** 씨는 외적인 것과 정신적인 것을 함께 추구하며 자아실현을 하고 싶다는 말인가요?

답변 네. 그렇습니다.

Advice

* 이 질문도 지원자의 인성, 가치관, 삶의 목표 등을 알기 위한 질문으로 면접관이 바라는 답변을 하는 것이 좋다.
* 봉사, 헌신 등 사회적 기여 등을 기준으로 답변할 때 진지하고 논리성 있게 답변하지 않으면 진실성을 의심받을 수 있음에 유의한다.
* ①은 구체적으로 밝히고, ②는 면접관도 알고 있은 내용으로 생략하자.
* 건전하고, 회사와 연관된 직업관에 대해 듣고 싶어함을 염두에 두자.

Check Point 입사 의지, 충성심, 회사 연구 정도

답변 같은 마케팅 부문으로 **사 외에 두 군데 지원했습니다. 제약회사와 의류회사입니다. 그러나 ① **사가 입사 희망 1순위입니다. 제가 자라오면서 **사의 제품을 많이 애용하면서 막연히 좋은 이미지를 갖고 있었는데, ② 최근에는 선배님들로부터 회사와 마케팅 분야의 업무와 분위기를 듣고 꼭 입사하고 싶다는 생각을 하였습니다.

추가질문 다른 회사에서 바로 출근하라고 하면 어떻게 하겠습니까?

답변 말씀드린 대로 저는 **사가 희망 1순위입니다. 하지만 **사에 합격 여부를 확인할 수 없는 상황에서 다른 회사에 합격하였다면 그 회사에 입사하겠습니다.

Advice

* 입사 의지가 강한 사람은 이직률이 낮기 때문에 묻는 질문이다.
* '왜 희망 1순위인가?'라는 질문을 받을 수도 있다. 이때 TV광고, 이미지, 연봉, 회사 지명도, 대략적인 제품지식 등을 이유로 희망 1순위라고 하면 의심받게 될 것이다.
* ① 어느 회사의 면접에 임하더라도 항상 1순위는 지원회사라고 하는 것이 예의이고, 실질적인 최상의 답변이다.
* ②와 같이 1순위라고 자신감 있게 말할 수 있도록 면접 전에 근거를 만들자. 특별한 지원동기나 면접 전에 회사를 방문하는 등 애정과 발로 뛴 근거를 제시하며 희망 1순위라고 면접관을 안심시키도록 하자.
* 다른 회사에 먼저 합격한 상황에 대한 질문은 솔직하게 말해도 괜찮지 않을까 한다. 그러나 희망 1순위는 귀사라고 강조하도록 하자.

Check Point 인성, 가치관, 인생관

답변 현대 경영학의 아버지인 '피터 드러커'를 가장 존경합니다. 그는 미래를 이끄는 것은 지식이며 지식이 없는 국가와 사회는 멸망하게 될 것이라고 주장했습니다. 최근에 그의 '마지막 통찰'을 읽었습니다. 21세기의 기업환경, 기업혁신, 사람과 지식 등을 주제로 과거, 현재, 미래에 대한 그의 통찰을 읽을 수 있고, 이 시대의 변화를 보면서 미래를 통찰해 볼 수 있는 책입니다. 지금은 기업뿐 아니라 개인의 혁신도 필요하다는 생각을 하게 되었습니다.

추가질문 존경하는 게 아니라 단순히 그분의 책을 좋아한다는 말 같은데요?

답변 그분의 영향으로 늘 ① 제 자신의 자만에 대한 반성과 안주하려고 하는 사고에서 벗어나 혁신을 하려고 노력하며, 미래에 대한 통찰도 필요하다고 생각하고 있습니다.

Advice

* 지원자는 당연히 추가 질문에 대한 답변까지 이어갔어야 하는데, 본 질문에 대한 답변에 그쳐 추가 질문을 받았다. 또한 ①의 사례를 들어야 하는데 추가 질문에서도 답변하지 않았다.

* 흔히 '남다른 사랑과 희생으로…' 하며 부모님을 존경한다고 답변한다. 부모님을 존경하는 것은 당연한 것 아닌가? 부모님 외에 존경하는 사람이 누구인가로 질문을 이해하고 답변하자.

* 인생의 나침반이 될 수 있는 인물을 찾아보고 연구하라. 그 인물의 어떤 점을 특히 존경하는가와 그것을 자신의 삶에 어떻게 투영하고 있는지, 그를 삶의 지표로 삶아 어떻게 살고 싶다고 답변해야 한다.

Check Point 경제감각, 자기분석, 취업 의지

답변 ① 선배님을 통해서 **사의 초봉을 대략 알고 지원했습니다. 저는 ② 급여보다는 희망 업무에서 의욕적으로 일하고 싶습니다. 급여의 액수보다는 제가 하고 싶은 일, 보람을 느낄 수 있는 일을 하며, 잠재능력을 키워가는 게 더 중요하다고 생각합니다. 제가 일하는 만큼, 제가 회사에 기여하는 만큼 급여를 받을 것으로 생각합니다.

추가질문 그렇게 말하지만 받고 싶은 급여가 있을 것 아닙니까?

답변 선배님을 통해서 들은 금액은 신입 연봉이 2,300만 원입니다. 급여에 대해 이의 없습니다. 신입사원 교육에 상당한 금액이 투자된다고 들은 적이 있습니다. 제가 제 역할을 하기 전까지는 회사에서 제게 투자하는 것이기 때문에 열심히 배워 회사에 기여할 수 있도록 하겠습니다.

Advice

* 일부 중소기업을 제외한 대부분의 회사는 희망 급여를 기준으로 책정하여 지급하는 것이 아니라 회사 규정에 따라 지급한다는 것을 알아야 한다. 높은 급여를 똑 부러지게 제시하면 본인의 의도와 달리 일보다는 급여에 신경 쓸 사람으로, 노조에 적극 가담할 사람으로 보일 수도 있음에 유의하여 답변하자.

* ①과 같이 알고 간 경우가 아니면, 예를 들어 '200만원에서 250만원'과 같이 융통성 있게 답변하는 것이 좋다. 급여는 회사의 보수규정에 따르겠다고 하고, ②와 같이 회사를 통해서 하고 싶은 일이 무엇인지, 어떻게 성장하고 싶은가를 강조하자.

Check Point 지원동기, 적성과 노력 정도, 업무의 적합성

답변 저는 물리학을 전공하였습니다. 향후 보험계리사가 유망한 직업이 될 것이라는 ① <u>어느 교수님의 말씀을 듣고 그때부터 공부를 하였습니다.</u> 보험계리사는 업무에 수학을 많이 응용하는데 저 역시 수학을 좋아합니다. 그래서 자신감을 갖고 시험과목인 보험수학도 수강하였고, 현재는 보험수리와 회계학을 집중하여 공부하고 있습니다. 입사 후 보험업무에 관해 배우며 보험계리사에 도전하고 상품개발팀에서 제 능력을 펼쳐보고 싶습니다.

추가질문 보험계리사 시험과목 중 어려운 과목은 어떤 과목이고, 시험을 본적은 있나요?

답변 저는 회계학이 제일 어려웠고, 금년에 응시하여 2차에서 불합격하였습니다.

Advice

> * 전공과 다른 업무를 지원하는 경우가 많다. 이런 지원자들은 미리 답변을 준비해야 한다. 포인트는 희망업무를 위해 무엇을 준비했는지이고, 다음은 전공과 장점을 업무에 어떻게 활용할 것인가이다.
> * 영업이 적성에 맞아서 하면 적성에 맞지 않은 전공을 왜 택했느냐고 다그칠 것이다. 희망업무와 연관 있는 자격증, 특기, 강점 등 어떤 준비를 하고, 노력을 해왔는지를 객관적 자료로 제시할 수 있어야 한다.
> * 면접관이 묻지 않아도 ①의 학교, 학과와 교수 이름, 공부를 시작한 시기를 밝혀 신뢰감과 표현력을 평가받을 수 있도록 하자.

Check Point 지원동기, 적성과 노력 정도, 업무의 적합성

답변 제가 전공한 국문학은 현실을 바탕으로 하면 살아있는 학문이 될 수 있습니다. 또 현실은 인간관계로 이어져 갑니다. 마케팅은 많은 사람들과의 관계에서 결과를 도출해가야 합니다. 제가 문학 속에서 분석한 많은 사람들의 다양한 심리는 앞으로 해야 할 업무와 연관되는 사람들과의 관계에서 큰 도움이 되리라 생각합니다. 대인관계에 문학을 큰 무기로 활용하고 응용하고 싶습니다. 처음 보는 사람들 중에는 문학을 전공했냐고 묻는 경우가 많습니다. 문학 속에 등장하는 인물들의 심리, 갈등 등을 재미있게 전달하는 저만의 능력이 있기 때문입니다. 문학을 마케팅에서 살아있는 학문으로 만들고 싶은 꿈이 있습니다.

Advice

* 이 질문은 전공과 지원분야가 다른 경우 많이 묻는 질문인데, 이외로 즉흥적으로 답변하는 지원자들도 꽤 많다.
* 희망업무를 위해 어떤 준비를 해왔고, 자신의 전공과 강점을 지원업무에 어떻게 적용시켜 활용하겠다는 것을 자신 있게 말해야 한다.
* '모든 길은 로마로 통한다는 말처럼 모든 학문도 하나로 통한다고 생각합니다. 제 전공은 국문학이지만 지원한 분야인 마케팅과 전혀 다르다고 보지 않습니다. … 중얼 중얼… ' 하고 답변하는 지원자도 많은데, 심각한 질문에 전혀 설득력이 없어, 면접관이 딱하게 생각할 것이다.

Check Point 자기분석, 상황대처능력, 자신감, 비전

답변 세 번째 면접입니다. 전의 면접에서는 긴장을 많이 해서 저의 본모습을 보여드리지 못했고, 제가 생각하는 것을 제대로 말씀드리지 못한 게 큰 원인이었다고 생각합니다. 그러나 ① 오늘은 긴장하지 않고 잘하고 있다고 생각합니다. ② 처음의 환경이나 분위기에 약하지만 금방 적응하는 편입니다. ③ **회사에 입사하여 면접관님들과 함께 일하고 싶은 마음이 간절합니다.

추가질문 지금도 많이 긴장하고 있고, 자신감과 패기가 없는 것 같습니다.

답변 말씀드린 대로 지금은 적당히 긴장하고 있습니다. 저는 누구보다 열심히, 자신감을 갖고 일할 자세와 능력이 있습니다.

Advice

* 이 질문은 미리 답변을 준비해야 당황하지 않고 답변할 수 있다.
* 수십 번째 면접을 보는 지원자도 몇 번째냐고 묻는 질문에 사실대로 답변할 필요는 없다. 다섯 번째 정도 이내는 문제되지 않을 것이라고 생각한다. 중요한 것은 지금 어떤 자세로 임하고 있고, 면접관이 어떻게 보는가이다.
* ① 자신감 있는 모습을 보여주려고 노력하고 있다.
* ② 경험을 예를 들어 자기 PR로 연결하지 못해 아쉽다.
* ③과 같이 애걸하는 모습은 좋지 않다. 그러므로 추가 질문에서 자신감과 패기가 없다고 지적을 받은 것이다.
* 경험사례가 좋으나 순발력을 발휘해서 일어서서 당당하게 자신감을 보여줄 수 있는 어떤 제스츄어라도 보여주어야 한다.

Check Point 이직 동기, 자기분석, 성격, 결격 사유, 조직융합력

답변 저는 3년 동안 두 번 회사를 옮겼습니다. 처음에는 회사가 갑자기 어려운 상황이 되어서 ① 그만두었구요. 두 번째는 경영진과 사원들 간의 지속적인 마찰로 업무의욕이 떨어져 그만두었습니다. **회사는 오랫동안 제 능력을 발휘하며 근무할 수 있는 회사라고 생각하여 지원하였습니다.

추가질문 퇴직 사유를 본인에게서 찾는다면 무어라고 말씀하실 수 있나요?

답변 처음 근무하던 곳은 회사에 대한 연구를 하지 않고 성급하게 입사했던 점에 대해 반성하고 있으며, 직전에 근무하던 회사에서는 다른 사원들과 더 인내하며 경영진을 설득했어야 하지 않았나 하는 생각이 듭니다.

추가질문 저희 회사도 편하게 근무할 수 있는 회사가 아닙니다. 업무 실적을 평가하여 인사에 반영합니다.

답변 제 직무에 대하여는 경험도 있고, 분발하여 열심히 하겠습니다.

Advice

* 이직 사유는 간단명료하게 말하고, 전 직장에서의 성과, 열정, 비전 등을 중심으로 구체적으로 피력하는 것이 좋다.

* 회사가 갑자기 폐업한 상황이 아니면 퇴직 사유를 근무하던 회사로 돌리는 것은 바람직하지 않다. 회사에 문제 있다고 주장하는 지원자에게 면접관이 답답하여 위와 같이 추가 질문을 하면 낙방을 각오해야 한다.

* 업무와 업종의 흐름에 대해 많이 알고 있는 경력자이므로 지치고 짜증나는 면접관이 역시 일 잘할 수 있는 경력자로 느낄 수 있게 각오, 포부를 정견발표 하듯이 적극적으로 하자. ①은 편안한 자리에서의 대화법이다.

 ***씨에게 취직은 어떤 의미가 있습니까?

Check Point 가치관, 직업관, 입사 의지, 비전

답변 저는 높고 아름다운 꿈을 가지고 있습니다. 저는 <u>해외에서 우리의 고유문화를 세계에 전파하고 싶습니다.</u> 또한 세계의 다양한 문화를 서로 교류하게 하여, 저의 능력이 닿는 곳에 사는 사람들이 풍요로운 삶을 살아가는데 일조를 하고 싶습니다. 그래서 해외문화사업부에 지원하였습니다. ① <u>취직은 저의 꿈을 실현할 수 있는 최고의 방법입니다.</u> **사는 저의 원대한 꿈을 실현할 수 있는 가장 적합한 회사입니다.

추가질문 우리 문화 중에서 특히 어떤 것을 알리고 싶습니까?

답변 동남아, 일본, 프랑스 등에서 한류 붐이 일고 있는데, 드라마, K-POP이 주류를 이루고 있습니다. 이런 분위기에 우리의 전통문화 즉 아름다운 우리의 한복, 자개농, 김치, 그리고 태권도, 택견, 지역의 전통문화 축제 등을 널리 알리고 싶습니다.

Advice

* 취직의 의미를 말하라고 하면 열 명 중 일곱 명이 '학생에서 사회인으로… 첫발… 책임감'을 말한다.
* 웬만한 회사도 10명의 사원을 뽑으려면 90명은 탈락시켜야 한다. 독자 같으면 중학생 면접에서 하는 정도로 답변하는 지원자를 뽑겠는가?
* 취직의 의미와 자신의 꿈과 비전, 각오까지 창의성 있게 답변해야 좋은 평가를 받을 수 있다. 같은 내용도 면접관이 잘 들어보지 못한 비유로 면접관의 눈과 귀를 당겨야 한다.
* ①은 '취직은 삶의 여정에서 저의 꿈을 실현할 수 있는 새로운 배로 갈아타는 것입니다'라고 결론을 서두에 말하면 좋겠다.

인생관은 무엇입니까?

Check Point 인성, 가치관, 삶의 목표, 자신감

답변 저의 인생관은 '도전하자. 또 도전하자. 그리고 또 도전하자'입니다. 살아가는 동안 늘 도전하며, 제 인생의 목표를 향해 계속 도전할 것입니다. 이 시대를 살아가는 제 나이의 젊은이들과 같이 지금 저는 젊음과 열정, 그리고 꿈이 있습니다. 그런데 저에게는 남들이 흔히 갖고 있지 않은 특별한 게 있습니다. 바로 도전정신입니다. 저에게는 어렵고 힘들더라도 과감하게 도전하는 용기가 있습니다. 지금 **사 PD 도전은 저의 도전사에 값진 도전으로, 도전을 이루어내고 새로운 도전을 꿈꾸는 아름다운 과정으로 기록될 것입니다.

추가질문 도전하여 이루어낸 것 중 오래 기억될 것 같은 일은?

답변 지난 5~6월에 35일간에 걸쳐 1,800km를 자전거로 전국일주를 한 일입니다. 서울에서 출발하여 충청도, 전라도, 제주도, 경상도, 강원도를 거쳐 서울로 돌아왔습니다. PD라는 직업이 제가 추구하는 삶의 가치를 실현할 수 있는 직업인가 등을 생각하면서 장거리 여행에 도전도 해보고 싶어 일주를 했는데, 추억도 많고 오래 기억될 것 같습니다.

Advice

* 자주 묻는 질문으로 같은 인생관이라도 어떻게 표현하는가에 따라 평가점수는 다르게 된다. 인생관이 무엇이어도 좋으나 인생관을 말하는 지원자의 표정을 읽게 될 것이다. 진지하고 패기 있게, 자신에게 인생관은 보석이며, 나침반임을 보여주어야 한다.

* 면접의 지정곡 중의 하나이므로 삶의 이정표가 될 수 있는 인생관을 생각하여 면접에 대비하자.

Check Point 인성, 정직성, 자기관리능력, 조직 융합성

답변 제 성격의 장점은 항상 밝고 쾌활하며 상대방을 배려하는 마음으로 대하기 때문에 쉽게 사람을 사귄다는 점입니다. 이러한 장점은 제가 지원한 분야에서 많은 사람들을 접하는데 큰 도움이 되리라 생각합니다. 단점은 친구들이 너무 많아 항상 바쁘다는 점입니다. 누구와도 좋은 관계를 유지하려고 너무 많은 시간을 보내고 있는데, 앞으로는 제 자신에게 좀 더 충실하려고 합니다.

추가질문 보기에는 성격도 급하고 날카로워 친구들이 좋아할 것 같지 않은데, 면접용으로 준비한 멘트 아닌가요?

답변 (웃음 지으며) 체격이 마르고, 말이 좀 빠른 편이라 그렇게 느끼실 수도 있고, 처음 대하는 분들 중에 그렇게 보는 분도 꽤 있습니다만 조금 더 대화를 하다보면 편안한 사람이라는 것을 느낄 수 있을 것입니다.

Advice

* 성격의 장·단점은 솔직하게 얘기하는 것이 좋다. 오랜 시간, 여러 차례에 걸친 면접에서 확인되기 때문이다.
* 장점을 부각시키고 단점은 개선하려는 노력을 하고 있음을 말해야 한다. 장점을 위와 같이 사례 없이 말하면 너무 평범한 답변이 되고 만다.
* 솔직하게 말한다고 '게으릅니다' '불의에 타협하지 않는 성격입니다' '잘못된 것은 꼭 짚고 너머 가는 성격입니다'와 같이 기본적 소양이나 사회성이 약한 사람으로 평가될 만한 것은 밝히지 않도록 하자.
* 장점은 에피소드와 함께 답하고, 업무나 사회생활에 큰 도움이 될 수 있음을 강조하고, 단점은 간략히, 그리고 개선하려는 노력을 보여주도록 하자.

Check Point 인성, 가치관, 업무와의 연관성

답변 저는 사람들을 ① 잘 웃기고 즐겁게 하는 재주가 있으며, ② 한국놀이문화협회 레크레이션 2급 자격증도 소지하고 있습니다. 라이브 가수로 활동해도 손색없을 정도의 ③ 노래실력과 ④ 통기타도 잘 칩니다. 이러한 취미 및 특기는 제가 **협회에 입사한다면 업무와 대인관계에도 많은 도움이 될 것으로 생각합니다.

추가질문 노래를 잘한다고 했는데 노래를 불러보시죠.

답변 두 분의 노래를 해보겠습니다. 먼저 가수 임재범입니다. '어찌합니까 어떻게 할까요 감히 제가 감히 그녀를 사랑합니다.' 다음은 김범수의 '하루'입니다. '사랑이 날 또 아프게 해요 사랑이 날 또 울게 하네요~'

Advice

* 위와 같이 특기를 너무 많이 열거하면 무엇을 정말 어느 정도 잘한다는 것인지 알 수 없으며 의심도 할 수 있다. 한두 가지만 어느 정도의 실력인지를 말하자. 실연을 해보라는 주문이 있을 수 있으므로 없는 특기를 있다고 해서는 안 된다.

* 본 질문에 대한 답변 말미에 '제가 한번 보여드려도 되겠습니까?'와 같이 자신 있게 양해를 구하고 실연을 해보여, 적극성과 신뢰감에서 좋은 평가를 받도록 하자.

* 특기를 증명할 자료가 있다면 준비해가는 것도 좋은 방법이다.

* 직무와 연관성이 있다면 자신을 PR 하는데 활용하자.

Check Point 자기분석, 강점, 업무와 연관성

답변 저의 강점은 활달한 성격에 사람들을 웃기게 하는 재주가 뛰어난 점입니다. 친구들이나 여러 사람들이 있을 때 ① 저만의 장기로 분위기를 띄워 웃음의 장으로 만들곤 합니다. ② 책도 보고 혼자 연습도 하며 이 강점을 살려볼 수 있는 날이 올 것이라고 생각하며 노력해 왔습니다. 제가 지원한 영업은 많은 사람들을 만나 대화해야 하므로 저의 이런 강점은 업무에서 큰 ③ 위력을 발휘할 것으로 생각합니다. 잠시 시간을 ④ 허락해주시면 면접관님들을 웃겨보겠습니다.

추가질문 어떤 장기인지 보고 싶네요. 한 번 보여주세요.

답변 이주일 님의 성대모사입니다. (이주일의 익살스런 표정을 지으며) '여러분은 내가 못생겼다고 생각하지만 사실은 여러분이 나보다 더 못생겼습니다. 왜냐구요? 물어볼 걸 물어봐야지. 암튼 내가 더 잘생겼다니까요.' 이명박 대통령님 성대모사… .

Advice

* 강점은 업무와 관계되는 한 가지만을 구체적으로 피력하자. 업무와 관계없는 강점, 특기를 묻는 질문이 아님에 유의하여 답변한다.
* 자신만의 강점을 적절히 업무와 연결시켜 피력한 것이 돋보인다. 단, ①에서 어떤 장기인가를 밝히도록 하자. ②는 의지가 있는 노력형으로 평가받게 될 것이다. ③은 적절한 연결이지만 '위력'을 '도움' 정도로 표현하는 것이 좋겠다. 면접에서 어휘 선택도 중요하다. ④ 자신감이 보여 좋은 평가를 받게 될 것이다.
* 진지한 분위기의 면접 자리에서 대통령의 성대모사는 적절치 않다.

Check Point 자기분석, 직무분석, 강점, 표현력

답변 ① 저는 전문 금융인이 되기 위해 금융자산관리사, 투자상담사 자격증을 취득하였고, 신문과 전문서적을 통해 업계의 흐름과 감각, 이론을 익혀왔습니다. 특히 이력서에 기재된 것과 같이 ② 모의투자대회에 3번 참가하여 실전 매매기법을 익히려고 노력하였습니다. ③ 지금까지 쌓아온 관련지식과 경험, 원만한 대인관계를 바탕으로 저의 능력을 발휘해볼 수 있는 기회를 주십시오.

추가질문 모의투자대회에서 실적은 어떠했습니까?

답변 처음에는 부진하였지만 두 번은 20%, 30%대의 수익률을 올렸습니다.

추가질문 회사에서 고객의 돈을 운용하는 것과 무엇이 다릅니까?

답변 제 자본으로 하는 것은 학비, 용돈을 벌기 위한 목적과 금융경제를 이해하고, 실전 경험을 쌓기 위한 배움의 과정이었지만 고객 돈을 운용할 때는 훨씬 높은 전문성과 도덕성이 필요하다고 생각합니다.

Advice

* 자기소개'의 의미보다 '자기 PR'의 의미로 생각하고 자신을 소개해야 한다. 경험, 철학, 강점 등 무엇이든 내세울 수 있는 것을 신선한 키워드로 소개하여 면접관의 귀를 사로잡아야 한다.
* ①에서 이력서에서 강조해야 될 것을 언급한 것은 좋으나 밋밋하다. 새로운 표현을 연구해보자. ② 좋은 결과이든 좋지 않은 결과이든 경험 사례의 결과와 배운 점을 덧붙여야 한다. ③은 보통 지원자들의 멘트로 신선함이 느껴지지 않는다.

Check Point 자기분석, 직무분석, 강점, 표현력

답변 ① 저는 마케팅의 마술사가 되고 싶습니다. ② 마술사는 관객이 즐거워하고 놀라워 할 새로운 마술을 개발하기 위해 많은 연구와 부단한 노력을 합니다. 그 노력의 결과가 무대에 올려졌을 때 관객으로부터 많은 박수를 받게 될 것입니다. 하나의 마술이 탄생하여 무대에 올려지기까지의 과정은 마케팅의 전략을 세우고 실행되는 과정과 유사하다고 생각합니다. 마케팅은 원만한 대인관계와 제품지식, 시장에 대한 정확한 관찰력과 분석력, 위기에 즉각적으로 대처할 수 있는 위기대처능력 등 다양한 능력을 갖춘 인재를 필요로 하는 분야입니다. 저는 이것을 마술이라 표현하고 싶습니다. 저는 마술사, 마케팅 전문가가 되기 위해 단순히 이론 지식뿐만 아니라 실무경험 역시 중요하다고 생각하여 아르바이트를 하며 직접 실무현장에서 보고 배웠습니다. ③ **농산가공에서 모니터 업무를 담당하면서, ***패션에서는 백화점 매장 판매보조원 업무를 보면서 소비자의 시각으로 브랜드를 분석하고 평가할 수 있는 좋은 경험을 하였습니다. **농산가공 모니터 요원을 할 때는 상품의 신선도와 맛, 영양가와 향을 분석하여 경쟁사의 제품과 비교평가를 하였습니다. 저는 적극성과 경험, 실력을 바탕으로 새로운 아이디어와 정확한 시장분석을 통해 전략을 수립하고 새로운 마케팅 기법을 연구하여 마케팅 마술사가 될 것입니다. ④ 마케팅에 대한 남다른 열정을 ***사에서 펼쳐가며 마술사가 되는 모습을 지켜봐 주십시오.

추가질문 향후 마케팅은 어떤 방향이 효과적일까요?

최근 기업과 소비자들이 많이 접하는 매체 즉 뉴 미디어를 전략적으로 활용해야 한다고 생각합니다. 특히 소셜네트워크서비스(SNS)를 활용

한 마케팅이 효과가 좋을 것입니다. 소비자는 다른 소비자 의견에 큰 영향을 받기 때문에, 페이스북을 통해 입소문 마케팅을 적극 활용하는 전략이 필요하다고 생각합니다. 다음으로는 체험 마케팅이 효과적일 것으로 생각합니다.

Advice

* 자기소개는 '자기소개'의 의미보다 '자기 PR'의 의미로 생각하고 소개해야 한다. 콘셉트를 미리 정하고 면접관에게 자신을 각인시킬 수 있는 키워드로 소개해야 다른 지원자와 차별화된다.

* '저는 산 좋고 물 …에서 자상하신 …2남 중 …어쩌구 저쩌구… ' 하면 실격이다. 이력서, 자기소개서에 나와 있는 것을 앵무새처럼 반복하면 면접관의 인상이 바뀔 것이다.

* 지원 분야와 관련하여 도움이 될 수 있는 특별한 경험이나 경력, 실력, 재능, 감각, 포부, 직업관, 철학 등에서 자신을 가장 잘 나타낼 수 있는 재료를 찾아보자. 그 재료를 면접관의 귀를 당길 수 있게 논리적이면서도 재미있게 표현해야 한다.

* 자기소개는 많은 연습을 하는 것이 실전에서 도움이 된다. 자신이 하고자 하는 내용의 요점만을 보고 자연스럽게 발표할 수 있을 때까지 연습하자. 원고 써놓고 외우고 온 사람은 초등학생 국어책 읽듯이 하게 되므로 이 점 유의하도록 한다. 자세와 태도, 표정 등도 평가항목이다.

* ① 마술사를 비유한 것이 돋보인다. '… 준비했고, … 능력이 있다'고 평범하게 말하면 듣는 이는 지루하다. 최소한 키워드만이라도 돋보이는 어휘로 표현하면 면접관은 내용이 궁금해 경청할 것이다.

* ② 서론이 너무 지루한 느낌이다.

* ③ 적극성이 돋보이지만 면접관의 신뢰를 얻기 위해서는 분석 자료를 제시해야 한다.

* ④ 마무리까지 창의성과 열정이 보인다.

Check Point 자기분석, 비전, 자신감, 현실성, 직무와의 연관성

답변 회사에서 인정받는 인테리어 실무 전문가가 되어, 5년 전 면접관님 앞에서 '설계, 시공, 디자인까지 하는 인테리어의 쟁이가 되겠습니다'라고 한 말을 떠올리며 사무실과 현장을 바삐 오가며 작업 진행을 하고 있을 것입니다. 공사 하나하나가 작품이기에 땀으로 범벅이 되어 있을 것입니다. 또한 진정한 '인테리어쟁이'가 되기 위해 앞으로 ① 5년은 더 노력해야 한다고 ② 비장한 각오로 계획을 세우고 있을 것입니다.

추가질문 어떻게 '인테리어쟁이'가 되겠습니까?

답변 인테리어는 인간의 삶에 부가가치를 높이는 예술입니다. 제 예술적 재능이 빛을 발할 수 있도록 땀 흘리고 노력하여 소비자에게는 삶의 공간이고, 문화 공간이 되는 인테리어로 예술 작품을 만들어 가겠습니다. 그 예술을 한다는 자부심과 긍지, 창조정신으로 노력하면 멀리 않은 장래에 '인테리어쟁이'가 될 수 있을 것입니다.

Advice

* 지원자의 비전을 보고자 하는 질문이므로 비전을 신선하게 담아 자신을 그려내야 한다.

* '결혼하여 한 아이의 엄마로 가정과 직장을… ' 식의 개인적인 모습이 아니라 직장이나 사회의 발전된 모습을 그려 답하도록 하자.

* ①, ② 모두 더 구체적으로 답하도록 하자. 입사 후 발전계획이 있다면 그것을 실천하여 이룬 모습을 상상하면 쉬울 것이다. 간략히 과장, 부장 등 직급으로 미래의 모습을 말하면 생각이 단순한 사람으로 평가받게 된다. 지원업무와 동떨어진 모습은 좋은 평가를 받지 못함에 유의하자.

10년 후 자신의 자화상을 그려보세요

Check Point 자기분석, 비전, 자신감, 현실성, 직무와의 연관성

답변 10년 동안 일에 대한 열정으로 상품기획 전문가가 되어 국내 동종업계 실무자 가운데 베테랑으로 평가받고 있을 것입니다. ① 팀워크를 바탕으로 결과를 만들어내는 리더십을 발휘하며, 업계 최고의 신제품 개발에 성공하여 회사에서 인정받는 사원이 되어 있을 것입니다. 또 다음 ② 10년 후의 아름다운 모습을 위해 새로운 도전을 생각하고 있을 것입니다. ③ 그때도 저의 장점인 도전정신과 창의성은 새로운 도전에 좋은 무기가 될 것입니다.

추가질문 '팀워크를 바탕으로 결과를 만들어내는 리더십'은 무슨 말인가요?

답변 같은 팀이라도 잘하는 업무 영역이 있을 것입니다. 프로젝트에 대한 역할 분담이 팀원 각자의 강점으로 발휘되고, 그런 역할에서 저희 팀의 시너지가 발휘될 수 있게 하여 프로젝트를 진행하는 시너지 리더십을 말합니다.

Advice

* 지원 분야와 연계하여 자신감 있게 포부, 비전을 담아 답변해야 한다.
* 지금은 막연하지만 계획이나 꿈이 있다면 그 모습을 상상하여 답변하도록 한다. 단, 그 모습은 회사와 연관된 모습이어야 한다. 또한 지원업무와 동떨어진 모습은 좋은 평가를 받지 못함에 유의한다.
* 답변 서두는 많은 지원자들이 할 수 있는 말이나 ①의 구체성과 ②, ③의 자기 PR 발상은 돋보인다. 이러한 질문도 미리 준비하여 면접에 임하도록 하자.

Check Point 회사와의 부합성, 능력과 특기, 입사를 위한 노력

답변　저는 대학 시절 엔지니어로서 졸업 후에 솔루션과 통신 등 IT부문 기술영업 분야에서 제 능력을 발휘하고 싶어 이 분야의 전문지식과 영업적 소양, 외국어 구사 능력을 갖추기 위해 노력하였습니다. 휴학한 동안에는 인도에서 3개월간 영어로 의사소통을 하며 인도의 문화를 체험하였습니다. 40도나 되는 무더운 날씨 속에서 인내심도 키울 수 있었습니다. 저는 **사 입사를 위해, 회사의 발전을 위해 준비해온 인재라고 생각합니다.

추가질문　우리 회사 상품으로 어떻게 영업을 할 것인가를 생각해보셨나요?

답변　쉬운 방법도 있겠지만 저는 현장에서 고객을 직접 만나서 부딪치며, 노하우를 쌓아가면서 한 걸음 한 걸음 나아가려고 합니다. 처음에는 느리겠지만 열정과 집념으로 뛰다보면 신뢰 관계가 형성되는 고객들이 늘어날 것입니다. 영업은 직업이 아니라 제 삶이 될 것입니다. 비장의 무기는 '욕심'입니다. '큰 목표, 큰 욕심'을 가지고 뛸 생각입니다.

Advice

* 누구나 채용되어야 한다고 말하지만 대부분 '왜'에 대하여 명쾌하게 답변하지 못한다. 준비를 하지 않았기 때문이다.
* 자신의 강점과 입사를 위해 어떤 준비를 했는가를 진지한 자세로 자신감 있게 피력해야 한다.
* 어느 회사에도 자신 있게 내놓을 수 있는 자신만의 강한 무기가 있어야 한다. 없다면 지금부터라도 만들어야 한다.
* 간혹 자신을 채용해야 하는 이유가 아니라 입사하고 싶은 간절한 마음, 입사 의지를 어필하는 지원자도 있다. 구분하여 답변하자.

Check Point 책임감, 문제해결능력, 직장관, 조직융화력

답변 ① 저는 꿈을 이루기 위해 직장이 있어야 한다고 생각합니다. 회사 일은 급한 것도 있고, 업무가 많아 기간 내에 처리하기 어려운 경우도 많을 것입니다. 저는 평일에 집중하여 능률을 올려 일하고, 마감일 등의 문제로 필요하다면 ② 상사의 지시가 없더라도 주말에도 근무하여 회사발전에 기여하고, 업무능력을 키워가며 회사에서 인정받는 사원이 되겠습니다.

추가질문 상사의 결재를 받고 난 다음 밤늦게까지 마무리해야 하는데, 상사가 사적인 일로 급히 퇴근한다면?

답변 휴대폰으로 설명과 함께 결재를 받고 계속 진행하겠습니다.

Advice

* 지원자의 책임감과 문제해결능력 정도를 가늠하고자 하는 질문이다.
* 상사가 시키지 않아도 자발적으로 책임감 있게 일할 사람이라는 느낌을 받도록 답변해야 한다. '주말에는 휴식으로 충전하여 평일에 업무능력이 향상되도록 하겠습니다' 또는 '상사가 시킨다면 해야 하지 않겠습니까'라고 간단히 답변해서는 안 된다. 당연한 질문을 하고 있다고, 백 번이고 천 번이고 분골쇄신하겠다고 해야 한다.
* 면접관이 휴일에도 열정적으로 일할 모습을 상상하게 답변해야 한다. 질문에 바보 같은 상사라는 전제가 없다. '꼭 해야 할 일인지 상사에게 확인하고…' 횡설수설 해가며 말장난 같은 말을 늘어놓아서는 안 된다.
* ①은 답변의 핵심을 흐리게 하므로 생략하자. 면접관은 ②와 같은 답변을 원하고 있다.

Check Point 충성심, 자신감, 근거, 비전

답변 ① 최고의 기술력과 품질을 인정받고 있는 **사에서 구매 부문을 담당하여 ② 수익 실현에 첨병 역할을 하겠습니다. ③ 여성 특유의 세심함과 제 성격의 장점인 책임감, 전공인 회계학을 업무에 적용시켜 구매 업무의 전문가로 성장하여 회사 이익 창출에 기여하겠습니다.

추가질문 그렇게 멋진 말을 듣고자 하는 게 아닙니다. 구매업무는 고상하게 책상에서 구입단가만 보는 것도 아니구요. 품질, 납기일, 수요예측 등 복잡다단한 업무과정에서 실질적으로 어떻게 기여할 수 있는가를 물어본 겁니다.

답변 (잠시 생각한 후 작은 소리로) 제가 맡은 업무는 어느 일이든 꼼꼼히 챙겨 회사에 이익이 나도록 하겠습니다.

Advice

* 대부분의 지원자들이 이런 식으로 두루뭉술 묶어 추상적으로 말한다. 무엇을 무기로 어느 부분에 어떻게 기여를 할 수 있는가를 말하도록 하자. 방법이나 계획, 아이디어도 괜찮다.

* ① 이 시간에 다른 내용을 어필하라.

* ② 어떻게 첨병 역할을 하겠다는 것인지 근거를 들어 계획을 말하라.

* ③ 면접관은 지원자가 좀 안타깝게 생각될 것이다. 세심함이든 책임감이든 전공이든 한 가지를 구체적으로 어필해야 한다.

* 회사에서 사용할 무기가 없으면 지금부터라도 만들어야 한다.

Check Point 문제해결능력, 사고 유연성, 조직융화력

답변 제 의견의 합리성이나 정당성을 다시 말씀드리고, 상사님의 생각을 확인하도록 하겠습니다. 그래도 상사가 자신의 의견을 주장할 때는 ① 경험이 많은 상사의 의견에 따르겠습니다. 저는 업무적으로 경험이 많은 상사님이나 선배님들에게 많은 것을 배워야할 입장이므로 제 생각을 관철하기보다는 ② 배우는 자세로 임하겠습니다.

추가질문 자신의 방안이 더 좋다는 확신이 있는데도 상사의 의견을 따른다면 문제가 있는 거 아닌가요?

답변 그런 경우는 또 한 번 말씀드려보고, 그래도 상사님이 자신의 지시에 따르라고 하면 그렇게 하겠습니다. 제 방안이 더 좋다고 생각하는 것은 경험이 적은 저만의 생각일 수 있기 때문입니다.

Advice

* 합리적으로 문제를 해결할 사람인가, 사고 유연성이 있는가를 판단하고자 하는 질문이다.

* 신입사원으로서 배우는 자세로 해결해간다는 생각으로 답변하면 무난하다.

* 상사의 의견이 잘못되었다는 전제가 없는 질문이므로 '자신의 생각이 옳다고 생각되면 끝까지 밀고 가겠습니다'와 같이 답변해서는 안 된다.

* 문제를 보는 관점에 따라 해결방법이 다를 수 있으므로 평소에 상대방의 입장에서 생각하며 사고 유연성을 키우는 것도 필요하다.

* 신입사원은 ①, ②와 같은 자세가 필요하다.

Check Point 입사 의지, 충성도, 사고 유연성

답변 ① 지방 발령을 받을 수도 있다는 전제로 지원했습니다. 제가 ② 지원한 부서에서 희망하는 업무라면 기꺼이 가서 열심히 일하겠습니다. 지방에 가면 여기에서 근무하는 것보다 ③ 퇴근 후 저만의 시간을 많이 활용할 수 있을 것입니다. 그 시간에 부족한 것, 앞으로 필요하게 될 것들을 공부하면서 좋은 기회로 만들겠습니다.

추가질문 지원한 부서의 희망업무가 아니면 지방근무를 할 수 없다는 말인가요?

답변 아닙니다. 다른 보직을 받아도 지방근무를 열심히 하겠습니다. 그러나 가능하면 희망 직무를 맡고 싶습니다. 그 직무를 준비해 왔고, 너무 하고 싶은 일이고, 제가 가장 잘할 수 있는 분야이기 때문입니다.

Advice

* 입사 의지, 회사의 충성도를 가늠하고자 하는 질문이다.
* 실제 순환근무를 하는 회사도 있음을 염두에 두고 융통성 있게 답변해야 한다. 꼭 그 회사에 취업을 해야 한다면 지방이 아니라 해외나 땅 끝이라도 '가겠습니다'가 정답이다.
* ① 정답에 가까운 답변이다.
* ③과 같이 자기계발 등으로 시간을 활용하겠다는 계획까지 밝혀 지원 의지를 확실히 보여주는 것이 바람직하다.
* ②에서와 같이 답변에 따라 추가, 압박질문을 받을 수 있고, 한마디에 낙방할 수도 있음을 염두에 두고 신중하게 답변하자.

Check Point 입사 의지, 충성도, 사고 유연성

답변 희망 직종에 배치되기를 바랍니다만 ① 다른 분야에서 제 적성을 발견할 수도 있다고 생각합니다. 또한 회사 일은 다른 분야라고 해도 연관성이 있을 것입니다. 여러 업무를 경험하면 통합적으로 보는 시야로 사고를 할 수 있다는 생각도 듭니다. ② **사의 미래의 인재가 되기 위해서도 회사에서 맡겨지는 일은 어느 직종이든 그 직종에 필요한 공부를 해가며 최선을 다하겠습니다.

추가질문 희망 직무와 거리가 먼 공장의 생산직 부서라도 괜찮다는 말인가요?

답변 생산부서에서 공장의 분위기, 생산시스템, 실제 업무를 익히는 것은 다른 업무를 진행할 때도 도움이 되리라고 생각합니다. 또한 회사의 인사관리에는 규정이 있을 것이고, 그 규정은 인사의 공평성, 효율성 등을 반영하게 되어 있을 것이므로 일단 회사를 믿고 따르겠습니다.

Advice

* 그럴 가능성을 염두에 두고 한 질문일 가능성이 많다. '일단 하는 데까지 열심히 해보겠습니다'라고 간단히 답변하면 안 된다. 열심히 해보고 여차저차 하면 그만두겠다는 말로 들리므로 분명하게 답변해야 한다.

* '희망 직무가 아니라도 입사만 시켜준다면 어떤 일이든 분골쇄신 하겠습니다' 하고 쉽게 희망직무를 포기하듯 간단히 답변해서도 안 된다. 그런 의미에서 지원자의 추가 질문에 대한 답변은 모범답안이라 할 수 있다. 면접관은 ①, ②와 같은 사람에게 좋은 점수를 줄 것이다.

* 그러나 추가 질문의 답변처럼 희망하는 직무와 자신의 강점을 강조하는 것은 괜찮다.

44. 상사가 본인의 업무와 관련이 없는 업무를 시킨다면 어떻게 하겠습니까?

Check Point 상황판단력, 문제해결능력, 사고 유연성, 조직융합력

답변 ① 저는 해야 한다고 생각합니다. 상사가 바쁘거나 어떤 이유가 있어 제게 그 업무를 시켰을 것입니다. 부하직원으로서 상사를 돕는 것은 팀워크를 위해서도 좋다고 생각합니다. 당장은 제 업무 외에 일이지만, 앞으로 회사생활에 있어서 그 업무를 수행한 것이 좋은 경험이 될 수도 있을 것입니다.

추가질문 자주는 아니어도 이따금씩 지시한다면 어떻게 하겠습니까?

답변 그런 지시를 하는 이유와 제가 꼭 따라야 하는지에 대해서 상사에게 정중히 여쭈어보겠습니다. 어떤 이유가 있을 것이고, 저는 그 문제를 합리적으로 풀어가도록 노력하겠습니다. 팀에 인력이 부족하거나. 꼭 해야 하는 일인데 제가 잘하는 일이 아니라면 다른 방법으로 일을 처리하도록 말씀드리겠습니다.

Advice

* 문제해결력 정도를 평가하기 위한 질문이다. 상대방을 배려하면서 합리적으로 해결 방법을 찾아보겠다고 답변해야 한다.
* 상사의 지시이기 때문에 계속한다고 하면 질문의 의도를 벗어난 답변이 된다. 상사가 시키는 일은 모두 경험으로 생각하는 것도 잘못된 생각으로 판단력도 평가항목의 하나이다.
* ①은 팀워크와 경험을 쌓기 위해 계속 할 수 있다고 들린다. 그러므로 본 질문에서 추가 질문에 대한 답변까지 했어야 한다.

Check Point 상황판단력, 위기대처능력, 문제해결력

답변 상사가 시킨 일을 하면서 상사의 말씀을 들어보겠습니다. 문제점을 생각하지 못하고 있을 수도 있기 때문입니다. 그러나 일의 부당성에 대해 대수롭지 않게 생각하신다면 그 ① 일의 부당성과 미칠 영향 등을 설명하여 설득하겠습니다. 또 ② 회사에 피해가 가는 일이거나 법적으로나, 도덕적으로 문제가 있다면 그 폐해에 대해 말씀드리고 하지 않겠습니다.

추가질문 지시에 따르지 않으면 비협조적인 사원으로 찍히거나 인사의 불이익이 예상될 경우에도 지시에 따르지 않을 건가요?

답변 관행상 있을 수 있는 작은 문제라면 따르겠지만 큰 문제가 될 소지가 있다고 판단될 때에는 하지 않겠습니다.

Advice

* 사실 이런 일은 실제로 있으며 상황판단력, 위기대처능력을 평가하고자 하는 질문으로 '아'라고 하는 것과 '어'라고 답변하는 것이 다르므로 신중히 답변해야 한다.

* 상사가 시킨 일이라 부당한 일인 줄 알면서도 'Yes'라고 하면 자질을 의심받게 될 것이고, 반대로 무조건 'No'라고 답변하면 문제해결력이 약하다고 판단할 수 있다.

* ①과 같이 상대방을 배려하여 대화를 하면서 문제를 풀어가되, 해서는 안 될 일이면 ②와 같이 하지 않겠다고 답변하는 것이 무난하다.

* 추가 질문에 대한 답변도 무난한 답변이라 하겠다. 기업에서 특히 거래와 관계되는 일에는 잘못된 것들이지만 관행처럼 이루어지는 것들이 있다.

Check Point 노조관, 자사 인물상과의 부합성

답변 ① 저는 노조가 필요 없는 경영을 하는 회사, 즉 적정한 급여, 철저한 실력 위주의 인사정책, 근로자의 근로조건 개선, 향상을 위해 노력하는 등 노조가 필요 없는 회사에서 근무하고 싶습니다. 그러나 노조가 있는 회사라면 노조 활동의 분명한 선이 있는 경우의 노조를 지지합니다. 노조란 노동자의 권익을 보호한다는 측면에서는 긍정적입니다. 그러나 최근의 노조는 노동자의 권익보다 정치인 문제에 과도하게 참여하기도 하고, 타 사업장의 문제에 연대하면서 지나치게 사측과 대치하는 경향이 있습니다. 노조 책임자들의 권력의식이나 귀족화의 문제도 심각한 정도라고 생각합니다. 노조가 노조 책임자들을 위한 단체가 되어가는 것은 대단히 잘못된 것입니다. 또한 지하철 파업과 같은 시민들의 편리와 안전을 볼모로 하는 노조활동도 잘못되었다고 생각합니다. 저는 이와 같은 노조 활동은 반드시 제제가 필요하다고 생각합니다. 노조도 회사가 있어야 존재할 수 있고, 노조는 노동자만이 아니라 회사를 위한 조직이기도 해야 한다고 생각합니다. 노조 활동은 반듯이 회사의 이익을 침해하지 않는 선에서 이루어져야 하고 그래야만 노조 활동으로 얻을 수 있는 권익도 보호된다고 생각합니다. 그래야 회사와 상생하는 조직이 될 수 있다고 생각합니다.

추가질문 결론은 근로자를 위해서 노조는 필요하다는 말이지요?

답변 서두에 말씀드린 정도의 활동을 하는 노조는 괜찮다고 생각합니다.

추가질문 노조가 있으면 결국 회사에서 얻어내는 게 많기 때문이라고 생각하는 거 아닙니까?

답변 회사에서도 근로자를 대표할 수 있는 사원들과 어떤 문제든 논의하는 게 좋을 것 같은 생각이 듭니다. 그렇지만 많은 것을 얻기 위해 노조가 있어야 한다는 생각은 아닙니다. 사원들의 대표성을 갖는 대화 채널, 협의 채널이 필요하다는 뜻에서 말씀드렸습니다. 꼭 노조가 있어야 한다는 뜻은 아닙니다.

Advice

* 이런 질문을 하는 기업은 노조 문제가 심각한 회사일 가능성이 많다. 그러므로 노조에 대하여는 자신의 소신이 아니라 회사입장에서 생각하는 면접관이 바라는 확실한 답변을 하는 것이 좋다.

* 이 질문은 평소 노조에 대해 긍정적이었다고 하더라도 질문의 배경과 의도를 파악하고 답변의 수위를 조절하여야 한다. 아마도 '저는 노조를 찬성합니다' 하고 답변하면 위의 추가 질문보다 강하게 '노조의 활동 범위를 어디까지라고 생각합니까?' 등 집요하게 질문하여 지원자의 노조에 대한 생각을 확실하게 읽으려 할 것이고, 후속 질문을 몇 번 받으면 탈락이다.

* 노조에 대한 생각은 입사 후 바뀔 수도 있고, 우선 입사해야 노조원도 될 수 있다는 것을 생각하고 답변하자.

* 지금은 면접관과 토론하는 자리도, 소신을 밝히는 자리가 아닌 입사하기 위해 면접을 보고 있는 상황이다. 상황판단을 잘 하고 답변하라는 것이다. 이런 질문에 면접관이 고개를 갸우뚱하면 이미 탈락한 것이나 다름없다. 이 질문을 하는 어느 기업이나 입사하기 힘들 것이다.

* ①에서 만일 '노조는 No'라고 하면 면접관은 진실일까 하고 생각할 수도 있다. 그러므로 이 질문의 답변에 대해서는 미리 생각을 정리하고 면접에 임하도록 하자.

47 야근을 자주 한다고 여자친구가 불평을 하면 어떻게
하겠습니까?

 **Check Point** 책임감, 상황판단력, 문제해결능력

답변 저는 회사 일을 통하여 저희 꿈을 이루고 싶고, 그러기 위해서는 회사 일에 충실해야 함과 야근을 자주 해야 하는 상황을 잘 이해시켜 설득하겠습니다. 그러면 저의 발전을 바라는 여자친구는 저의 성실성과 믿음으로 이해해줄 것으로 생각합니다. 더 나아가 여자친구가 도움을 주는 사람으로 만들기 위해 ① 평소에 저의 깊은 사랑의 마음을 읽도록 하겠습니다.

추가질문 몇 번은 이해하다가 나중에는 헤어지자고 하면요?

답변 그런 일은 없을 것입니다. 저는 여자친구를 잘 알고 있습니다. 여자친구는 제가 원만한 사회생활, 직장생활을 하길 바라고 있습니다. 친구와의 시간도 양보다는 질의 개념으로 바꾸어 더 사랑해주겠습니다.

Advice

* 공과 사의 상황판단력과 문제해결능력을 보기 위한 질문이다. 누구나 이해시키고 설득시킨다고 할 것이다. 이 질문은 논리보다는 여유를 보여주는 것이 좋겠다. 또한 설득시키는 창의적 방법에 따라 평가가 달라질 것이다.
* ① 어떻게 읽도록 할 것인지 신선한 방법을 제시한다면 좋은 평가를 받을 것이다.
* 추가 질문의 답변처럼 지원자의 진심을 그대로 전하면 된다.
* '이해하지 못하는 여자친구라면 헤어지겠다'는 말은 면접관이 바라는 답변이 아니다.

<table><tr><td>48</td><td>유능하지만 뺀질거리는 부하직원과 무능하지만 언제나
열심인 부하직원이 있습니다. 누구에게 호감이 갑니까?</td></tr></table>

Check Point 리더십, 포용력, 판단력

답변 ① 뺀질거리는 사람에게 호감이 갑니다. 이런 사람은 상사의 리더십에 따라 업무태도가 달라질 수 있습니다. 저는 이 사람을 변화시켜 좋은 재목으로 키우겠습니다. ② 저에게는 리더십도 있어 큰 문제가 되지 않습니다. 그러나 무능한 직원은 함께 하면 ③ 한계가 있을 것입니다.

추가질문 무능한 직원을 유능한 직원으로 만드는 게 유능한 상사 아닐까요? 그게 리더십이구요. *** 씨는 어떤 리더십이 있습니까?

답변 저는 동아리에서 어떤 일을 추진할 때 궂은 일을 맡아 다른 회원들이 잔일에 신경쓰지 않고 각자 맡은 바를 열심히 하도록 하였습니다.

추가질문 그건 동아리 한 회원의 역할을 한 것이지 리더십은 아니죠.

답변 무능한 직원도 열심히 하도록 격려하고 독려하도록 하겠습니다.

Advice

* 직장에는 이러한 극단적인 유형의 직원들이 얼마든지 있을 수 있다.
* ○×식으로 해결할 수 없는 문제이므로 리더십, 포용력, 판단력으로 무능한 부하도 유능한 부하로 만들어 가겠다고 해야 질문의도에 맞는 답변이 된다.
* ①의 '호감이 갑니다'는 '더 호감이 갑니다'로 답변해야 한다.
* 면접에서 좋은 평가를 받기 위해 ②와 같이 포장하다가 들통나면 자질을 의심받게 되므로 사실에 근거한 답변을 하도록 하자.
* ③에 이어 '그러나 그 사람에게도 잠재능력이 있을 수 있으므로 잠재능력을 발휘하도록 노력하겠습니다'라고 해야 좋은 평가를 받게 된다.

Check Point 리더십, 포용력, 문제해결력, 조직융합력

답변 저는 직원의 성격과 능력에 따라 동기부여를 달리 하겠습니다. 특히 성격에 따라 동기부여의 방법을 달리 하겠습니다. 간섭을 싫어하는 성격은 전체의 테두리와 중요한 사안만 일러주고 업무를 위임한 채 간섭을 하지 않겠습니다. 두 번째, 지속적인 관심을 가져주기를 바라는 직원은 업무지침과 함께 지속적으로 관심을 갖고 칭찬하고 격려하겠습니다. 세 번째, 가는 길을 일러 주면 알아서 잘 가는 직원은 업무의 목표, 현재의 상황분석, 방향 제시 등의 밑그림을 잘 그려주어 업무를 맡기겠습니다. 단, 능력 정도에 따라 방법과 범위는 달라져야 할 것입니다. 저는 ① <u>회사에서의 동기부여는 업무의 위임에 따른 의욕과 성취감, 책임감을 갖고 더 분발할 수 있게 하는 좋은 방안이라고 생각합니다.</u>

Advice

* 이런 질문은 정답도 최고의 답변도 없다. 단, 동기부여의 방법을 납득할 수 있게 설명해야 한다. 추상적으로 애매하게 답변하면 실격이다.
* 경험한 것을 사례로 들어 제시하면 현실감이 있어 좋은 평가를 받게 될 것이다.
* ①과 같이 자신이 생각하는 동기부여의 방식은 서두에 제시하는 것이 좋다.
* 동기부여는 업무 의욕, 사기를 올려주는 방법으로 기술적 측면과 보상적 측면으로 나누어 생각해도 되나 보상적 측면을 강조해서는 안 된다.

Check Point 입사 의지, 충성도, 사고 유연성

답변 저는 영업을 지원했습니다만 ① 공장에서도 근무할 수 있습니다. 영업의 기초 중 하나는 제품에 대한 지식인데, 제품에 대해서 잘 알려면 공장에서 제품의 ② 생산과정에 대해 알아야 한다고 생각합니다. 제품에 대해 잘 알수록 영업에 대한 자신감, 제품에 대한 확신과 애사심도 더 커지리라고 생각합니다. 그런 면에서 공장근무도 해보고 싶습니다. 가능한지 모르겠습니다만 공장에서 ③ 여러 라인을 경험해보면 더 좋겠습니다.

Advice

* 이런 질문에는 무조건 'OK'라고 해야 한다. 이 질문은 공장 근무를 시키겠다는 것이 아니라 입사 의지, 사고 유연성 등을 알기 위해서이다.
* 회사에 따라 다르지만 입사 초기에 공장이나 매장 등에서 일정 기간을 근무하게 하는 회사도 많다.
* 그런 시스템이 아니라도 오랜 기간이 아니라면 어느 부문을 지원했다고 해도 근무해보는 것도 좋지 않을까 한다.
* 위에서 ①, ②, ③은 면접관이 기대하던 답변이다. 여기에 '공장 근무를 하는 기간은 어느 정도 됩니까?' 하고 물어도 좋다. 면접에서 이런 질문은 적극적인 성격으로 보일 수 있기 때문이다.
* 공장에서 생산과정과 제품에 대해서 배운 후 지원한 업무에 적극 활용하겠다고 답변하면 무난하다.

Check Point 기업의 이해도, 경영 마인드, 사원의 자질

답변 제가 CEO가 된다면 우선 구성원들이 좋아할 직장 문화를 만드는 데 주력하겠습니다. 왜냐하면 급여를 많이 주고 유능한 사원을 채용하여 이익을 창출하려고 하면 경쟁사는 더 많은 급여를 주고 채용하려고 할 것입니다. 급여나 돈으로 경쟁사들과 경쟁하기는 쉽기는 하지만 회사는 큰 부담을 갖고 경영을 해야 합니다. ① <u>황금과 당근을 좋아하는 사람은 불나방처럼 더 많이 주는 곳으로 가게 되어 있습니다.</u> 그러나 모든 사람들이 그런 것은 아니라고 생각합니다. 일하기 좋은, 신바람 나는 기업문화는 쉽게 만들어지지도 않지만 경영진과 구성원의 마인드가 다르기 때문에 쉽게 모방할 수 있는 것도 아닙니다. 제가 CEO가 된다면 돈으로 쉽게 만들어지지 않는 저희 회사만의 기업문화를 만들어 긍지와 자부심으로 일할 수 있도록 하겠습니다. 다음은 ② <u>사원들의 열정과 아이디어를 새로운 가치로 만들어 내도록 하겠습니다.</u> 그냥 주어진 일을 하는 것이 아니라 창의성을 발휘하여 새로운 아이디어를 쏟아낼 수 있게 분위기를 만들고, 그것을 시장의 가치로 만들어내도록 하겠습니다. 그리고 그것을 다시 구성원들에게 돌려주는 보상체계를 만들겠습니다. 이렇게 하여 유능한 사원들의 이직을 줄이고, 구성원들의 땀을 가치로 만들어 부가가치를 높이면 회사는 세계적 기업으로 성장할 수 있을 것입니다. 저는 언제가 꼭 CEO가 되어 제 꿈을 실현하겠습니다.

추가질문 어떻게 사원들의 열정과 아이디어를 새로운 가치로 만들어 낼 수 있을까요?

답변 회사를 새로운 가치, 새로운 상품을 부단히 개발, 창조해가는

아이디어 회사로 만들겠습니다. 다름 아닌 회사에 아이디어 뱅크를 만들어 늘 자신의 새로운 생각, 아이디어를 제안하게 합니다. 일주일에 2회 부서별로 전 사원이 모여 아이디어 회의를 합니다. 좋은 아이디어를 낸 사원에게는 격려하고, 포상을 실시합니다. 많은 사람이 아이디어를 내다보면 작은 발상을 큰 가치로 만들어 갈 수 있다고 확신합니다.

Advice

* 기업의 개념과 경영의 개념을 총체적으로 묻는 질문인데, 의도는 조직 구성원의 자질을 보고자 함에 있다.

* 단편적으로 '인간중심적 경영을 하겠다'고 하고 추상적으로 말하다 우물우물하면 이 문제는 0점을 받게 된다. 그 철학을 어떻게 경영에 반영시켜 조직원의 사기를 올리고 그래서 이익은 어떻게 하고 등등의 설명을 하여야 한다.

* 기업의 개념이 없는 사람은 월급이 적다고 말하고 불평도 많이 한다. 생산성 개념도 공과 사의 개념도 없다. 퇴근시간 되기만을 기다리다 퇴근 30분 전에 화장실 가서 손 씻고 화장까지 하고, 퇴근시간 되면 단거리 달리기 선수처럼 달려 나간다. 이 질문의 의도 중의 하나가 그런 사람인가를 보고자 하는 것이다.

* ① 자신은 그런 사람이 아니라는 것과 희망하는 회사를 간접적으로 표현하였다. 면접관에게 바람직한 직장인상으로 보일 것이다.

* 기업, 경영, 매출액, 급여, 이익 등의 개념에 대해 생각해보고 면접에 임하자. 더 중요한 것은 자세이겠지만.

* CEO의 입장에서 경영도 생각해보고, 조직의 일원으로 마음자세도 확인해 보자.

기업경영에서 가장 중요하다고 생각하는 것은 무엇이라고 생각합니까?

Check Point 기업의 이해도, 구성원의 자질, 경영 마인드

답변 저는 인적자원이라고 생각합니다. 기업은 그 구성원들이 움직여 갑니다. 구성원 즉 인적자원이 좋은 회사는 발전하고 그렇지 못한 기업은 도태된다고 생각합니다. 인적자원이 좋은 회사라도 창조적 인재가 어느 정도이며, 어느 정도의 창조성을 발휘하는냐에 따라 기업의 발전 속도는 달라질 것입니다. 그러므로 좋은 인적자원을 확보하고 그 인적자원이 창의력을 발휘할 수 있도록 하는 것이 기업경영에서 가장 중요하다고 생각합니다.

추가질문 좋은 인재를 선발하고, 창조성을 발휘하게 할 수 있게 하는 방법을 생각하고 있는 게 있나요?

답변 실적이 좋은 사원에게는 승진, 성과급 등으로 사기를 올려주고, 다른 사원들도 해보겠다는 의욕을 가질 수 있게 분위기를 만들면, 좋은 인재도 몰리게 되고, 성과도 향상될 수 있을 것입니다.

Advice

* 경영에서 가장 중요한 것을 이윤추구, 브랜드 가치 또는 기술개발, 구성원의 동기부여 등 무엇이라고 해도 좋으나 논리적으로 설명해야 한다.
* 추가 질문에서 업무 의욕, 사기를 올려주는 방법으로 보상적 방법을 강조하면 좋은 점수를 받지 못한다.
* 기업경영에서 중요한 것들을 적어보고, 왜 중요한가를 생각해보자. 그 중 가장 중요한 것 세 가지를 설명해보라. 자신의 화법으로 자연스럽게 설명할 수 있을 때까지 연습하자.

Check Point 회사에 대한 호감도, 회사 연구, 입사 의지

답변 저희 집에서 **사의 ① ***를 쓰고 있는데, 성능도 좋고, 디자인도 세련되었습니다. 가벼운 편이고, 제품도 좋지만 제가 **사에 대해 좋은 이미지를 갖고 있는 것도 좋게 생각되는 원인이 아닐까 생각합니다. ② **사의 제품들은 소비자들의 인식이 좋은 걸로 알고 있습니다.

추가질문 그 제품의 어떤 면이 가장 마음에 드나요?

답변 디자인이 마음에 듭니다.

추가질문 디자인의 어떤 부분이 마음에 듭니까?

답변 ***은 모서리가 직선이 아닌 곡선으로 처리하여 부드러운 느낌이 드는 것이 제일 마음에 듭니다.

추가질문 사실은 사용해본 적은 없고, 어디에서 언뜻 본 것 같은데, 맞지요?

답변 예.

Advice

* 위와 같은 답변은 그 회사 제품을 써보지 않고, 제품에 대해 관심 있게 보지 않은 사람이 립 서비스로 할 수 있는 얘기다.
* ① 어느 한 제품에 대해 색상은 어떻고, 손잡이는 좀 작지만 저렇고, 성능은 타사와 비교하여… 등등 구체적으로 말해야 신뢰감이 간다.
* ② 소비자의 인식이 아니라 자신의 생각을 묻고 있다.
* 제조회사나 서비스 회사의 경우 면접 전에 지원한 회사의 제품의 특징, 장단점, 서비스 내용 등을 경쟁사와 비교하여 꼼꼼히 살펴보자.
* 위와 같이 답변하면 입사 하고 싶은 회사는 다 떨어질 것이다.

Check Point 인성, 조직 개념과 적응력, 대인관계

답변 저는 업무능력도 있으면서 인간적인 상사하고 같이 일할 수 있었으면 좋겠습니다. 두 가지 중 한 가지가 부족하면 이상적인 상사는 아닌 것 같습니다. 사회는 경쟁을 전제로 하기 때문에 상사는 제가 일을 많이 배울 수 있는 능력이 있는 상사이면 좋겠습니다. 또한 때론 잘못하는 것을 호되게 야단도 치고, 잘하는 것은 칭찬해주고 힘들 때 격려해주는 상사가 제가 입사하면 꼭 만나 뵙고 싶은 상사입니다.

추가질문 그런 상사 밑에서 어떤 각오로 일할 생각입니까?

그분을 롤모델로 삼아 성실하고, 인간적면서도 유능한 롤모델과 같은 사원이 되도록 노력하겠습니다. 야단도 맡고, 칭찬도 들으면서 배우고 성장해가도록 하겠습니다.

Advice

* 지원자의 인성을 파악하고자 하는 질문이다.

* 최근 직장 새내기를 대상으로 한 설문조사에서 가장 좋아하는 선배는 인간적인 사람이라고 답한 사람이 70%였다고 한다.

* 어떤 유형의 상사를 말해도 되나 납득할 수 있게 설명해야 한다. 정직성, 리더십, 카리스마 등 무엇이든 그에 맞게 부언해야 하므로 한 번쯤 생각해 보자.

Check Point 관심 분야, 지적 호기심, 가치관

답변 박경리 작가의 '토지'를 가장 감명 깊게 읽었습니다. 동학농민운동과 갑오경장 직후인 1897년부터 1945년 광복까지를 시대적 배경으로 하고, 공간적으로는 한국 농촌과 지리산, 일본, 만주 등 국내외적인 공간을 배경으로 하는 5부 16권에 달하는 대하소설입니다. 봉건적 가족제도와 신분질서의 해체, 서구문물의 수용과 식민지 지배의 과정 등을 초점으로 개인의 운명과 역사의 조류 과정을 조망하였습니다. 한국 근대 사회의 풍속을 그려냄과 동시에 다양한 인간상을 등장시켜 격변의 시대를 살아온 한국인의 삶을 장엄한 파노라마로 소설화한 작품입니다.

추가질문 주제를 간단히 말하면요?

격동기 민족의 한과 강인한 생명력을 주제로 한 작품입니다.

Advice

* 문학적 소양을 평가하는 것이 아니므로 지적 호기심과 감상, 배운 것에 포커스를 맞추어 답변하자.

* 위의 답변처럼 먼저 제목을 말하고, 줄거리, 감상을 설명해야 한다. 출판계나 문화관련 분야가 아니면 소설보다는 사회, 경제, 경영분야 책에 대하여 감상, 배운 점 등을 밝혀 예비 사회인으로 늘 공부하고 자기계발을 하기 위해 노력하고 있음을 보여주는 것이 좋다. 정치나 종교에 관련한 책은 언급하지 않는 것이 좋다.

* 만일 자신 있게 말할 수 있는 책이 없다면 지금부터 읽고 그 감상을 메모하여 면접을 대비하자. 가벼운 책, 많이 읽히는 책은 피하는 것이 좋다.

* 위 답변에서 인상적인 장면을 소개하거나 자신과 연관하여 마무리를 하면 더 좋겠다.

Check Point 자기관리, 상황대처능력, 정신력

답변 저는 산에 오르며 스트레스를 해소 합니다. 산에 오르면 정신이 맑아지고 마음이 평안해지는 것을 느낄 수 있습니다. 산에 오르는 동안 흘리는 땀으로 스트레스가 빠져나가는 느낌이 참 좋습니다. 정상에 올라 산 밑에서 별것도 아닌 일로 힘들어 한 자신을 생각하면 웃음이 나올 때가 있습니다. 산이 인간에게 주는 것은 참으로 많다고 생각을 합니다.

추가질문 직장생활하면서 스트레스는 쌓이고 산에 갈 시간이 없다면요?

답변 마인드 콘트롤로 제 자신을 다스리겠습니다. 또한 스트레스를 받게 되는 원인에 대해서 생각해보고 근원적으로 스트레스를 받지 않도록 노력하겠습니다.

Advice

* 개성이 강하고, 자기주장이 강한 사람, 엘리트 의식이 있는 사람, 온실의 화초 형 같은 사람은 조직생활에서 생길 수 있는 작은 문제에도 스트레스를 많이 받는다.
* 일반적으로 공감할 수 있는 해소법이면 별 문제가 없으나, 술을 많이 마시면서 푼다는 등의 답변은 좋지 않다.
* 특별한 방법을 실감 있게 말하면 더 좋겠다. 답변할 때 밝은 표정으로 쉽게 해소하고 활력을 찾음을 느낄 수 있게 하자.
* 이 질문에 '저는 스트레스를 잘 안 받는 스타일입니다' 하면 질문의도를 벗어난 답변이 된다.

Check Point　인성, 대인관계, 주량과 음주습관

답변　(웃음 지으며) 저는 술을 좋아 합니다. ① 1주일에 서너 번, ② 한 번에 소주 세 병 정도 마십니다. ③ 사회생활에는 술이 꼭 필요하다고 생각합니다. ④ 술만큼 인간관계를 좋게 해주는 것은 없기 때문입니다. ⑤ 친구들과 어울려 술 한 잔 할 때가 제일 좋습니다.

추가질문　술 많이 마신다고 일 잘하는 게 아닌데, 술 잘하는 것을 자랑하는 것 같은데요?

답변　자랑은 아니구요 솔직히 말씀드렸습니다. 술 잘 마시는 것만큼 일도 열심히 하겠습니다.

추가질문　술 마시고 싸움해본 적 있나요?

답변　그런 적은 없습니다. 어울리는 분위기가 좋아서 한 잔씩 합니다.

Advice

* 술을 좋아하는 면접관이나 팀워크를 중요시 하는 기업, 영업직에서도 위와 같이 질문의 의도를 모르고, 답변하면 낙방하게 될 것이다.
* ①, ②, ③, ④, ⑤ 모두 오답이다. 사실이 그렇더라도 술을 좋아하기보다는 분위기, 사람들과 어울려 대화하는 것을 좋아한다고 답변하면 무난하다.
* 주량을 자랑한다고 3병, 5병은 거뜬하게 마신다고 말하면 주사도 있을 것이라고 생각할 것이다. 그렇다고 술은 건강에 해롭기 때문에 절대 마시지 않는다고 답변하면 대인관계에 문제가 있거나 융통성 없는 사람으로 보일 수 있다.
* 바보가 아닌 다음에야 이렇게 말하는 사람은 없겠지만, 평소의 생각을 말할 수 있으므로 긴장하면서 답변해야 한다.

<table><tr><td>58</td><td>가장 좋아하는 인간형과 싫어하는 인간형을 말씀해 보십시오.</td></tr></table>

Check Point 인성, 대인관계, 조직융합력

답변 저는 정직한 사람을 좋아합니다. 자신의 잘못이 있을 때도 솔직히 시인하는 사람과는 좋은 관계를 유지할 수 있다고 생각합니다. 그러나 이기적인 사람은 싫어합니다. 자신의 입장만을 우선 생각하며 자신의 편의나 이익만을 추구하는 사람은 ① 좀 거리를 두게 되는 것 같습니다.

추가질문 정도를 넘는 매우 이기적인 동료가 있다면 어떻게 하겠습니까?

답변 동료라면 이기적인 행동이나 사고가 자신과 주위에 모두 피해가 가게 되고, 결국은 본인이 더 손해를 보게 된다고 진심으로 충고하여 점차 고쳐나가도록 하겠습니다.

Advice

* 성격이 모가 나 대인관계에 문제는 없겠는가 등 인성을 보고자 하는 질문이다.

* 이 질문은 특히 표현력도 평가될 수 있으므로 어휘 선택에 신중하여야 한다. ①을 극단적으로 표현하면 조직에서 화합하기 어려운 사람으로 평가할 것이다.

* 끝에 '그러나 사회생활에서는 그런 사람들과도 함께 할 수 있으므로 포용하고 충고하면서 지내야 한다고 생각합니다'와 같이 마무리 한다면 대인관계는 무난할 것으로 판단할 것이다. 이 말을 하지 않아 추가 질문을 받은 것이다.

* 대인관계에 모가 나지 않음을 여유 있는 표정으로 답변하자.

Check Point 자세와 책임감, 자기분석, 취업 의지

답변 달리기 경주에서 거리의 차이라고 생각합니다. 대학생이 단거리 경주를 한다면, 사회인은 장거리 경주를 하는 것과 같습니다. 단거리 경주를 잘하는 사람이 꼭 장거리 경주를 잘하는 것은 아닙니다. 장거리에서는 체력 안배를 잘해가며 최후까지 지구력 있게 달리는 사람이 승리합니다. 달리기 경주에서 선두에 있다고 방심하면 곧 뒤에 처지게 되는 것은 인생 경주와 같다고 생각합니다.

추가질문 단거리를 잘 달리면 장거리로 보통 잘 뜁니다. 대학생의 단거리 경주는 무엇을 말합니까? 학점을 말하는가요? 그럼 공부 잘한 학생이 사회생활도 잘한다는 말이 되는데 어떻게 생각하시나요?

답변 학점만을 말한 것은 아닙니다. 학생이라고 공부로만 평가하는 것은 문제가 있다고 생각하며, 인간으로서 소양, 사회인으로서의 자질을 배우며 키워가는 것도 해당합니다.

Advice

* 이 질문에 흔히 말하는 책임감으로 간략하게 말하면 평범한 답변으로 좋은 점수를 받지 못한다.

* 색다른 비교로 논리를 펴 책임감으로 결론을 내리면 창의성 있는 답변으로 좋은 평가를 받게 될 것이다.

* 멋지게 답변한다고 하지만 면접관이 듣기에 논리에 맞지 않으면 추가질문을 받게 되고, 이때 버벅대면 사고의 깊이가 없이 겉멋으로 치장하는 지원자로 보일 수 있음에 유의하자.

* 면접에서는 유연한 사고로 창의적인 답변을 해야 하는 질문도 많으므로 예상문제로 답변을 연구해보자.

60 서비스 정신을 가장 잘 보여주는 일화가 있다면 소개해보십시오.

Check Point 서비스 마인드, 경험의 진실성, 실천력

답변 겨울 방학, 날씨가 추울 때 어시장에서 아르바이트를 한 적이 있습니다. 어시장의 고객 중에는 소매업을 하시는 분들이 많아 한분 한분이 사가는 양도 꽤 많아 무거웠고, 주차장은 300미터 쯤 떨어져 있었습니다. 저는 자진하여 주차장까지 배달해드리곤 했는데, 하루 종일 하다보면 저녁 무렵에는 녹초가 되기 일쑤였습니다. 그런데 고맙다고 인사하고 가신 분들이 한 분, 두 분 단골이 되었습니다. 저의 서비스로 고객이 즐거워하고 매출이 늘어나는 것을 경험하고, 산 교훈을 얻었습니다.

Advice

* 이 질문은 서비스 업종이나 직종에서 하는 질문이다. 마음 자세나 소양을 추상적으로 말하는 지원자들도 많고, 서비스의 경험담으로는 너무 빈약한 사례를 들기도 한다.
* 서비스는 이론이나 지식이 아니라 실천이어야 하고, 마음 이상의 생활이어야 한다는 것을 염두에 두고 답변하자.
* 서비스 업종을 지망한다면 미리 경험해보거나 답변을 준비하도록 하자.
* '서비스를 뭐라고 생각하는가?' '서비스의 정의'도 자주 묻는 질문이다.
* 답변 말미에 회사 또는 직무, 지원회사의 상품이나 서비스와 연관하여 마무리하면 좋은 평가를 받을 수 있다.

61

영업에서 가장 중요한 것 세 가지는 무엇이라고 생각하십니까?

Check Point 영업 마인드, 실천력, 목표의식

답변 ① 자신감과 열정, 신뢰라고 생각합니다. 잘할 수 있다는 자신감, 상품이 아니라 자신을 파는 열정, 고객에게 믿음을 주는 신뢰감이라고 생각합니다. 이 세 가지를 고객에게 어떻게 보여주느냐가 가장 중요하다고 생각합니다. 고객은 이 세 가지에 의해 상품정보에 관심을 갖는 정도와 결과로 나타나는 구매도 달라진다고 생각합니다.

추가질문 *** 씨는 어떤 열정이 있습니까?

답변 3학년 방학 때 휴대폰 판매 영업을 한 적이 있습니다. 보통 영업장 앞에 판매대를 설치하거나 무작위로 메일을 보내 판매를 유도하는데, 저는 사무실마다 찾아다니며 영업을 하였습니다. 물론 제지도 당하고 했지만 상당한 실적을 올렸습니다. 발로 뛰는 영업을 해보고 싶어 어려운 방법을 택하였고, 힘은 들었지만 배운 것도 많고 실적을 괜찮게 올린 경험이 있어 영업에는 자신이 있습니다.

Advice

* ① 세 가지를 성실성, 목표의식, 대인관계라고 해도 된다. 세 가지가 무엇인가는 중요하지 않다. 자신이 주장한 세 가지를 어떻게 자신의 영업력을 보여주며 설명하느냐가 중요하다.
* '영업을 무엇이라고 생각합니까?'와 같은 질문은 특히 자신감 있게 답해야 한다. 생각을 하거나 더듬거리면 영업하기에 부적합하다고 평가할 가능성이 높다.
* 특히 자신의 경험 사례를 덧붙여 설명하면 좋은 평가를 받게 될 것이다.

Check Point 인성, 계획성, 자기계발

답변 ① 주말에는 느슨하게 쉬고 싶은 마음이 있지만 아직 구직 중이라 ② 토익공부를 주로 하는데 많이 피곤할 때는 휴식을 취하며 ③ 책을 보거나 친구들과 영화를 보기도 합니다. 앞으로는 토익공부에 더 집중할 생각입니다.

추가질문 취직하기 위해 고생도 했는데 취직을 하게 되면 좀 쉬셔야죠?

답변 예. 취직을 하면 한동안은 쉴 생각입니다.

추가질문 (부드러운 목소리로) 어떻게 쉬고 싶은가요?

답변 친구들을 만나기도 하고, 여행도 하면서 지내고 싶습니다.

Advice

* 질문의도는 주말을 계획성 있게 시간을 활용하는가이다. 주말 활용의 이유나 목적을 함께 밝히도록 하자.

* 무엇을 말해도 좋으나 생산적으로 활용하고 있다고 느낄 수 있게 해야 한다. 그냥 휴식을 취한다고 하면 실격이다.

* ① 취업을 하게 되면 쉬겠다는 의미로 들리므로 추가 질문을 받은 것이다. 추가 질문의 답변에서 면접관이 '딱 걸렸다'며 미안하지만 쾌감을 느낄 수 있는 면접관의 의도에 말려든 답변이다.

* ② 어떠한 이유나 목적 또는 목표로 어떤 부류의 책을 주로 읽는데 어떤 도움이 된다는 것인지 밝히도록 하자. 취미로 무얼 하는데, 정서적 또는 어떤 효과가 있다고 해도 된다.

* 휴일도 구직자에게 쉬는 날이어서는 안 된다. 자기계발이나 재충전, 건강, 취미 등으로 시간을 활용하고 있음을 밝혀야 한다. 그리고 취업 후에도 지속할 것이라고 해야 한다.

Check Point 인성, 대인관계, 상황판단력

답변 2년 전 다섯 명의 친구들과 같이 **산에 갔을 때의 일입니다. 깊은 산속 계곡에서 텐트를 치고 쉬고 있었는데, 갑자기 비가 쏟아지더니 눈 깜짝할 사이에 계곡물이 불어 건널 수가 없었습니다. 누구든 앞장서 물을 건너야 하는데 워낙 물살이 세어 망설일 때, 저 역시 순간적으로 앞장 서는 사람은 물에 빠지게 될지도 모른다는 생각이 들었지만 제가 용기를 내어 앞장서서 무사히 건넜습니다.

추가질문 그러다가 정말 물에 떠내려가면 죽을 수도 있는 상황이었던 것 같은데, 어디에서 그런 용기가 났을까요? 원래 용감한가요?

답변 함께 갔던 친구들 중에는 제가 가장 힘도 세고, 제가 리더 역할을 했기 때문에 당연히 제가 해야 한다고 생각했습니다.

Advice

* 회사 내에서 일어날 수 있는 힘든 일, 궂은일은 소리 없이 하면서 회사에 신바람을 일으킬 소양이 있는 사람인가를 평가하는 질문이다.
* 어느 조직에나 이기적인 사람들이 있는가 하면, 남을 배려하고 봉사하는 사람들도 있다. 적극적이고 남을 배려하는 자세를 갖춘 사람들이 많은 기업은 활기가 넘치고 회사는 그런 사람을 원한다.
* 배려와 봉사의 마음으로 재활원 등에서 힘든 일을 경험한 사람은 쉬운 문제이나 그렇지 않은 지원자는 미리 생각해보도록 하자.

64 자신이 기획하고 추진한 일 중 성공적이었던 일에 대해 말씀해보세요

Check Point 기획력, 추진력, 목표의식

답변 대학을 졸업 후 인턴으로 사회복지법인 '사랑나눔'에서 5개월 동안 회원개발 부서에서 근무하면서 단체 및 개인 후원자를 개발하는 업무를 맡았습니다. 회원 개발을 위해 개인 및 단체를 찾아가 사회복지법인에 대한 인식이 부족한 분들에게 취지를 이해시키고, 어려운 분들을 위해 가능한 데까지 후원을 요청을 하고 간절한 마음으로 설득시키는 과정이 처음 일주일은 꽤 힘들었습니다. 그다음부터 누군가를 위하는 일이라는 마음으로 즐겁게 열심히 하였습니다. 그 과정에서 상대에 따른 커뮤니케이션하는 방법을 습득하게 되었고, 적극적인 사고·행동·실천이 좋은 결과를 얻는다는 것을 배웠습니다. 참으로 소중한 경험이고, 평생 기억될 저의 자산이 되었습니다. 지금은 어떤 일이 제게 주어지더라도 개척정신·도전정신·열정으로 자신 있게 해낼 자신이 있습니다.

Advice

* 기획력과 추진력, 목표의식 등을 평가하기 위한 질문이므로 직무와 연관이 있으면 더 좋겠지만 그렇지 않더라도 목표의식을 갖고 했던 일이면 괜찮다.
* 여러 사람이 같이 했던 일에서는 어떤 역할로 어려운 점을 극복할 수 있었는지를 밝히도록 하자.
* 여기에서도 배운 것, 얻은 것이 가장 중요하므로 이에 대해 피력해야 한다.

Check Point 직업관, 가치관, 조직부합성

답변 ① 대부분의 여성이 그렇듯이 저도 직업을 갖고 자아실현과 함께 사회에 공헌하고 싶습니다. 저는 남녀가 서로 다른 장점이 있다고 생각합니다. 저만의 장점을 최대한 살려 가면 여성이기 때문에 부족한 점은 별 문제가 되지 않으리라 생각합니다. 저는 누구보다 ② 큰 꿈이 있습니다. 그 꿈을 실현하기 위해 ③ 준비하고 있으며 누구보다 잘해낼 각오와 ④ 능력이 있습니다.

추가질문 큰 꿈이 뭡니까?

답변 홍보의 달인이라는 말을 들을 정도의 누구나 인정할 수 있는 홍보 전문가가 되는 게 꿈입니다.

Advice

* '직업관이면 그냥 직업관이지 웬 여성의 직업관' 하며 황당하다는 표정을 짓는 여성이 있다. 여사원들의 조기퇴직, 근무 자세 등의 문제점을 보아온 면접관이 여성 지원자들에게 던지는 의도된 질문이다.

* 시대가 어떻고 따위의 남녀평등을 말하며 목청을 높이는 것은 좋지 않다. 많은 지원자를 탈락시켜야 하는 면접관은 은근히 흥분하기를 바랄지도 모른다. 침착하게 남성 이상의 능력이 있음을 보여주어야 한다. 이 질문에 침착하게 답변하는 것도 능력이다.

* ① 다른 여성을 언급할 필요가 없다. ②, ③, ④ 모두 추상적인 말로 설득력이 전혀 없다. 근거나 계획 등을 덧붙여야 한다.

* ②에서 기회를 주었는데도 역시 추상적으로 답변했다. 어떤 꿈이 있는데, 어떤 노력을 하여 그 꿈을 이루어갈 것이라고 계획을 밝혀야 한다.

* 추가 질문에서 꿈을 이루기 위한 계획과 각오까지 밝혔어야 했다.

상사가 차심부름이나 복사를 시킨다면 어떻게 하겠습니까?

Check Point 인성, 사고의 유연성, 조직융합력, 문제해결능력

답변 저는 처음부터 ① <u>단호히 여성이라고 해서 차심부름이나 복사일 같은 것을 시키는 것은 옳지 않다고 말씀드리겠습니다.</u> 그렇지 않으면 늘상 반복될 수 있고, 그것은 ② <u>회사를 위해서도 손해이기 때문입니다.</u>

추가질문 본인의 생각을 얘기했는데도 상사가 시키면 어떻게 할 건가요?

답변 그런 문화를 고쳐야 한다고 생각합니다. 여사원도 맡은 업무가 있는데 손님 올 때마다 차심부름 시키고, 복사를 시킬 거라면 처음부터 그런 잔일을 맡길 사원을 채용하는 게 좋지 않을까 생각합니다.

Advice

* 질문의도를 잘 파악해야 한다. 현재의 자신의 가치에 융통성을 추가하면 몸값이 많이 오를 수도 있다.

* 면접관은 이 질문에 'Yes'와 'No' 중 정답을 염두에 두고 묻는 것이 아니라 지원자의 융통성과 조직융합력을 파악하려고 하는 것이다. 창의력, 개성, 능력을 우선하는 기업이 아니라면 위의 지원자를 좋아할까?

* 위와 같이 답변하면 당연히 탈락한다. 이 질문에는 '저는 유연하게 대처하겠습니다. 손님을 접대해야 하는 상황에서 제가 하는 게 좋겠다고 판단하면 하겠습니다. 상사도 제 업무를 해야 하는 시간에 차심부름 등을 한다는 것은 바람직하지 않다는 것을 알고 계실 것이기 때문입니다. 그러나 그렇지도 않은 상황에서 상사가 일방적으로 강요하다시피 한다면 말씀드려 이해를 시키겠습니다'라고 한다면 무난할 것이다.

* ①과 같이, 추가 질문에서도 이렇게 단호히 'No' 하면 단호히 탈락하지 않을까? ② 면접관도 알고 묻고 있다.

Check Point 직업관, 인생관, 비전

답변 ① <u>아직 구체적인 계획은 없습니다.</u> 현재 결혼을 전제로 사귀는 이성친구도 없습니다. 저에게 급한 것은 희망하는 출판 분야에 취업해서 실력과 경력을 쌓는 것입니다. ② <u>저는 어젯밤 책이 가득 쌓여 있는 방에서 춤을 추는 꿈을 꾸었습니다.</u> ③ <u>저는 책을 기획하고, 열정을 쏟아 그 책을 읽는 사람들이 저의 땀과 노력도 함께 읽게 하고 싶은 생각밖에 없습니다.</u> 결혼은 천천히 생각해보겠습니다.

추가질문 (웃으며) 어젯밤 꿈은 합격한 꿈같은데요. 어떻습니까?

답변 감사합니다. 저도 합격을 확신합니다. 출판사 입사를 하기 위해 출판에 대한 기본적인 것을 배우고, 최근의 출판 경향을 분석해보고 기획도 해보았습니다. 면접관님께 드리려고 분석 자료와 기획안을 갖고 왔습니다.

Advice

* 여성에게 결혼과 관련된 질문을 많이 하는 이유는 결혼 후 퇴사하는 사원이 많고, 그것이 기업에 부담이 된다는 점에 착안하여 답변하면 무난하다. 따라서 ①과 같이 현재는 결혼 계획이 없다고 하는 것이 좋다.
* 애인이 있느냐고 물으면 순진하게 있다고 하는 지원자도 있는데, 그러면 언제 결혼할 계획이냐고 묻는다. 그렇다고 독신으로 살 계획이라고 오버해서 답변할 필요는 없다.
* ② 거짓말이라도 면접관은 좋아할 것이다. ③과 같이 오히려 입사 의지를 강력하게 어필하는 기회로 반전시키도록 하자.
* 추가 질문의 답변과 같이 '감사합니다'로 간략히 답변하지 말고 최대한 자기 PR로 연결하자.

Check Point 자신감, 위기관리능력, 순발력

답변 저는 전공과 무관한 업무를 지원했습니다만 지원 분야에 대해 많은 공부를 했습니다. ① 전공과 별개로 자기소개서에 나와 있는 저의 창의력, 번뜩이는 아이디어를 다시 한 번 살펴봐주십시오. ② **사에서 진행 중에 있는 ☆☆프로젝트에서 가장 중요한 것 중 하나가 광고홍보 업무라고 생각합니다. 저는 학교 ***광고 공모전에서 입상한 경력도 있습니다. 저에게 기회를 주십시오. 부족한 것은 배우고 잘못된 것은 고쳐가며 회사에 꼭 필요한 사원이 되겠습니다.

추가질문 학교 광고 공모전의 입상 경력 하나밖에 없는데, *** 씨의 잠재력을 보여줄 수 있나요?

답변 (예상하지 못한 질문에 당황하며 생각하다) 지금 보여드릴 아이디어는 떠오르지 않습니다. 일주일 시간을 주시면 홍보 기획안을 제출하겠습니다. 그것을 보신 후 평가해 주시기 바랍니다.

Advice

* 이런 질문을 하면 당황하기 쉽다. 의도된 함정에 빠지게 될 위험한 상황이므로 침착하게 적극적으로 자신이 왜 적합한 인물인가를 피력하여야 한다.
* ① 적극적으로 어필하여 함정을 비켜가고 있다.
* ② 면접관도 알고 있는 내용으로 시간을 낭비하고 있다.
* 대부분의 지원자는 위와 같은 추가 질문을 받으면 당황하여 말을 잊지 못하거나 엉뚱한 특기 등으로 위기를 넘기려고 한다. 이 답변은 지원자가 보여줄 수 있는 능력의 한계점에서 침착하게 답변했다고 하겠다.

Check Point 자신감, 위기관리능력, 순발력

답변 일반상식은 나름대로 열심히 공부했습니다만, 면접관님! ① 죄송합니다만 ② 다른 문제를 내 주시면 자신 있게 말씀드리겠습니다. 순발력을 요구하는 문제도 좋습니다. 저의 ③ 순발력을 보여드리고 싶습니다.

추가질문 서울에 중국음식점이 몇 개 있는지 알고 있습니까?

답변 서울의 동사무소는 500개 정도 됩니다. 한 동에 중국음식점은 50개 정도 될 것으로 생각합니다. 그러면 25,000개 정도의 중국음식점이 있습니다.

Advice

* 이 질문은 지원자가 답변을 못해 화가 나서 신경질적으로 묻는 질문이 아니라 함정에 빠뜨리기 위한 의도된 질문이다. 이때 당황하여 '죄송합니다'로 끝나면 침착성도, 순발력도, 위기관리능력도 없는, 얕은 함정에 빠져 허우적거리는 쓸모없는 사람으로 평가 된다.
* ①과 같이 인사를 한 후, ②와 같이 자신감 있게 다른 문제를 요구하자. 또한 ③과 같이 자신 있는 분야에서 실력을 보여주겠다고 열의와 용기를 보여주도록 하자.
* 황당한 질문에는 배짱이 필요하다. 없는 짜장면을 달라고 하면 용기 있게 큰 소리로 '세상에서 가장 달콤한 사탕이 있다'고 답변하자.

Check Point 위기관리능력, 순발력, 논리적 사고력

답변 (웃으며) 예. 제 눈은 좀 작은 편입니다. 저는 눈으로는 시각적인 면을 봅니다. 그러나 ① 마음의 눈으로 깊이를 보려고 노력하고 있습니다. 또한 ② 머리로 분석하고 가슴으로 현명하게 판단하려고 노력하고 있습니다. 다른 사람보다 눈은 작지만 눈과 가슴과 머리로 함께 보고 생각하고 판단하고 있습니다.

추가질문 마음의 눈으로 깊이를 본다는 건 무슨 말이죠?

답변 일이나 사람, 사건 등을 볼 때 보통 보이는 것, 결과를 놓고 평가하거나 유추하는 경향이 있습니다만 저는 본질, 진정한 가치, 원인 등 겉으로 드러나지 않는 것까지 보려고 노력하고 있습니다. 이런 분석력은 제가 지원한 업무에 많은 도움이 될 것입니다.

Advice

* 위기는 의연하게 순발력과 재치, 적극적인 자세로 돌파해야 한다.
* 지원자의 눈이 작아 업무에 지장이 있는 직종이라면 성형수술을 하면 된다는 것은 면접관도 알고 있다. 단점이나 약점을 물고 늘어지며 지원자가 어떻게 대응하는가를 보고자 하는 질문이다.
* 수모를 당하는 것 같은 마음에 감정을 표출하면 안 된다. 성형을 생각하고 있다고 해도 되나 보이는 모습만이 전부가 아니라고, 다른 장점을 논리적으로 피력하자.

<table><tr><td>71</td><td>면접을 보러온 사람의 복장으로는 너무 편안한
복장 아닙니까?</td></tr></table>

Check Point 예의, 조직부합성, 위기관리능력

답변 죄송합니다. ① 제가 편안한 복장을 좋아해서…. ② 요즘 세대는 격식보다는 실용적이고 편안한 복장을 좋아합니다. ③ 그렇지만 회사에 입사하면 회사에 맞는 복장을 하겠습니다.

추가질문 (퉁명스런 말투로) 면접관은 그 복장을 한 *** 씨를 어떻게 생각할 것 같습니까?

답변 죄송합니다. 복장에 대한 별도 통지가 없어서… 시정하겠습니다.

Advice

* 분야나 회사에 따라 요구하는 옷차림은 다르다. 평범한 옷차림을 하면 '개성이 없군요'라고 하기도 한다. 그러나 많은 기업들은 보수적인 복장을 선호하는 경향이 있다. 따라서 옷차림은 기업, 업종에 따라 달리하는 것이 좋다.

* 이 답변에 면접관은 기가 차다는 표정을 지을 것이다. 회사가 좋아하는 옷이 아니라 자신이 좋아서, 요즘 사람 운운하는 ①, ②와 같은 변명은 하지 않는 것이 좋다. ③ 이미 때늦은 답변이다. 아직 사회인으로서의 준비가 덜 된 지원자라고 판단할 것이다. 다른 복장을 할 수 있는 상황이 아니므로 '죄송합니다. 내일은 회사 분위기에 맞는 복장을 하고 오늘처럼 1시간 일찍 와서 회사를 여기 저기 둘러보겠습니다. 오늘 느끼지 못한 좋은 점들은 내일 찾아보도록 하겠습니다'라고 하는 게 나을 것이다.

* 복장은 기업에 따라, 업종에 따라 다른 점을 염두에 두고 신경을 써야 한다.

Check Point 건강상태, 상황대처능력, 순발력, 자신감

답변 그렇습니까? 처음 보는 면접이라 제가 약간 긴장을 한 것 같습니다. 저는 평소 목소리도 큰 편이고 활달한 성격입니다. 그리고 ① 건강합니다. 지금부터 평소의 모습대로 답변하겠습니다.

추가질문 자신감이 없다보니 목소리가 작은 것 같은데요. 사실 다른 지원자에 비해 실력이 좀 뒤지지 않습니까?

답변 (큰 목소리로) 사회생활은 학교 성적으로 하는 것이 아니라고 생각합니다. 학교 성적보다는 사회인, 직장인으로서의 자세, 열정, 쟁이 근성이 더 중요하다고 생각합니다. 저는 그런 자질들을 갖고 있습니다.

Advice

* 약간 목소리가 작아도 신경질적으로 이러한 압박 질문을 하는 면접관도 있다. 신경질을 내는 것이 아니라 이런 상황에 어떻게 대처하는가를 보고자 의도적으로 짜증을 내보는 것이므로 순발력 있게 대처해야 한다.

* ①에서 건강하다는 것을 증명해 보이는 방법을 시도해보는 것도 좋다. 팔뚝을 들어 근육을 보여준다든가, 팔굽혀펴기를 해보겠다는 말만 해도 위기는 넘어가게 된다.

* 면접관의 의도에 말려들지 말고 순발력 있게 밝은 표정으로 웃으며 원기 있게 답변하자.

Check Point 성격, 상황대처능력, 자기분석, 조직부합성

답변 예. 그 자리에서 이유를 물어보겠습니다. 술기운으로 정상적인 대화가 되지 않을 것 같으면 화제를 바꾸도록 노력하겠습니다. 그 자리는 대략 끝내고 다음 날 조용히 그 이유를 묻고, 제가 정말 모욕을 당할 정도의 잘못이 있었다면 다음부터 그런 일이 없도록 노력하겠다고 말하고, 그냥 술기운에 한 애기라면 조심해 달라고 말하고 이해하겠습니다.

추가질문 그런 후에도 계속되면 어떻게 하겠습니까?

답변 진지하게 몇 차례 더 대화를 하여 그런 일이 없도록 하고, 그래도 계속 되면 가급적 술자리를 같이 하지 않도록 하겠습니다.

Advice

* 직장생활에서 있을 수 있는 상황으로 성격, 상황대처능력 등을 알아보기 위한 질문이다.
* 급하고 직선적인 성격, 불의를 보면 참지 못하는 성격도 평소의 성격대로 답변하지 말고 여유 있는 마음을 보여주는 것이 좋다.
* '그 자리에서 이유와 잘잘못을 따져 다음부터 그런 일이 없도록 하겠다' 하고 답변하면 조직생활에 문제가 있을 것으로 생각할 것이다.
* 모욕을 당했을 때 시간을 갖고 해결하는 지혜, 자신에게는 잘못이 없는지 생각해보는 것도 답변에 포함되어야 한다.
* 사회생활에는 이해할 것도, 참아야 하는 상황도 많다.

 **Check Point** 자기분석능력, 사고의 유연성, 위기관리능력, 미래지향성

답변 ① 당황스러울 것 같습니다. 그러나 ② 회사에서 제 하급자가 더 적합하다고 판단한 이유가 있을 것입니다. 인생도, 직장도 달리기 경주에 비유할 수 있습니다. 인생이란 장거리 경주를 위해서는 자신의 능력을 키우며 지구력 있게 달리는 것이 중요하다고 생각합니다. 잠시 뒤졌다고 생각하고 온힘을 다해 제 페이스를 찾도록 하겠습니다. 그리고 ③ 안이한 직장생활로 추월당하지 않도록 부단히 노력하겠습니다.

추가질문 팀장을 대하기 힘들 거고, 팀장의 지시를 받아 업무를 처리하는 것도 본인으로서는 상당히 껄끄러울 것 같은데요?

답변 현실을 인정하고 미래지향적으로 자신을 컨트롤하도록 하겠습니다. 말씀드린 대로 장거리 경주라고 생각하고 선의의 경쟁을 하도록 하겠습니다.

Advice

* 질문의 의도는 위기관리를 어떻게 할 사람인가를 파악하고자 하는 데 있다. 이론적 답변은 쉽다. 그러나 순간적으로 생각하고 답변하는 지원자의 표정을 보면 면접관은 그 마음을 읽게 될 것이다.
* 정답을 외워야 하는 문제가 아니라 늘 최선을 다하고, 위기에도 침착하게 미래지향적인 사고와 행동을 하도록 해야 한다.
* ①과 같이 솔직하게 말해도 된다. 오히려 문제되지 않는다고 하면 답변의 진실성을 의심받을 수 있다. ②와 같은 상황은 실제로 많다. ③의 결론이 정답이다.

 Check Point 성격, 위기관리능력, 조직융합력

답변 (어이없는 질문을 한다는 표정으로) ① 아마 그런 일은 없을 것입니다. ② 저는 성격이 원만하여 지금까지 왕따를 당한 경험이 없습니다. 그러나 만일 왕따를 당한다면 그 사람들과 ③ 허심탄회하게 대화를 하여 그런 일이 없도록 하겠습니다.

추가질문 보기에는 원만한 성격이 아니라 개성이 강하고 자기주장이 강할 것 같은데, 그런 사람들이 왕따를 당하는 경우가 많습니다만.

답변 첫인상을 그렇게 보는 경우도 있습니다. 하지만 조금 지나면 친화력이 좋다는 것을 알게 되고, 누구와도 쉽게 사귀고 상대를 배려하기 때문에 그런 일은 없을 것입니다.

Advice

* 면접관은 짧은 시간에 지원자가 어떤 사람인가를 파악하려고 궁지로 몰고 가는 경우도 많으므로 질문에 당황하거나 어이없는 표정을 보여서는 안 된다. 강한 부정은 긍정이라고 하지 않는가.

* 궁지로 몰고 가는 압박 질문은 여유 있는 자세로 상식선에서 답변해야 한다.

* ①은 가정한 질문을 벗어난 답변이다. ② 불필요한 말이다. ③ 너무 막연한 답변이다. '그 원인이 어디에 있는가를 분석하고 대처하겠습니다. 능력이 특별하여 시샘을 하는 경우, 이기심이 강하거나, 업무능력이 많이 모자라 조직에 피해를 주는 경우 등 여러 가지 원인이 있을 수 있습니다. 원인을 찾아 왕따를 당하지 않도록 노력하겠습니다'라고 답변하면 무난하다.

Check Point 기업의 이해도, 가치관, 사고력

답변 기업은 경영을 통해 이익을 추구하는데, 이익을 낳게 해준 소비자와 사회에 대해 역할과 책임을 수행할 의무가 있다고 생각합니다. 기업 활동으로 추구한 이익을 투자자 등 이해관계자에게 이익을 정당하게 보상해야 하는 책임이 있습니다. 또한 공공질서, 소비자보호, 환경 등 공공의 이익에 반하거나, 법적으로나 윤리에 반하는 이익을 추구해서는 안 되는 책임이 있으며, 개인이나 국가에도 책임의 영역이 있듯이 기업도 고용확대, 사회공헌 등 기업이 해야 할 역할과 책임이 있다고 생각합니다.

Advice

* 이 질문은 일반상식에 대한 질문으로 창의적 답변보다 교과서적 답변이 요구된다. 다소 생소한 것을 예를 들어 답변하면 핵심을 벗어나는 답변이 되기 쉽다.

* '일부 기업이지만 지나치게 이익을 추구하고, 사회적 책임이나 사회 환원에는 인색하여 지탄을 받기도 하는데 이는 잘못된 것입니다'라는 식으로 면접관을 불편하게 해서는 안 된다.

* 끝에 '저도 책임 있는 직장인으로 **사가 사회적 책임을 다하는 데 동참하고 싶습니다'라고 입사 의지를 밝히면 좋겠다. 면접을 대비해 일반상식을 폭넓게 공부하도록 하자.

Check Point 상식능력, 벤처기업의 적합성, 논리성

답변 대기업은 전략적으로 생각하고, 벤처 기업은 전술적으로 생각합니다. 또한 대기업은 거대한 전략과 목표를 세운 뒤 장기적 결과를 중시하지만 벤처기업은 창의성, 모험심, 도전의식 등으로 단기간의 결과를 중시합니다. 대기업은 장기간의 계획을 세우는 반면, 벤처 기업은 비용 최소화를 우선시 합니다 또 대기업은 안정성을 바탕으로 이익을 추구하지만 벤처기업은 모험을 바탕으로 이익을 추구하는 것이 차이라고 생각합니다.

추가질문 전략과 전술의 차이에 대해 쉽게 설명해보세요.

답변 전략이란 거시적 관점에서 장기간에 걸쳐 수행할 수 있는 기업의 목표를 세우고 수행하는 것이며, 전술이란 단기간에 수행할 수 있는 사업계획으로 아이디어와 스피드를 생명으로 한다는 뜻으로 말씀드렸습니다.

Advice

* 벤처기업에서 자주 하는 질문으로 벤처기업의 특성을 확실히 이해해야 한다.

* 벤처기업은 그 기업에 맞는 사고와 의식이 필요하다. 일반 기업하고는 업무나 기업문화, 추구하는 것이 다르기 때문이다.

* 보통 벤처기업 사원들은 일에 몰두하고, 특정한 분야에서 유능하며 창의적이고, 대기업 사원들은 관리 능력에서 뛰어나다고 할 수 있다.

* 답변할 때 대기업의 문제점에 대해 비판하지 않도록 하자.

* 벤처기업은 창의성, 모험심, 도전의식 등으로 단기간의 결과를 중시함을 설명하며, 벤처기업에 근무할 자세가 되어 있음을 보여주도록 하자.

<table><tr><td>78</td><td>고객의 이익과 기업의 이익 중 어느 쪽 이익이 우선
되어야 한다고 생각합니까?</td></tr></table>

Check Point 기업의 이해도, 상식능력, 사고력

답변 고객의 이익이 우선 되어야 한다고 생각합니다. 고객의 이익이란 고객만족을 말합니다. 고객이 제품에 만족하면 다음 구매로 이어지고 입소문 등으로 자연스럽게 홍보됩니다. 즉 고객만족이 기업의 이익이 되는 것입니다. 반대로 기업의 이익이 우선 될 때 고객은 제품의 가격, 품질 등에 대한 불만족으로 기업을 불신하게 됩니다. 고객을 우선하는 고객중심 경영으로 기업 이미지를 높여 기업의 이익을 추구하는 경영이 바람직하다고 생각합니다.

추가질문 그렇게 고객 이익을 우선하다 보면 회사는 이익이 안 남을 수도 있을 텐데요.

답변 같은 종류의 상품이라도 경쟁사보다 품질과 가격 면에서 고객이 더 만족할 수 있게 노력해야 한다고 생각합니다.

Advice

* 흔히 말하는 '고객중심경영' '고객만족경영'에서 질문에 답을 찾아 답변을 하면 된다.
* 고객을 우선하든 기업을 우선하든 결론은 기업의 이익 추구에 있다는 것을 강조하면 무난하다.
* 판매 우선 전략으로 기업 이익을 추구하는 기업도 일부 있다.
* 상식 수준의 질문이므로 굳이 기업의 입장에서 답변할 필요는 없다고 생각한다.

Check Point 기업, 경영, 이윤의 이해도, 상식능력, 사고력

답변 당연히 이윤을 추구해야 한다고 생각합니다. 회사는 급여, 임대료 등 여러 가지 비용과 상품생산비를 지출하고, 상품개발 등에도 투자를 해야 하는데 이윤을 추구하지 않고는 불가능합니다. 또 이익이 있어야 근로자 복지와 사회공헌도 가능하게 됩니다. 기업은 이윤추구를 위해 존재합니다. 그러나 ① 그 이윤을 추구하기 위해서는 고객이 만족할 수 있는 상품이나 서비스도 매우 중요하다고 생각합니다.

추가질문 이윤을 추구하기 위해 가장 필요한 것은 무엇이 있을까요?

답변 경쟁력이라고 생각합니다. 경쟁회사들보다 앞선 기술개발과 합리적 경영, 사원들의 애사심 등이 곧 경쟁력이라고 생각합니다.

Advice

* 교과서적인 질문으로, 기업의 존재 의의가 이윤 추구이지만 의외로 논리적으로 설명하지 못하는 지원자들도 있다.

* 다시 한 번 이 질문을 대비하여 정리해보자. 긁어 부스럼 만들 수 있으므로, 기업의 정당한 이윤추구, 기업 윤리 등 운운하며 결론을 멋있게 내려고 하지 말자. 불필요한 말은 하지 않은 것이 좋다.

* ①까지 답변한다면 무난하다.

경제성장과 사회복지 중 어느 것을 우선해야 한다고 생각합니까?

Check Point 가치관, 균형적 사고력, 상식능력

답변 저는 ① 경제성장을 우선해야 한다고 생각합니다. 경제성장을 통해 일자리를 더 늘려 고용을 늘리고, 경제성장을 통해 늘어나는 세금으로 사회복지를 확대해가는 것이 바람직할 것입니다. 우리의 정서나 이론상 복지가 우선일 수 있고, ② 지난 정부에서도 복지 우선 정책을 폈지만 경제도, 복지도 성공하지 못했습니다. 정서나 이론의 문제가 아닌 실질적인 효과를 위해서는 경제성장이 우선 되어야 한다고 생각합니다.

추가질문 사회복지를 우선하면 어떻게 될까요?

답변 우선 가장 문제가 되는 것은 복지의 재원을 어디에서 마련할 것인가입니다. 복지예산을 계속 늘려가다 보면 결국에는 세계 제일의 복지 국가 스웨덴의 재정 파탄처럼 한계점이 올 것입니다. 경제성장에 맞추어 복지를 늘려가는 것이 최선의 방법이라고 생각합니다.

Advice

* 질문은 다른 나라에서도, 국내에서도 논쟁이 되고 있는 문제로 정답은 없으나, 스웨덴 등 몇몇 국가에서의 과도한 복지정책 시행이 지금은 국가에 큰 부담이 되고 있음을 염두에 두고 답변하면 된다.
* ①을 사회복지라고 해도 관계없으나 문제는 어떻게 자신의 주장을 논리적으로 명확히 설명하는가이다. 어느 한쪽에 대해 우선함을 설명하면서 다른 한쪽을 풀어가는 방식을 제시해야 한다. 그렇지 않으면 균형적 사고에 문제가 있다고 볼 것이다.
* ②와 같이 지난 정부를 예로 드는 것은 좋지 않다. 지난 정부에 애정을 갖고 있는 면접관이 있을 수 있기 때문이다.

<table><tr><td>81</td><td>우리 사회의 가장 큰 문제점과 해결방안을 말씀해보십시오.</td></tr></table>

Check Point 상식능력, 사고 관점, 가치관, 논리성

답변 저는 경제의 양극화가 가장 큰 문제라고 생각합니다. 일부 고소득층에 자산 및 소득이 집중되고, 갈수록 더 많은 계층이 빈곤층으로 전락하는데 일단 빈곤층으로 추락하면 빈곤에서 벗어나지 못하고 빈곤을 대물림한다는 점이 가장 큰 문제라고 생각합니다. 빈곤층은 소득을 늘릴 수 있는 재산도 없고, 다른 수단으로 돈을 벌 수 있는 능력도 없기 때문에 빈곤을 벗어날 수 없게 되는데, 이런 계층 고착화 현상은 계층 간 불만과 갈등을 유발시키고 경제 사회적 안정성을 약화시키게 됩니다. 해결방안으로 가장 실효성 있는 방안은 우선 부유층과 기업으로부터 더 많은 세금을 거둬 빈곤층을 지원하는 것입니다. 그러나 지속적으로 세금을 늘릴 수 있는 것이 아니기 때문에 한계가 있을 수밖에 없습니다. 다음으로 부동산 투기 등 경제의 양극화를 초래하는 문제들에 대한 정부의 강력한 억제 정책이 있어야 한다고 생각합니다.

추가질문 부유층과 기업에 더 많은 세금을 거두면 반발이 심할 텐데요.

답변 빈곤층의 불만이 표출되면 문제를 풀어가기가 훨씬 더 어렵게 되고, 이를 대화를 통해 이해시켜 양보하게 해야 한다고 생각합니다.

Advice

* 교육문제, 청소년 실업, 포퓰리즘 등 사회적 이슈가 되고 있는 문제들에 대한 생각을 정리하고 면접에 임하도록 하자.
* 사회적인 문제는 사고의 관점을 명확히 해야 해결방안도 명확해진다.

Check Point 기업과 고객의 이해도

답변 고객지향적 사고란 사고의 출발점이 기업이 아닌 고객이라는 것입니다. 즉 고객이 필요한 것을 파악하여 고객이 만족할 수 있게 하는 사고를 말합니다. 중요한 것은 고객이 요구하기 전에 미리 고객이 생각하고, 원하는 것을 파악하고 대응하는 전략적 사고가 필요하다는 것입니다.

추가질문 기업에서 고객지향적 사고를 강조하는 이유가 뭐라고 생각합니까?

답변 기업의 매출은 신규고객과 기존고객의 반복구매에서 일어나게 되는데, 새로운 고객을 확보하는 것은 기존의 고객을 유지하는 것보다 많은 비용이 들어가게 됩니다. 신규고객 창출보다 기존고객 유지가 기업의 생존에 더 큰 비중을 차지하고, 고객유지에 가장 중요한 것이 고객만족이기 때문입니다. 만족한 고객은 반복구매하고 주위 사람에게 그 제품에 대해 좋게 평가하며, 경쟁업체의 브랜드와 광고에 관심을 크게 두지 않고, 그 회사의 다른 제품에 대해서도 호의적인 반응을 보이기 때문입니다. 또한 신제품개발이나 가격, 마케팅 등 모든 분야에 이런 사고가 필수적 요소라고 생각합니다.

Advice

* 고객지향적 사고는 고객이 기업의 변화(예를 들어 제품의 가격이 비싸다고 하면 어떻게든 낮출 수 있는 방안의 강구 등)나 구성원의 변화를 요구한다면 변화시킬 수 있는 사고까지를 말한다.
* 답변의 마무리로 '고객의 만족을 극대화하고 그 결과 기업 이익의 극대화를 추구할 수 있는 원-원 사고라고 말씀드릴 수 있습니다'라고 하면 더 좋겠다.

Check Point 상식능력, 지식활용능력, 사고력

답변 조삼모사의 사전적 의미는 '간사한 꾀로 남을 속이고 어리석은 사람을 농락하는 것'을 뜻합니다. 현대적 의미로 해석한다면 당장에 보이는 차이에 집착하여 그 결과가 같은 것도 모르고 쉽게 판단하는 것을 의미하는 말로 어떤 일이든 상대의 의도를 먼저 파악한 후 그 결과까지 예측해 봐야 한다는 뜻으로 해석할 수 있습니다.

추가질문 회사 업무와 연관하여 해석을 해보십시오.

답변 회사 업무에서도 현재의 상황만으로 쉽게 판단하지 말고, 단기적인 작은 성과에 집착하여서도 안 되며, 문제의 본질을 보고 전체적이고 거시적인 관점에서의 결과와 성과를 두고 판단하고, 실행해야 한다는 교훈이 담겨 있는 말입니다.

Advice

* 단순히 상식을 테스트하는 것이 아니라 업무적인 해석을 요구하고 있다.
* 취업 면접에서의 모든 질문은 단답형의 단순한 답변만을 요구하는 것이 아니므로, 기업적 사고, 업무적 사고 모드로 전환시켜 답변하는 자세가 필요하다.

Check Point 경쟁력, 미래지향적 사고, 비전

답변 세계를 보는 안목과 언어능력, 전문능력, 그리고 창의력 있는 사람이 글로벌시대의 경쟁력 있는 사람이라고 생각합니다. 저는 **사에 입사하게 되면 우선 부족한 외국어를 공부하면서 세계의 다양한 문화를 공부할 계획입니다. 또한 저의 업무 분야에서 전문가가 되기 위해, 경쟁력 있는 사원이 되도록 최선을 다하겠습니다. 외국어도 전문 분야에서도 제 자신이 경쟁력을 키워야 회사 발전에 기여할 수 있고, 저도 회사와 함께 성장해갈 수 있다고 생각합니다.

추가질문 다른 지원자보다 뛰어난 글로벌 경쟁력이 있다면 말씀해보십시오.

답변 지금 내세울 수 있는 월등한 경쟁력은 없지만 미래의 경쟁력 있는 인재가 되기 위해 열심히 공부하고 있습니다. 지금도 영어와 중국어 공부에 많은 시간을 할애하고 있으며, 한국무역협회 무역아카데미 과정을 수강하고 있습니다. 틈틈이 세계문화에 대한 공부도 병행하고 있습니다.

Advice

* 단순히 어떤 사람이 글로벌 시대의 경쟁력 있는 사람이냐고 묻는 질문이 아니다.
* 무한경쟁시대에 갖추어야 할 것과 함께 지금까지 어떤 노력을 했으며, 입사하면 어떤 각오로 임할 것이고, 앞으로의 계획은 무엇인가를 묻는 것이다.
* 첫 질문에서 답변이 미흡하자 추가 질문을 하였는데도 답변이 미흡하다.
* 무한경쟁시대에 갖추어야 할 것과 각오, 계획을 자신 있게 답변할 수 있도록 준비하자.

Check Point 균형적 사고력, 가치관, 논리성

답변 ① 서울시 무상급식 주민투표의 투표율이 미달해 개표가 무산되었다는 뉴스였습니다. 개표가 무산된 직후, 여야는 서로 승리를 주장했다는 보도를 보았습니다. 한나라당은 '반민주적 작태로 개함하지 못했으나 오세훈 시장의 사실상 승리'라고 주장하고 민주당은 '착한 시민들의 착한 거부가 나쁜 시장의 나쁜 투표를 결국 이겼다' 고 주장했습니다. 그러나 저는 여야 어느 쪽도 승리한 것이 아니라고 생각합니다. 정책 대결이 아니라 정치 대결이었다고 생각합니다. 정치권의 성숙된 정치, 진정 국민을 위한 정책 대결이 펼쳐져야 하고, 이를 국민이 투표를 통해 적극 심판해야 우리의 정치문화가 발전하고, 국가, 사회가 발전한다고 생각합니다.

추가질문 투표를 하였다면 어떤 생각으로 투표를 하였나요?

답변 국민으로서 주권을 행사한다는 마음으로 투표하였습니다. 가든 부든 투표로서 의사를 표시함으로써 국민의 힘이 어느 정도인가를 보여줄 수 있고, 국민의 의사는 어떤지를 보여줄 수 있다고 생각합니다.

Advice

* 신문기사나 뉴스에 관한 질문은 기사와 그에 대한 자신의 생각을 함께 전달해야 한다. 단, 정치 기사를 말할 때는 주의해야 한다. 즉 여당이든 야당이든 한쪽의 시각으로 문제를 지적하거나 비판해서는 안 된다는 것이다. 면접관들은 생각이 다를 수 있기 때문이다.
* 신문에 보도된 내용을 주저리주저리 길게 말하지 말고, ①과 같이 톱기사의 제목을 간략히 말한 다음 자신의 의견을 균형감 있게 피력해야 한다.
* 여당·야당, 신·구세대 등 양론이 있는 기사는 균형적 시각에서 자신의 의견을 피력해야 한다.

86 아웃소싱의 의미와 장·단점, 자신의 생각을
말씀해보십시오

Check Point 상식능력, 사고능력, 논리성

답변 조직 기능의 일부 또는 전부를 외부 전문업체에 위탁하는 경영전략을 말합니다. 장점은 조직의 자원을 경쟁력으로, 우위에 있는 핵심적인 업무에 집중시키고, 부수적인 업무는 외부 전문업체에 위탁함으로써 조직의 경쟁력을 더욱 높이고, 기술이나 자원을 보유함으로써 발생할 비용이나 부담을 줄일 수 있게 됩니다. 단점은 그 업무에 대한 통제권을 잃게 되고, 조직의 중요한 내부기밀사항이나 정보가 유출될 가능성이 있다는 점, 또한 위탁업체의 구성원들이 고용에 대한 불안감을 갖는 점 등이 있는데, ① 단점만 잘 관리할 수 있다면 좋은 경영전략이라고 생각합니다.

추가질문 단점을 잘 관리할 수 있는 방안에 대해 말씀해보십시오.

답변 안정적인 전문업체 선정이 가장 중요할 것입니다. 다음은 언제, 어떻게 일어날지 모르는 리스크를 사전에 판단할 수 있는 시스템 구축이 되어야 합니다. 다음은 권한이 집중되지 않도록 업무분산 시스템을 만들고, 특히 아웃소싱 업체에 관리할 수 있는 내부 시스템을 잘 갖추어야 한다고 생각합니다.

Advice

* 일반상식의 범주이지만 개인의 의견을 묻고 있다. 장·단점을 알고 있어야 자신의 의견을 말할 수 있다.

Check Point 가치관, 논리적 사고력, 문제해결능력

답변 본능과 호기심을 자극하여 대중의 인기를 끌어 이득을 얻으려는 보도 경향을 의미하는 것으로, 주로 인간의 정서적인 감정을 자극하는 범죄와 폭력, 성에 관한 기사나 유명인의 스캔들로 많은 독자와 시청자를 확보하려고 합니다. 최근에는 국민의 알권리를 충족시켜준다는 핑계를 하나 더 만들어 경쟁하듯 하는 매스컴의 선정적 보도는 일반대중의 가치관의 혼란을 가져오고, 청소년들의 일탈행위를 부추기며 쾌락주의 사회로 몰고 가게 됩니다. 이러한 문제를 해결하기 위해서는, 우선 선정성 보도에 대해 기준을 엄격하게 하여 규제하고 책임을 지게 해야 합니다. 이렇게 하면 표현의 자유를 보장하면서도 선정성으로 인한 문제점을 어느 정도는 해결할 수 있을 것입니다.

추가질문 선정적 보도 방식, 내용, 매체의 특성 등이 다양한데 어떻게 일일이 규제를 하여 책임지게 한다는 말인가요? 그것이 언론의 자유, 표현의 자유를 침해할 가능성도 있구요.

답변 국민, 언론사, 시민단체 대표들이 참여하여 선정적 보도의 자제를 촉구하는 범국민운동으로 전개하고, 이를 시민단체가 감시하여 일정기간의 결과를 발표하고 대안을 제시하는 방식이 더 효과적일 것 같습니다.

Advice

* 이 질문도 의도를 생각해보면 매스컴의 선정성에 대한 의미와 현상, 해결방안 등이 제시되어야 한다.
* 최근 부각되는 문제는 아니지만 그 병폐에 대하여는 간간이 들어 왔을 것이다. 점점 심각해지고 있는 이 질문에 대해 생각해보도록 하자.

Check Point 기업의 이해도, 노조관, 상식능력, 가치관

답변 저는 무노동 무임금 원칙에 찬성합니다. 노동자에게 중요한 것은 기업의 경쟁력이라고 생각합니다. 기업이 경쟁력이 있어야 노동자의 파이가 늘고 새로운 일자리도 창출된다고 생각합니다. 대화와 타협을 통해 해결할 수도 있는 문제를 일단 파업을 하면서 문제를 해결하려고 한다면 회사는 많은 손실을 입게 되는데, 거기에 임금까지 지급한다면 회사는 큰 부담이 될 것입니다.

추가질문 입사한다면 노조에 가입할 생각입니까?

답변 지금은 별로 가입하고 싶은 생각이 없습니다. 저희 집안에 중소기업을 하시는 분이 있는데, 어려움을 겪고 있습니다. 입사 후 선배님들의 권유나 분위기에 의해 가입한다 해도 저는 지나친 노조활동 등에는 참여하지 않을 것입니다.

Advice

* 이 질문을 하는 기업은 나름의 이유가 있다. 그러므로 면접관이 바라는 대답과 다른 경우는 탈락한다고 생각하면 된다.
* 자신의 생각이 무노동 유임금이라고 해도 그렇게 답변해서는 안 된다. 일단 취업을 해야 노조위원장도 할 수 있지 않을까?
* 무노동 무임금을 질문하는 면접관의 얼굴에 정답이 나와 있으니 면접관을 똑바로 보고 답변하자.

Check Point 도덕성, 경제관념, 상식능력, 가치관

답변 모럴해저드는 '도덕적 해이'를 말합니다. 원래는 보험에서 사용된 용어로 알고 있습니다만 요즈음은 법과 제도의 허점을 악용한 이익 추구, 자기 책임을 소홀히 하는 태도, 집단이기주의 등에 대해서도 '모럴해저드'라고 표현하기도 합니다. 예를 들면, 금융권의 부실대출, 정부기관의 낭비성 예산 집행 등 우리 사회 전 분야에서 일어나고 있다고 해도 과언이 아닙니다.

추가질문 모럴해저드의 원인과 대책에 대해서 말씀해보십시오.

답변 원인은 개인적, 집단적 이기주의와 책임의식의 부재에 있다고 생각합니다. 자신과 소속된 집단의 이익, 눈앞의 이익에만 집착하여 모두의 이익과 장기적 큰 이익을 앗아가는 큰 문제라고 생각합니다. 모럴해저드를 방치할 경우 마지막에는 사회를 지탱하고 있는 시스템 기반마저 붕괴될 수도 있음을 인식할 필요가 있다고 생각합니다. 어려서 부터 자신보다 사회와 국가를 먼저 생각하는 교육을 강화하고, 감시 시스템을 강화 하고, 해당자에 대한 처벌도 강화해야 할 것입니다. 국가적 차원에서 사회적 합의를 이끌어 내는 노력도 해야 한다고 생각합니다.

Advice

* 단순히 이 용어를 알고 있는가를 테스트하는 문제가 아니다.
* 지원자의 표정, 말투 등을 보면서 도덕성은 어느 정도인가를 보기 위한 질문임을 염두에 두고 답변해야 한다. 그러므로 위의 답변은 질문의도를 읽지 못하고 답변한 것이다.
* 본 질문에서 이런 현상의 심각성을 지적하고, 대안을 제시하여 자신의 도덕적 성향을 보여주어야 한다.

Check Point 상식능력, 균형적 사고력

답변 지역감정이란 다른 지역이나 그 주민에 대해 가지는 부정적인 편견을 말합니다. 우리나라는 1970년대의 정부정책의 지역차별로 영호남이 불균형하게 발전하면서 시작되어, 현재는 정치적, 경제적, 문화적인 지역 격차로 이어지고, 사회적 편견과 고정관념의 양상으로 나타나고 있습니다. 해결방안으로 우선은 두 지역 주민들이 서로에게 마음을 열어야 합니다. 방법으로 지역 간 자매결연을 맺어 지역교류를 활성화해야 합니다. 또 지역감정을 부추겨 왔던 정치인들이 반성하고, 현재 소선구제를 중·대선구로 바꾸어 지역 간의 감정을 악용하는 정치인들을 퇴출시켜야 합니다. 두 지역의 균형적 투자를 통해 경제적 격차도 해소해야 합니다.

추가질문 솔직히 본인의 속마음은 어떻습니까?

답변 저는 대한민국 국민의 한 사람으로 지역감정이 고착화 내지 심화되고 있는 것에 대해 우려하고 있습니다. 네 탓이라고 하거나, 피해의식에서 조건을 내세우면 해결되지 않는다고 생각합니다. 모두가 대한민국 국민임을 인식하고, 대한민국의 미래를 위해 사고의 전환을 해야 한다고 생각하고 있습니다.

Advice

* 원인, 현상, 해결방안 등의 상식능력만을 테스트하는 문제가 아니다.
* 이 문제에 대한 지원자의 속마음을 읽고자 하는 문제이므로 진지한 눈빛으로 말해야 한다. 영남이든, 호남출신이든 편향된 답변을 하면 좋은 평가를 받지 못할 것이다.
* 열린 마음으로 누구와도 융합할 수 있는 사람임을 보여주어야 한다.

기술과 제품의 차별화가 어려운 제품을 고객에게 어필할 수 있는 방법은 무엇입니까?

Check Point 영업마인드, 합리적 사고능력, 창의성

답변 제품의 원가와 고객에게서 방안을 찾아야 합니다. 다시 말씀드리면 제품의 원가를 낮출 수 있도록 생산 프로세스를 바꾸는 방안을 검토해야 할 것입니다. 또한 A/S를 타사들보다 강화하여 고객이 불편함이 없게 해야 합니다. 그러면 자연스럽게 구전 홍보가 될 것입니다. 이런 차별화 전략을 영업에서도 이어가는 전략이 필요하다고 생각합니다.

추가질문 원가를 낮추기도 어렵고, A/S 차별화도 어렵다면 어떻게 해야 할까요?

답변 획기적인 새로운 감각의 제품 디자인도 좋은 방법이 될 수 있고, SNS 마케팅을 연구하여 최대한 활용하는 홍보전략도 비용적 측면에서 효과적일 것입니다.

Advice

* 이런 질문은 미리 한 번쯤 생각해본 사람이 유리하다.
* '제품의 차별화가 어려워도 어떻게든 시장에서 경쟁을 할 수 있는 제품을 만들도록 해야 합니다' 하고 답변하면 '그것을 전제로 방법을 묻고 있지 않는가?'라고 할 것이다.
* 막연히 영업력을 강화해서, 홍보를 많이 해서~어쩌구 해도 실격이다. '대책 없이 영업에, 홍보에 투자를 한다는 말이네요' 할 것이다.
* 제품의 차별화가 어려운 것은 원가, 디자인, 홍보, 서비스에서 승부를 내야 한다. 그 외의 방법도 생각해보자.

Check Point 경제관념, 합리적 사고력, 순발력

답변 ① <u>제가 노력하여 번 돈이 아니기 때문에 일부는 불우이웃 돕기에 기탁하겠습니다.</u> 삼분의 일은 불우이웃 돕기에 기탁하고, 나머지 삼분의 이로 보고 싶은 책, 취업해서 입을 옷 등을 구입하고 부모님이 좋아하실 만한 선물도 사겠습니다. 이렇게 쓰는데 100만 원, ② <u>해외연수 계획을 세워 일부는 해외연수 비용으로 쓰겠습니다.</u> 이 비용으로 500만 원, 또 저의 미래를 위해 제 능력을 개발할 수 있는 것이 있다면 아낌없이 쓰겠습니다. 부모님께 1억 원을 드리고, 친구들에게 ③ <u>한 턱 내는데</u> 일부를 쓰고, 나머지는 우선 저금을 해놓고 천천히 생각해 보겠습니다.

추가질문 불우이웃 돕기에 전액을 기탁하겠다는 지원자들도 있던데, 전액을 기탁할 생각은 없나요? 또 자신이 노력하여 번 돈은 불우이웃 돕기에 쓰지 않겠다는 말로 들리는데요?

답변 저는 솔직히 말씀드렸습니다. 말씀드린 대로 쓰는 것이 좋을 것 같습니다. 두 번째 질문하신 뜻으로 드린 말씀은 아닙니다. 살아가면서 조금이나마 어려운 분들을 돕도록 노력하겠습니다.

Advice

* 불우이웃을 위해 전부를 기탁한다고 하면 진실성을 의심할 수도 있다. 용도와 금액은 상식선에서 답변하자.
* ② 면접관은 이 답변을 듣고 싶어 할 것이다.
* ③ 면접 자리에서 친구들끼리 쓰는 말을 써서는 안 된다.
* 가정이지만 경제관념, 합리적 사고력이 있는가를 보기 위한 질문으로 순발력 있게 답변하자.

Check Point 자기 평가, 순발력, 잠재력, 논리성

답변 ① 생각해 본 적이 없습니다. 좀 생각해보고 답변하겠습니다. (잠시 머뭇거리며 생각한 후) ② 저는 이 세상에 단 한 사람인 유일무이한 존재로 숫자나 금액으로 계산하거나, 상대평가를 하여 값어치를 계산할 수는 없다고 생각합니다. 저는 유일한 존재라는 것, ③ 무한한 가능성이 있다는 것, 또한 가족, 사회, 국가의 성실하고 책임감 있는 구성원이라는 것 등 숫자로 계산하기 어려운 정도의 ④ 무한성의 가치가 있다고 생각합니다.

추가질문 무한성의 가치를 구체적으로 말씀해보십시오.

답변 저의 삶을 누구도 대신할 수 없고, 저의 가치는 제가 앞으로 어떻게 살아가고, 어떤 능력을 발휘하여 사회에 어느 정도 공헌하는가에 따라 달라질 것입니다. 더불어 관계를 이루어 살아가는 사람들에게 따듯한 마음을 주고, 큰 꿈을 이루어 그것을 함께 나누는 삶을 살고 싶습니다. 그렇게 사는 게 금액으로 환산할 수 없는 가치 있는 삶을 사는 게 아닐까 생각합니다.

Advice

* 이 질문을 생각해보지 않은 지원자는 숫자나 돈으로 계산하여 답변하라는 것인지 대충 답변해도 되는 것인지 판단하기 어려울 것이다.
* 이 질문에 단순 계산하여 '저는 **억 원의 가치가 있습니다'라고 답변하면 계산의 근거를 제시하기 어려워진다. '저는 평범한 사람보다 조금은 더 값어치가 있다고 생각합니다' 하고 답변하면 평범한 능력을 발휘할 사람, 순발력 없는 사람으로 평가될 것이다.

* 이런 질문을 대비하여 준비해야 하는 것이다. 면접 질문 중 일반상식 등 일부를 제외하면 대부분의 질문은 정답이 없다. 그러나 면접관이 바라는 답변이 있다는 것을 유념해야 한다.

* 면접관이 원하는 답변은 질문마다 예상할 수 없는 복잡성을 띤 것이 아니라 어떤 패턴이 있다는 것도 알고 있어야 한다. 즉 질문의도에 맞추어 답변하면 좋은 평가를 받을 수 있다. 이 질문도 바로 그 패턴의 범주에 들어가는 문제이다.

* 이 질문은 자신을 어떻게 평가하고 자신에 대한 믿음과 가능성을 어느 정도 갖고 있으며, 순발력은 어느 정도인가를 측정해보기 위한 질문이다.

* ①은 질문을 벗어난 답변이다. 생각을 해보았는가를 묻지 않았다. 또한 평소에 이런 생각을 한 번도 해보지 않고 사는 생각 없는 사람으로 생각할 수 있다. 불필요한 말은 하지 않도록 주의하자.

* ② 어린이처럼 숫자나 금액으로 얼른 답변해서는 좋은 평가를 받을 수 없다. 일단 전제가 돋보인다.

* ③에서는 ②를 구체적 가치로 연결하고 있다.

* ④의 결론을 서두에 제시해 ④ → ② →③의 순서로 전개하면 명쾌하게 들릴 것이다.

* 여기에 '특히 저의 무한한 가능성 중 **분야의 @@능력은 제가 얼마나 노력하느냐에 따라서 결과 즉 값어치는 달라질 것입니다. 저의 무한의 값어치를 ☆☆사에서 펼쳐 보이고 싶습니다' 하고 마무리하면 훌륭한 답변이 되겠다.

* 지원자의 자신에 대한 믿음, 잠재적 능력, 가능성, 자신감, 순발력을 평가하므로 이에 초점을 맞추되 특히 잠재적 능력과 가능성을 강조하여 답변하자.

지금 급한 일로 현금이 필요합니다. 어떤 방법으로 얼마를 구할 수 있습니까?

Check Point 경제관념, 자기분석, 문제해결능력

답변 저는 부모님과 친지, 친구들에게 성실한 사람으로 신뢰를 받고 있습니다. 그래서 급한 일로 현금이 필요한 경우에 부모님이나 친지 또는 친구에게 상황을 설명하면 큰 금액이 아닌 이상, 예를 들어 몇 천만 원 정도가 아니라면 ① 어렵지 않게 구할 수 있다고 생각합니다. 저의 성실성과 저에 대한 인간적 신뢰감이 저에게는 큰 자산입니다. 앞으로도 무형의 자산을 키우기 위해 노력할 것입니다.

추가질문 급한 일에 친구가 사업자금이 급해 융통을 부탁하는 것도 포함되나요?

친한 친구간의 금전거래로 사이가 멀어지는 것도 보았기 때문에, 다른 방법으로 융통이 가능하다면 그것을 권유하겠습니다. 그래도 안 될 경우에 친구의 삶의 큰 변수가 될 수 있는 정도의 사업인지를 확인한 후 사업내용과 예상수익 등을 철저히 따져보고 판단하겠습니다.

Advice

* 이 질문에 **만 원, ***만 원, *억 원과 같이 금액을 정하여 답변할 필요는 없다. 금액이 적으면 왜 그 정도밖에 못 구하는가라고 물을 수 있고, 몇 억을 쉽게 구할 수 있다고 말하면 진실성을 의심할 수 있다.
* 황당한 질문에는 순발력이 필요하다. 신뢰를 바탕으로 우회하는 답변 형식이 돋보인다.
* ① 다음에 '그리고 이 돈은 빠른 시일 내에 갚아 신용을 지키겠습니다'라고 하면 무난하다.
* 추가 질문의 답변도 유연한 상황대처라 하겠다.

 자신을 동물에 비유하면 어떤 동물일까요?

Check Point 인성, 가치관, 자기분석, 논리성

답변 저는 원숭이라고 생각합니다. 저는 재주가 있고 민첩하며 유머가 있다고 생각합니다. 원숭이를 흔히 영리하다고 하는데, 저는 영리하기보다는 창의적입니다. 재주가 많고 인간과 가까운 원숭이를 보면 웃음이 나오고 즐겁습니다. 저에게도 춤, 운동, 그림 등 다양한 재주가 있어 사람들은 저와 함께 있으면 즐거워합니다.

추가질문 '재주 많은 사람이 저녁거리도 없다'는 말도 있는데요?

답변 그 말씀은 다양한 재주는 타고 났는데, 한 가지 일에 몰두하지 못하고, 여러 가지를 하려고 하다 한 가지 재능도 살리지 못하는 경우이고, 저는 저의 다양한 재주를 영업에 활용한다면, 큰 도움이 될 것이라고 생각합니다.

Advice

* 이 질문은 어떤 동물에 비유해도 관계없다. 단, 그 동물과 자신의 유사점, 특징 등의 긍정적 측면을 순발력 있게 자기 PR로 연결해야 한다.
* 흔히 비유하기 쉬운 동물이 아닌 동물에 비유하면 면접관은 관심 있게 들을 것이다.
* 이 질문에는 유사점이나 특징을 자기 PR로 연결하는 스킬이 중요한데, 본 질문의 답변에서 그에 대한 언급이 없어 아쉽다.

96 자신을 사물에 비유한다면 어떤 사물에 비유할 수 있을까요?

Check Point 인성, 가치관, 자기분석, 논리성

답변 저는 물에 비유하고 싶습니다. 물은 항상 위에서 아래로 자연의 원리에 어긋나지 않고 흐릅니다. 저는 ① 사회 구성원으로 사회의 규범을 지켜야 할 의무와 사회발전에 기여해야 하는 책임 등 사회원리에 어긋나지 않는 인간이 되려고 합니다. 또 물은 어느 그릇에나 가득 차고, 가득 차면 넘치게 됩니다. 저는 인간적 관계에서 누구에게도 편안하면서, 그러나 그 관계가 이기심이나 시기 등으로 ② 넘치지 않는 인간관계를 맺으려고 노력하고 있습니다.

추가질문 미안한 말이지만 이기적일 것 같아 보이는데요?

답변 (웃으며) 이기적일 것 같다는 말은 들어본 적이 없습니다. 그래도 면접관님께서 하신 말씀처럼 혹 그렇게 보이지 않나 곰곰이 생각해보고, 그런 사람이 되지 않도록 노력하겠습니다.

Advice

* 이 질문은 줄자, 단추와 같이 어떤 사물에 비유해도 관계없다. 흔히 비유할 수 없는 사물에 비유하면 신선한 발상으로 창의성에서 좋은 평가를 받게 될 것이다.

* ①과 ②에서 자기 PR로 두 가지를 강조하였다. 그러나 ①, ②를 아울러 '**사에서 물의 성향처럼 다양한 사람들과 좋은 인간관계로 의무와 책임을 다하는 사원이 되고 싶습니다'와 같은 아부성 마무리도 필요하다.

* 추가 질문에서 강하게 부정하면 면접관은 이기적인 사람으로 볼 수 있음에 유의하자. 답변처럼 여유있게 대처하는 것도 좋은 방법이다.

Check Point 인성, 가치관, 자기분석, 논리성

답변 저는 ① <u>노란색</u>에 비유할 수 있습니다. 저는 다른 사람들과 어울리기 좋아하고 더불어 무언가를 도모하기도 좋아합니다. 도모하여 이루어 낸 결과는 저만의 색깔이 아닌 또 상대의 색도 아닌 여러 사람의 색깔이 합쳐진 새로운 색깔로 나타납니다. 노란색은 빨강, 파랑, 검정 등 어느 색과 만나도 자신을 드러내지 않으며, 파란색과 만나면 초록색으로, ② <u>빨간색과 만나면 주황색이 됩니다.</u>

추가질문 자기주장, 주관이 약한 것 같은데, 어떻습니까?

답변 저는 소신, 주관이 확실합니다. 말씀드린 것은 여러 사람과 어울리고 도모할 때, 저의 색깔은 유지하지만 고집하지 않고, 함께 좋은 방법을 찾고자 하는 편입니다.

Advice

* ① 어떤 색깔로 비유하여 답변해도 된다. 그러나 '저는 깨끗함과 완전함을 상징하는 흰색을 좋아 합니다' 하고 그에 대해 제대로 부언하지 못한다면 감점이 될 것이다.
* 검정색이든 빨간색이든 비유하는 이유를 면접관이 납득할 수 있도록 논리적으로 말해야 한다.
* 평소 자신이 좋아하는 색깔이 있다면 면접을 대비해 답변을 생각해보자.
* ②에 이어 '저만의 색깔은 늘 유지하며 더불어 사는 세상의 한 일원으로 살고 싶습니다'라고 하면 무난하겠다.

<table><tr><td>98</td><td>보트를 타고 가던 중 ***씨의 아내와 아이가 물에 빠졌다면 누구를 먼저 구하겠습니까?</td></tr></table>

Check Point 순발력, 사고의 유연성, 창의적 사고력

답변 저는 그냥 있겠습니다. 왜냐하면 우리 가족은 얕은 물에서 물놀이를 하고 있기 때문입니다.

추가질문 얕은 물이 아니라 수심이 깊은 곳입니다.

답변 저는 아이와 아내 중 저와 가까이 있는 한 명을 구하고 다른 사람에게 다른 한 명을 구하도록 도움을 요청하겠습니다.

Advice

* 이 질문은 순발력과 창의적 사고력을 테스트하기 위한 문제이므로 '둘을 동시에 구하도록 최선을 다 하겠습니다' 또는 '저는 아이를 먼저 구하겠습니다. 왜냐하면…' 하고 답변하면 순발력과 사고력이 부족한 사람으로 평가받게 된다.

* 순발력을 발휘하여 질문의 조건을 포함시켜 상황을 만들어 답변하도록 하자. 상황을 새롭게 볼 수 있는 능력, 게임의 룰을 바꾸는 능력을 테스트하는 문제 등도 있으므로 유연한 사고가 필요하다.

* 일단 이런 문제는 양자택일을 하지 않도록 한다.

99   손님에게 산딸기를 얹은 생크림 케이크를 아주 맛있게 설명해보십시오

Check Point 순발력, 적극성, 표현력

답변 (핸드백 속의 수첩을 꺼내어 들고 밝게 웃으며) 제가 추천해드릴까요? 산딸기 아시지요? 지금은 보기 힘들지만 옛날에는 뒷산 같은데 많았잖아요. 바로 그 산딸기를 얹은 생크림 케이크를 추천합니다. 경남 진주에서 온 자연산 고급 웰빙 식품 산딸기에 사르르 녹는 생크림케이크! 이 둘을 절묘한 예술품으로 만든 저희의 대표 상품이랍니다. 입안 가득 달콤한 맛과 새콤한 향기가 환상 그 자체랍니다. 입이 붉도록 산딸기를 따먹던 그 시절의 맛을 케이크와 함께 맛보십시오.

Advice

* 서비스업종에서 유사한 질문을 할 수 있다. 지원자의 적극성, 표정과 자세 등도 평가항목이다.
* 앉아서 얌전 떨며 '상큼한 산딸기에 생크림이 어우러져 아주 맛있습니다' 하면 실격이다. 얌전한 사원, 인격이 좋은 사원을 뽑는 회사는 이런 질문을 하지 않는다는 점에 착안하자.
* 일어나서 무엇이든 생크림 케익처럼 들고 생기발랄하게 설명해야 한다. 잘 안 되면 '다시 하겠습니다' 하고 다시 하는 용기가 필요하다.
* 당황스런 주문은 배짱으로 밀고 가라. 신명나게 상품을 파는 장사꾼처럼, 용기 있게 자리에서 일어나 신명나게 자신의 능력을 팔자.

100 광화문에 있는 이순신 동상을 우리 회사로 옮길 수 있는 방법은?

Check Point 순발력, 창의력, 적극성

답변 ① '성웅 이순신' 사이트에서 사진을 내려 받는 방법도 있겠지만, 저는 ② 디지털카메라로 이순신 동상과 주변을 ③ 저만의 감각으로 멋있게 찍어 인터넷을 통해 우리 회사 홈페이지에 옮겨놓겠습니다.

추가질문 회사 앞에 옮길 수 있는 방법은 없을까요?

답변 아~ 예. 좋은 방법이 있습니다. 제가 찍은 사진을 실제 동상의 크기로 실사출력을 하여 설치하겠습니다.

Advice

* 방법의 작은 차이도, 적극성도 평가항목이므로 차별화된 발상이 관건이다.
* 창의력을 테스트하기 위한 질문은 그에 맞추어 답변해야 한다. 대형차, 포크레인 등으로 실제 옮기라는 질문이 아니므로 답변은 쉬울 수 있다.
* ① '성웅 이순신' 사이트를 알고 있음과 다른 방법도 알고 있음을 같이 답변하는 방법이 돋보인다.
* ②에 그치지 않고 ③과 같이 적극성을 보여 주여야 한다.
* 추가 질문에 대한 답변을 본 질문의 답변에서 했다면 좋은 평가를 받았을 것이다.
* 막연히 인터넷에서 이순신 동상 사진을 내려 받아 옮긴다고 하면 좋은 평가를 받기 어려울 것이다.

Check Point 순발력, 논리적 사고력, 창의성

답변 맨홀 뚜껑이 둥근 것은 맨홀 구멍이 원형모양이어서 맨홀 구멍에 빠지지 않게 하기 위해 원형모양으로 만들었기 때문입니다. 만약 맨홀 구멍이 정사각형이고 매홀 뚜껑이 그보다 약간 큰 사각형이나 삼각형이라면 짧은 변이 대각선이나 긴변보다 길이가 짧기 때문에 맨홀 구멍에 대각선으로 놓았을 때는 빠져버리게 됩니다. 그러나 원은 모든 방향으로 길이가 같기 때문에 어떤 경우에도 아래로 떨어지지 않습니다. 그래서 맨홀 구멍의 지름보다 지름이 약간 큰 원형으로 만들었을 것입니다. 또한 맨홀 뚜껑을 운반할 때 그 모양이 원형이기 때문에 굴려서 운반하기 편하기 때문일 것입니다.

Advice

* 평소에 맨홀 뚜껑이 둥근 것을 유심히 본 지원자가 얼마나 있을까? 아무튼 상식과 순발력, 창의력, 논리적 사고력 필요한 질문이다.
* 관찰력이 있다면 이런 문제는 쉽게 답할 수 있을 것이나, 예상문제로 많이 훈련하고 사고력을 키우면 유리할 것이다.
* 위와 같은 교과서적인 답변이 아니라 엉뚱하더라도 자기만의 색깔이 있는 대답을 논리적으로 펼친다면 좋은 점수를 받을 수 있다.

Check Point 순발력, 논리적 사고력, 수리능력

답변 500명에 1명씩의 이발사가 있다고 하면, 2만 명이 됩니다.

추가질문 (안쓰럽다는 듯) 그렇게 쉬운 문제이면 왜 질문을 했겠어요?

답변 사실 저는 계산에 약하지만 영업은 누구보다 잘 할 수 있습니다.

Advice

* 여기에서 중요한 것은 계산의 근거이다. 실제 이발사의 수와는 관계없이 문제를 풀어가는 사고의 과정이 중요한 평가항목이다.

* 논리적 사고를 평가하는 문제는 차분하게 가정 즉 근거를 제시해가며 결론을 도출내야 한다. 예를 들어 이렇게 풀어갈 수도 있다.

* 서울의 인구를 1,000만 명, 남녀의 비율을 1:1이라 하면, 남자 500만 명, 여자 500만 명이 된다. 20대 이후는 80%, 10대 이하는 20%라 가정한다. 또 20대 이후는 두 달에 한 번, 10대 이하는 한 달에 한 번 미용실(또는 이발소)에 간다고 가정한다.

  남자/ 두 달에 한 번 이용원에 가는 남자: 500만×0.8 = 400만

  　　　한 달에 한 번 이용원에 가는 남자: 500만×0.2 = 100만

  여자/ 두 달에 한 번 미용실에 가는 여자: 500만×0.8 = 400만

  　　　한 달에 한 번 미용실에 가는 여자: 500만×0.2 = 100만

이를 다시 계산하면, 서울의 미용사들은 두 달 동안에 800만+400만 번의 미용을 해야 한다. 한 명의 미용사가 1시간에 1명의 미용을 하고 하루 8시간 동안 8명을 미용한다고 하자. 하루 종일 쉬지 않고 1년 내내 일을 하는 곳은 별로 없으므로 미용사 1명이 하루 4명의 미용을 한다고 하자. 1200만 명은 두 달 동안의 고객의 수이므로 하루 고객의 수는 1200만÷60=20만, 미용사 1명이 하루에 4명을 미용하므로 미용사는 20만÷4=5만(명)이다.

4명의 면접관에게 3개의 바나나를 골고루 나누어 줄 수 있는 방법은?

Check Point 순발력, 사고의 유연성, 창의력

답변 시장에 가서 바나나 1개를 사서 1개씩 나누어 드릴 수도 있습니다만, ① <u>1개는 정이 없다고 하지 않습니까?</u> 그래서 저는 ② <u>시장에 가서 5개의 바나나를 사서</u> ③ <u>2개씩 나누어 드리겠습니다.</u>

추가질문 (웃으며) 이번에 합격하면 면접관이 *** 씨에게 뇌물을 받고 합격시켰다고 할 텐데요?

답변 (웃음 띤 밝은 표정으로) 말씀드린 대로 저는 정을 드리려는 것이지, 뇌물을 드리려고 하는 게 아닙니다.

Advice

* 순발력, 창의력을 테스트하는 문제는 제시된 조건으로 문제를 해결하기가 쉽지 않다. 유연한 사고로 풀어보도록 하자.
* 위의 문제를 3개의 바나나를 자로 정확히 재어서, 또는 저울로 무게를 재어서 나누어 주겠다고 하면 재미도 없고, 질문의 요지를 벗어난 답변이 되어 좋은 평가를 받기 어렵다.
* ①에서는 재치가, ②에서는 사고의 유연성과 적극성이, ③에서는 1개가 아니라 2개를 주는 여유를 보여주고 있어 면접관에게 강한 인상을 심어줄 수 있다.
* 면접에서 상황에 따라 재치를 발휘하면 좋은 평가를 받을 수 있다. 그런 사람은 조직생활에서 적응도 잘하고, 조직의 활력소 역할을 하기 때문이다.

Check Point　순발력, 사고의 유연성, 창의력, 논리적 사고력

답변　저는 ① 서울과 지방, 단독주택과 아파트를 나누어 계산하겠습니다. ② 저의 집은 단독주택인데 가끔씩 볼 수 있습니다. 현재 15마리 정도로 추정됩니다. 바퀴벌레는 ③ 습기가 많고 온난한 단독주택이 서식하기에 좋은 환경입니다. 그러면 아파트에는 이보다 적은 10마리 정도 될 것입니다. 또 지방이 서울보다 서식하기에 좋아 지방에는 평균 15마리가 서식할 것입니다. 지방의 아파트와 단독주택의 한 가구당 바퀴벌레 수를 구하고, 서울과 지방의 단독주택과 아파트의 비율로 가구 수를 구하여 계산하면 됩니다. (큰 목소리로) ④ 다른 방법으로도 계산할 수 있습니다. 전체 바퀴벌레의 수에서 서울을 제외한 다른 지역의 바퀴벌레의 수를 제외하고, 오늘 새로 태어난 바퀴벌레의 수를 더하고, 지금까지 죽은 바퀴의 수를 제외하면 현재 서울에 있는 바퀴벌레의 수를 구할 수 있습니다.

추가질문　전체 바퀴벌레의 수, 다른 지역의 바퀴벌레의 수 등을 어떻게 알 수 있나요?

답변　바퀴벌레 약을 개발한 제약회사에는 바퀴벌레 약을 개발하기 전에 개발 후 수요 예측을 하기 위해 바퀴벌레의 성장환경, 증식비율 등을 연구한 자료가 있을 것입니다. 그 연구 자료에 나와 있을 것입니다.

추가질문　순발력이 좋으시네요. 또 다른 방법이 있을 것도 같은데요.

답변　서울의 인구를 1,200만 명, 한 가구당 4인 가족이라고 하면 300만 가구가 됩니다. ⑤ 한 가구에 바퀴벌레도 한 가구가 있지 않을까요? 또한 바퀴벌레의 ⑥ 한 가구는 사람과 같이 4마리가 한 가족일 것입니다.

그러므로 300만 가구에 4를 곱하면 나옵니다. 서울의 인구수와 같습니다.

Advice

Check Point 사고의 유연성, 창의력, 심미안

답변 더베이직하우스의 re-creating 국악편 CF입니다. 출연자들이 비트박스로 진도아리랑과 모차르트교향곡을 부르는 이색적이고 특이한 CF로, 이 브랜드가 추구하는 re-creating이라는 가치를 타킷 소비자가 쉽게 이해할 수 있도록 국악과 클래식 등 창의적인 소재를 활용하였습니다. 힙합스타일의 젊은이들의 비트박스에 생수통으로 내는 장구소리, 후라이팬에서 꽹가리 소리, 페트병으로 북소리, 양철대야로 내는 징소리가 어울러지며 흥겨운 사물놀이 같은 공연이 이어지다 후반부에 걸쭉하게 흘러나오는 진도아리랑은 형언할 수 없는 맛을 냅니다. 아! 저런 게 예술이구나 하고 예술의 극치를 본 느낌이었습니다.

추가질문 그 CF를 한마디로 표현해보세요.

CF 마지막에 나오는 자막입니다. '세상은 변해도 감동은 영원하다'로 말씀드릴 수 있습니다.

Advice

* 신문, 방송 등 언론계와 기업의 광고, 홍보, 마케팅 분야에서 자주 묻는 질문이므로 TV 광고와 신문 광고에서 인상에 남는 것을 생각해보자.
* 광고의 특징과 인상적인 점을 지원 이유나 포부를 덧붙여 피력하는 것이 좋다.
* 추가 질문에서 '세상은 변해도 감동은 영원하다'에 이어 왜 그렇게 생각하는지를 덧붙이면 좋겠다.

Check Point 가치관, 상황대처능력, 사고력, 비전

답변 저는 ① 책과 노트북을 가지고 가족과 같이 가겠습니다. 사랑하는 가족과 책을 보고, 거기에서의 생활 등을 노트북으로 ② 글을 써서 많은 사람들이 볼 수 있도록 책을 펴내겠습니다. 무인도에서는 돈이 필요 없으므로 ③ 책의 인세 수입은 어려운 분들을 돕는 데 쓰겠습니다.

추가질문 무인도이니까 당연히 전기가 없는데, 노트북은 필요가 없을 것 같습니다만.

답변 그러면 책 대신 자가발전기를 갖고 가겠습니다. 글을 쓰기 위해서 는 노트북 대신 종이와 볼펜을 가져갈 수도 있는데, 그러면 책을 갖고 갈 수가 없기 때문에 자가발전기를 갖고 가 노트북을 사용하여 글을 쓰겠습니다.

Advice

* 무엇을 가지고 간다고 해도 관계없으나 무인도에서의 생활을 편안하고 행복한 삶을 살기 위한 도구는 좋은 평가를 받을 수 없다.
* ①과 ②와 같이 미래지향적인 삶을 전제로 3가지로 들고, 유용성을 설명하 면 무난하다.
* 식량, 휴대폰 등도 말할 수 있으나 미래지향적 삶과는 거리가 있으므로 다른 것을 제시하는 것이 좋겠다.
* ③과 같이 공간적, 시간적 관념을 벗어난 새로운 발상도 필요하다.

  남산을 옮기려면 며칠이나 걸리겠습니까?

Check Point 순발력, 창의력, 논리적 사고력

답변 ① 사진을 찍어서 다른 곳에 옮긴다거나 ② 중구청 홈페이지에 있는 남산을 옮기는 것은 너무 간단하기 때문에 저는 중구에 있는 남산을 종로구로 ③ 행정구역을 옮기는 방법과 날짜를 계산해보겠습니다. 중구에서 남산을 종로구로 편입해 달라고 청와대에 진정서를 제출합니다. 안되면 국회에서 발의하여 통과시키면 되는데, 일차로 중구와 종로구의 협의하고 청와대 진정서 제출합니다. 이것이 안 된다면 국회에서 발의하여 통과시키기까지 대략 10개월 정도 소요될 것입니다.

추가질문 중구 구민들의 반발이 심할 텐데요?

답변 종로구에 있는 것 중에 남산만한 가치가 있는 것을 중구로 옮기는 조건으로 두 구의 구민들을 설득하겠습니다. 새로운 것을 좋아하는 우리 국민성을 감안하면 두 구의 구민들 모두 환영할 것 같습니다.

Advice

* 이런 유형의 질문은 재치와 순발력, 유연한 사고로 답변하는 방법밖에 없다. 사실 질문의 의도도 재치와 순발력을 보려하는 것이다. 그러므로 모범답안은 없다. 그러나 점수를 많이 받는 답변은 있다.
* 순발력, 재치, 논리를 한 번에 평가하는 질문은 쉬운 방법보다 좀 복잡하고 계산이 어려운 방법을 생각해보자.
* 답변을 못하고 진땀을 흘리고 있으면, '머리가 좋지 않은 것 같네요' 하며 더 궁지로 몰고 갈 것이다. 이럴 때는 생각나는 대로 말도 안 되는 답변이라도 해야 한다. '먼저 어디에 있는 남산을 어디로 옮기려고 하는 것인지를 알아야 장비, 인원, 비용, 허가문제 등을 계산하여 날짜를 계산할

수 있습니다'라고 해도 위기는 모면하지 않을까 한다.

* 이 책의 의도도 모범답안을 제시하려는 것이 아니라 순발력으로 문제를 풀어가는 방법을 터득하게 하는 데 있다.

* 그런 점에서 황당한 발상을 제시해본다. '남산의 반쯤을 실을 수 있는 큰 트레일러를 주문 생산하여 옮기면 두 번에 실어 옮길 수 있습니다. 바로 남산 옆으로 옮기면, 트레일러 설계부터 생산까지 2개월, 옮기는데 하루, 2개월 1일이 걸립니다'라고 해도 위기는 넘길 수 있지 않을까 생각한다.

* ①과 ②는 흔히 하는 답변이다. ③과 같이 대충 계산하는 척해도 재치와 열의는 평가받을 수 있을 것이다.

<table><tr><td>108</td><td>하자가 있어 국내 시장에서 팔기 어려운 물건을 어떤 방법으로 중국에 팔겠습니까?</td></tr></table>

Check Point 도덕성, 가치관, 사고능력

답변 국내에서 팔기 어려울 정도의 하자가 있다면 상품의 가치가 거의 없을 것으로 생각됩니다. 하자가 어디에 있음을 알려준다는 전제에서 아주 싼 가격으로도 팔 수 없는 정도인 것 같습니다. 속이고 팔지 않으면 팔 수 없는 정도의 하자가 있는 상품은 팔지 않겠습니다. 상거래도 사람 또는 거래처와의 신뢰 관계로 이루어져야 하고, 도의와 신의가 있어야 지속적인 거래가 가능합니다. 그 상품을 팔기 위해 수고해야 하는 시간에 작은 이익이라도 남길 수 있는 상품을 찾아보고, 도의와 신의로 서로에게 도움을 줄 수 있는 거래처를 찾아보도록 하겠습니다.

추가질문 회사가 많이 어려워 이 물건을 팔아야 자금 회전이 되고, 위기를 넘기게 된다면 어떻게 하겠습니까?

답변 어려울 때일수록 정도적 경영의 범위에서 새로운 돌파구를 찾아야 한다고 생각합니다. 만약에 그 물건을 팔게 되면 중국에서 문제가 될 것입니다. 그러면 대한민국 전체 상품에 대한 신뢰가 떨어지고, 회사는 변상을 하게 되는 상황이 되어 국내외적으로 회사의 신인도가 떨어지고, 더 큰 자금압박을 받게 될 것입니다. 그 상품은 팔지 않아야 합니다.

Advice

* 이 질문은 순발력, 융통성과는 거리가 먼 질문이다. 도덕성과 관계되는 질문은 교과서적으로 답변해야 한다.
* 싸게 판다든지, 중계무역상을 통한다든지 등 어떠한 방법도 문제가 된다. 방법을 묻는다고 방법을 제시해서는 안 된다. 순발력, 유연한 사고를 묻는 질문을 구별하여 답변하자.

109 | **서울 시내의 하루 짜장면 판매량을 논리적인 근거를 제시해 계산해 보십시오**

 **Check Point** 순발력, 논리적 사고력, 수리능력

답변 음식점을 한식, 중식, 양식, 일식으로 분류하고, 중식은 짜장면을 판매하지 않는 중식 레스토랑과 짜장면을 판매하는 일반 중국집으로 분류할 수 있습니다. 판매비율을 한식은 60%, 중식 20%, 양식 10%, 일식 10%정도로 알고 있습니다. 또 중식의 중식레스토랑은 중식 전체 판매량의 30%, 일반 중국집은 70%를 판매하고 있습니다. 일반 중국집의 짜장면 판매량은 40%를 차지합니다. 그러므로 서울 시내의 하루 음식 판매량을 1로 놓으면, $1 \times 0.2 \times 0.7 \times 0.4 = 0.056$이 나옵니다. 즉 짜장면 판매량은 서울 시내의 하루 음식 판매량의 5.6%가 됩니다.

Advice

* 복잡한 계산까지 해야 하는 문제는 메모지를 꺼내어 메모를 하며 차분하게 계산해도 된다.

* 판매량만 생각하면 그릇 수나 금액을 계산해내야 하므로 어렵게 생각될 수도 있다. 다른 방법으로 풀어도 금액이든 그릇이든 상식적 가정이 필요하다.

* 이렇게 추산해볼 수도 있다. 정확한 수치를 모르기 때문에 처음의 근거는 가정에 의하고, 그 뒤에는 계산적 근거를 제시해가며 계산해보자.

* 어느 통계에 의하면 국내 하루 짜장면 판매량은 약 750만 그릇(가정)이라고 한다. 짜장면이 중국집 전체 음식 판매량의 40%를 차지하는 만큼 전국 중국집의 일일 판매량을 계산하면 1,875만 그릇이 된다. 서울 총인구는 1000만 명으로 전국의 5분의 1을 차지한다. 따라서 전국 판매량의 5분의 1인 375만 그릇이 서울 시내 중국집에서 판매되는 것으로 추산된다. 짜장면 판매량은 중국집의 일일 판매량의 40%를 차지하므로 150만 그릇이 된다.

3차 대전이 일어나 열 명만 살아났는데 끝까지 살아남기 위해선 7명만이 과학자가 개발한 캡슐로 들어가야 합니다. 현재 변호사와 그 아내, 대학 1학년 여대생, 프로축구 선수, 소설가, 지성파 여배우, 과학자, 경찰, 목사, 유학생 등 10명이 있는데 *** 씨가 결정권자라면 어떻게 하겠습니까?

Check Point 순발력, 창의력 논리적 사고력

답변 생존할 수 있는 7명이 인류의 역사를 새롭게 만들어가야 하는 상황입니다. 그래서 저는 변호사와 그 아내, 대학 1학년 여대생과 프로축구 선수, 지성파 여배우와 과학자로 짝을 짓고, 소설가는 혼자 살아가도록 결정하겠습니다. 결정의 기준은 인류의 종족번식 즉 2세를 낳을 수 있는 사람으로 나이, 지적요소, 정서 등을 고려하여 짝을 지었고, 과학자를 선택한 것은 인류문명의 발전을 위해서이고, 소설가는 일류 문화의 발전을 위해서입니다.

Advice

* 정답은 없으나 선별 기준에 대한 타당한 이유를 설명하는 것이 중요하다.
* 이렇게 생각해보자. 변호사와 아내, 과학자, 소설가, 축구선수, 목사, 경찰을 캡슐에 들어가게 한다. 변호사는 앞으로 만들어갈 세상에 대한 최초의 법률 제정을 맡게 한다. 그의 아내는 인류 종족 번식을 위한 임무를 완수하게 한다. 그리고 과학자는 인류 문명이 발전할 수 있는 토대를 마련하게 하고, 소설가는 3차대전 이전과 이후 역사적 사실을 후손들에게 전하게 한다. 축구선수는…
* 이 문제는 우선적으로 선별 기준을 생각해내는 순발력이 관건이다.

Check Point 인성, 대인관계, 조직융화력

답변 ① 3~4시간 정도는 놀 수 있습니다. 저는 ② 여러 사람들과 어울리는 분위기를 좋아합니다. 노래를 잘하는 편은 아니지만, 노래방에서 같이 어울려 흥겹게 놀고 나면 같이 참석했던 사람들과 ③ '우리'라는 관계의식이 깊어지는 것을 느끼게 됩니다. 저는 노래방에 가면 제 ④ 특기인 곱추춤으로 분위기를 띄웁니다. 제가 곱추춤을 추면 자리에 있는 사람들 모두 ⑤ 배꼽 빠지게 웃습니다. 저는 ⑥ '잘 노는 사람이 일도 잘한다'는 말이 의미가 있다고 생각합니다.

Advice

* 이 질문은 화합을 강조하는 문화의 기업이나, 대인관계와 밀접한 직종에서 조직의 융합능력과 대인관계능력을 평가하기 위해 자주 묻는 질문이다.
* '저는 음치라 노래방을 좋아하지 않습니다' 하면 질문의 의도를 벗어난 답변으로 면접관이 다시 볼 것이다.
* ① 질문의 의도는 시간을 묻는 것이 아니므로 시간은 문제가 되지 않는다. 그렇다고 1시간이라고 하면 융통성 없는 사람으로 평가될 것이다.
* ② 이 질문의 포인트이므로 무조건 어울리는 것을 좋아한다고 해야 한다. ③ 면접관이 바라는 내용을 말하고 있다. 어울리는 것이 중요한 것이 아니라 유대를 강화하고, 플러스 알파를 얻는 능력이 중요하다. ④ 장기나 특기가 있다면 밝히도록 하자.
* ⑤ 면접장에서는 또래끼리 쓰는 속어나 은어, 유치한 표현을 해서는 절대 안 된다.
* ⑥ 지원자는 이 말을 통해 어울려 잘 놀고, 일도 잘할 수 있다고 자기 PR로 마무리를 하였다.

굴뚝 청소를 하고 내려온 청소부의 얼굴이 깨끗한 이유를 말씀해보십시오

 *Check Point* 인성, 사고관점, 순발력, 논리성

답변 굴뚝청소를 했다면 당연히 얼굴은 시커멓고 더러웠을 것입니다. 그러나 보는 사람이 어떤 관점에서 대상을 보는가에 따라서 다르게 보이는 것입니다. 땀 흘리며 일한 사람의 얼굴에 묻은 땀과 때는 더럽게 보이지 않습니다. 힘들고 누구나 하기 싫어하는 일을 한 굴뚝청소부의 깨끗한 마음을 얼굴에서 보았기 때문에 깨끗하게 보였을 것입니다. 보이는 것만이 전부가 아니라고 생각합니다. 세상에는 겉모습과 다르게 아름다운 마음을 갖고 세상을 따듯하게 보듬는 사람들도 많이 있다는 것을 잘 알고 있습니다. 사람은 겉모습만으로 평가해서는 안 되며, 내면의 모습도 읽고, 이해하는 마음이 중요하다고 생각합니다. ① 저도 제게 어떤 일이 맡겨지던 청소부와 같은 마음으로 열심히 하겠습니다.

Advice

* 질문의도를 파악한 후 그에 맞게 답변하자. 청소부의 얼굴에서 원하고 있는 답변은 뻔하지 않은가?

* 청소부를 어떤 관점에서 생각하는가에 따라 답변은 달라진다.

* '금방 세수를 하였기 때문이 아닐까요?' '깨끗한 굴뚝을 청소하였기 때문에 얼굴이 깨끗할 것입니다' 하고 넌센스 퀴즈처럼 재치로 문제를 풀려고 하면 엉뚱한 답변을 하게 된다.

* ①과 같이 면접에서의 질문은 자신과 연결시켜 각오, 열정 등을 밝혀 입사 의지와 적극성을 평가받도록 하자.

<table><tr><td>113</td><td>길에서 남자가 여자를 심하게 때리고 있다면 어떻게 하겠습니까?</td></tr></table>

Check Point 상황판단능력, 순발력, 위기관리능력

답변 저는 상황을 잠시 지켜본 후 혼자서 말릴 수 있는지, 아니면 혼자 나서면 위험한 상황이 될지를 판단하겠습니다. 혼자 나서기에 위험한 상황이고 주위에 사람들이 있다면 눈과 손을 이용해 함께 행동하자는 신호를 보낸 뒤 다른 사람들과 같이 여자를 구하겠습니다. 사람들이 없다면 파출소에 신고하겠습니다.

추가질문 여자가 매우 위험한 상황에 처해 있고, 주위에 사람도 없습니다. 혼자 나서면 *** 씨도 위험할 수 있다면 어떻게 하겠습니까?

답변 (잠시 생각한 후) 주위에서 돌이나 각목을 찾아 남자의 발에 던져 여자가 달릴 수 있게 한 후 파출소로 달려가 신고하겠습니다.

Advice

* 위험한 상황은 기발한 발상으로 해결할 수도 있다. 여러 가지 방법이 있을 수 있으나, 위험을 감수하는 용기를 보고자 하는 질문이 아니라는 것을 염두에 두고 상황을 판단하는 과정과 문제해결 방법을 생각하여야 한다.
* 용기 있게 나서 위험을 감수하는 것도, 그냥 지나치는 것도 질문의 의도를 벗어나므로 순발력 있게 지혜로운 해결방안을 제시하는 것이 중요하다.

<table><tr><td>114</td><td>자신의 전문지식을 이용해 백두산과 한라산을 바꾸어 보십시오</td></tr></table>

Check Point 순발력, 창의성, 논리성

답변 제 희망 직무는 카피라이터입니다. 저는 백두산과 한라산의 이름을 맞바꾸겠습니다. 백두산의 새로운 이름은 한라산으로, 한라산의 새로운 이름은 백두산으로 바뀌었다는 내용의 광고 카피와 CF제작, 광고 전략으로 소비자들의 인식을 바꾸겠습니다. 좋은 광고는 소비자의 의식까지 바꿀 수 있다고 생각합니다. 창의성이 생명인 카피라이터는 제 평생의 천직이 될 것입니다.

추가질문 현실성이 약한데요. 광고로 산 이름을 바꾸어 소비자의 의식을 바꾼다는 것은 너머 오버하는 것 같습니다. 조금 더 생각해보세요.

답변 백두산과 한라산의 이름을 바꾸고 그에 맞게 두 산의 경관을 바꾸어 보여줍니다. 다음 '생각과 관념을 바꾸고 싶은 것이 우리의 마음입니다' 하면서 자연스럽게 기존의 관념을 깬 상품과 연결시킵니다.

Advice

* 상식적인 답변을 요구하는 문제가 아니다. 고정관념을 벗어난, 엉뚱하더라도 새로운 발상, 창의성과 순발력을 보여주어야 좋은 점수를 받을 수 있다.
* 희망 직무에 따라 다른 답변이 나와야 하므로 한 번쯤 생각해보도록 하자.

Check Point 상식능력, 사고능력, 논리성

답변　인터넷은 인간의 생각과 삶, 일의 형태 등을 빠르게 변화시켰습니다. 이러한 인터넷이 없어진다면 우선 인터넷에 크게 의존하며 생활해왔거나 사업이나 일을 했던 수많은 사람들이 ① 심리적 · 정신적 공황을 겪게 되고, 또한 인간의 삶 자체가 많이 바뀌게 될 것입니다. 인터넷이 없어진다면 ② 커뮤니케이션의 방법과 도구의 변화도 생길 것입니다. 인터넷을 통한 휴대폰 문자, 이메일, 트위터 같은 소셜네트워크서비스가 사라지면서 사람들 간의 통신을 위한 도구로는 예전처럼 전화나 편지 서신 등의 증대가 예상 됩니다. 경제적 대 혼란도 예상됩니다. 사업상의 정보, 문서전달, 자금 결제나 의사전달의 수단이 느려지면서 사업 환경이 어려워져 기업들은 대 혼란을 겪게 될 것입니다. 또한 국가나 기업이나 국민 모두 정보의 교류가 어려워지면서 정보의 고립화 현상도 심화될 것입니다. 인터넷 포털사이트, 인터넷으로 운영하는 쇼핑몰 등과 같은 인터넷 연계사업과 그에 따른 직업군이 사라질 것입니다.

추가질문　인터넷이 없어진다면 당장 필요한 게 뭐가 있을까요?
전화번호부, 백과사전, 편지지가 우선 필요할 것 같습니다.

Advice

* 이 질문에 몇 가지를 더듬더듬거리며 답변하면 사고 능력을 의심받게 될 것이다.
* 인터넷은 우리 생활의 한 수단으로 자리 잡은 지 오래다. 인터넷은 편리한 점도 많지만 문제점도 많은 것이 현실이다. 한 번쯤은 '인터넷이 없어지면 어떻게 될까?' 하고 생각해보지 않았는가? 그렇지 않다면 이 질문에 버벅

대기 십상이다. 질문의 의도는 바로 여기에 있다. 사고력이다.

* 삶에서 부딪치는 것들을 다른 각도, 다른 관점에서 바라볼 수 있는 사람, 사고 유연성이 있으면서, 균형적인 사고를 하는 사람을 채용하기 위한 것이다. 인터넷의 문제점에 대해서도 정리하고 면접에 임하도록 하자.

* 이 질문에는 흔히 ①을 말하지 않고 ②만을 말하는 지원자들이 많다. ①도 답변에 꼭 들어가야 할 내용이다.

* 답변에 '그러나 인류의 역사에서 보듯이 인간은 새로운 환경에 슬기롭게 적응하면서 발전해왔습니다. 일시적인 대혼란을 거쳐, 인터넷을 대체할 수 있는 기술과 새로운 미디어를 만들어 발전시켜 나갈 것입니다' 하는 내용이 추가 되어야 좋은 평가를 받게 될 것이다.

A나라 사람들은 모두 아들을 선호해서 아들을 낳을 때까지 계속해서 아이를 낳습니다. 아들을 낳으면 아이 낳기를 중단하고, 딸을 낳으면 아들을 낳을 때까지 계속 아이를 낳습니다. 이 나라의 아들과 딸의 비율은 어떻게 될까요?

Check Point 순발력, 논리적 사고력, 수리능력

답변 A나라에 1,000쌍의 부부가 있다고 가정하겠습니다. 아들을 낳을 자연적 확률은 50%입니다. 이들이 각각 1명씩 1,000명의 아이(아들 500명, 딸 500명)를 낳았다고 하면, 아들을 가진 부부는 아이 낳기를 중단할 것이고, 딸을 낳은 부부는 또 아이를 낳을 겁니다. 자연적 확률에 따라 아들 250명, 딸 250명이 됩니다. 이때 아들은 모두 750명이고, 딸도 750명입니다. 딸을 낳은 부부(250쌍)는 또 아이를 낳게 되는데, 아들 125명, 딸 125명을 낳습니다. 이때 아들은 모두 875명이 되고, 딸도 875명이 됩니다. 이렇게 해서 딸 낳은 부부가 계속 아이를 가져도 아들·딸의 비율은 50대 50으로 변화가 없습니다. 그러므로 아들과 딸의 비율은 50:50으로 같습니다.

추가질문 자연적 확률은 어떻게 나온 겁니까?

답변 보통 남녀의 비율은 50:50이어서 그렇게 가정을 했습니다. 다른 확률로도 계산은 가능합니다. 49:51로 해도 같은 방식으로 계산하면 됩니다.

Advice

* 앞에서 말한 바와 같이 면접관에게 이런 질문을 받으면 당황하여 더듬거리기 쉽다. 이럴 때는 '잠시 시간을 주십시오' 하고 말한 다음 메모지를 꺼내어 생각하면서 계산하도록 하자.
* ①과 같은 근거가 있어야 다음 계산이 가능하므로 가정과 근거의 제시가 중요하다. 다음은 그 가정과 근거로 차분히 계산해 가면 된다.

Check Point 회사연구, 입사 의지, 적극성

답변 저는 **사에 대해 어느 정도 알고 있는데, 그래도 좀 궁금한 게 있습니다. 지방과 해외의 순환근무제도에 대해 알고 싶습니다. 순환근무 기간과 해야 하는 업무 등을 대략적으로 말씀해주시면 감사하겠습니다.

Advice

* 이 질문은 함정이 있는 것도 아닌데, 스스로 함정을 만들어 빠지는 지원자들이 많다.

* '특별히 묻고 싶은 것'을 물을 때, 기업 홍보용 책자나 지원회사 홈페이지에 나와 있는 것을 물으면 (절대) 안 된다. 어떤 회사인지도 잘 모르고 시래기 타래 지고 온 격밖에 되지 않는다.

* 궁금한 것이 있으면 묻도록 하자. 단, 직무나 회사와 관련한 질문이 바람직하고, 급여나 근무조건, 복리후생 등의 질문은 피하는 게 좋다.

* 이 시간을 '특별히 궁금한 것은 없습니다. 대신 잠시 제 PR을 해도 되겠습니까?' 하고, 답변 중에 하지 못했던 자기 PR을 간단히 하여 입사 의지와 열의를 보여 주는 것도 좋은 방법이다. 강조하고 싶은 것, 꼭 하고 싶은 것 등을 피력하는 기회로 활용하는 것도 좋다.

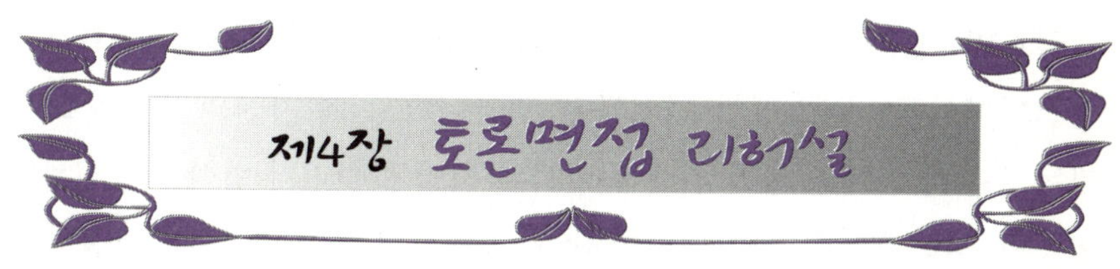

* 본 장에서는 최근 이슈가 되고 있는 사회
문제, 시사문제, 기업 관련 18개 주제에
대한 〈찬성·반대의 토론 예문〉을 실었다.

1. 토론면접이란?

1. 마지막 관문 토론면접

글로벌 시대에 기업이 생존하기 위해서는 유능한 인적자원의 확보가 우선되어야 한다. 그래서 기업들은 조금이라도 더 자신의 기업문화에 맞는 우수한 인재를 뽑기 위해 신입사원 선발에 갖가지 방식을 동원하고 있지만 취업환경이 어려워지면서 지원자들의 스펙 인플레 현상으로 변별력이 떨어져 인재를 가려내기가 여간 어려운 게 아니다. 이런 상황은 결국 '면접 비중의 강화'로 이어지고 있고, 면접 방식도 다양화 되고 있다. 최근 1, 2차 면접을 통과한 지원자 중 최종 옥석을 가리기 위해 보는 면접이 있다. 바로 토론면접이다. 토론면접은 대기업, 공기업, 중견기업 등에서 대부분 실시하고 있다. 이제 그 마지막 관문을 넘어가는 방법에 대해 알아보자.

2. 토론면접이란 무엇인가

보통 5~8명이 한 팀이 되어 토론을 하게 되며 30분 정도의 시간이 주어진다. 특정한 주제나 내용이 제시되기도 하고, 주제 없이 자유롭게 토론을 시켜 그 과정을 평가하기도 한다.

이러한 면접에는 면접관이 사회를 보거나, 지원자 중에서 결정하게 하거나, 자유토론 형식으로 진행하는 등 다양한 패턴이 있다.

기업의 입장에서는 토론을 통해 공통된 주제에 대하여 토론해가는 과정에서 지원자의 다양한 의견을 들을 수 있고, 결론을 도출해가는 과정에서 지원자의 여러 면을 평가할 수 있다는 것이 장점이다.

참여자들의 주제와 관련된 지식의 정도와 토론에 참가하는 자세, 이해력, 협조성, 판단력, 표현력, 적극성, 리더십, 대인관계능력 등을 종합적으로 평가한다.

　특히 토론에서 주도권을 발휘할 수 있는지, 협조성이 있는지, 문제에 대해 자기 나름대로의 견해를 가지고 있는지 등을 체크하게 된다.

　타인의 의견을 경청하고 주제에 타당한 발언을 하도록 해야 하며, 요점을 명확히 하기 위해 결론부터 이야기하는 것이 좋다. 이때 필기구를 준비하여 메모를 하면서 임해야 하는 것은 당연하다.

3. 토론면접의 진행방법 4가지

① 기업의 사원이 사회자가 되어 주제를 정해주고 토론시키는 방법

② 기업에서는 주제만 정해주고 지원자들이 상의하여 사회자를 정하여 토론하는 방법

③ 사회자도 주제도 정해주지 않고 지원자들이 자유롭게 토론하게 하는 방법

④ 기업에서 사회자를 정해주고 지원자들이 상의하여 주제를 정하여 토론하는 방법

기업문화가 다르듯이 토론면접의 장소, 분위기, 진행순서 또한 기업마다 다르다. 그러나 형식은 비슷하고 평가하는 방법도 비슷하다. 이처럼 비슷한 토론면접의 시스템을 알아둘 필요가 있어 일반적인 예를 소개한다.

1. 대기실에서 주제, 진행방식 듣는다.

* 10~20분 대기하는 동안 인사담당자의 진행방식과 절차 등에 대한 설명을 듣고, 조에 지정도 받게 된다. 이때 설명을 잘 듣고 숙지하여야 한다.
* 이해가 되지 않는 것이 있으면 확인하도록 한다. 물론 이때 주제를 정해준다.

2. 대기하는 동안 주제에 대하여 메모한다.

* 주제는 이슈가 되고 있는 사회적인 문제, 시사성이 강한 문제, 기업과 관련된 문제 등으로 정해지는 경우가 많다.
* 주제가 주어지고 대략 10분 정도의 시간이 있으므로 주제에 대하여 생각나는 대로 메모를 하면서 중요한 것에는 밑줄을 긋는 방식이 좋다.
* 처음부터 주제에 대해 완벽한 내용을 정리하려고 하다가는 시간만 보내는 경우가 있으므로 주의한다. 생각나는 대로 대략 핵심만을 간략히 메모하고 다음에 논리적으로 순서를 정해보도록 한다.
* 10분에 어떠한 밑그림을 그려내느냐에 따라 토론의 과정과 결과가 다를 수 있으므로 차분하게 정리하도록 한다.
* 토론주제에 대하여 찬반으로 나누어 토론해야 하는 경우는 반대쪽에 대한 핵심도 자신의 견해를 정리한 옆에 적어가도록 한다. 물론 논거를 바탕으로 자신의 의견을 피력할 수 있는 것에 대한 간략한 정리이어야

한다.

* 또한 반대의 의견은 어떻게 반박할 것인지도 논리적 근거를 생각하도록 한다.

3. 견해 발표는 간단명료하게 핵심만을 말하라

* 토론을 시작하기 전에 참가자 모두 자신의 견해를 발표하게 된다. 메모를 확인한 후 결론부터 제시한 뒤 그에 대한 논거를 발표하도록 한다. 물론 핵심만을 간결하게 말하도록 한다.

* 발표가 끝난 다음은 다른 사람의 의견을 진지하게 경청하며, 토론에 참고하여야 하는 것들은 메모 하도록 한다.

4. 집단토론 - 적극적이고 진지하게 임하라

① 평상심

* 여기서 중요한 것은 평상심을 유지하는 것이다. 친구들과 토론한다고 생각하는 여유도 필요하다.

* 잘하려고 하는 조바심은 금물이다. 분위기를 보면서 자신이 발표할 것을 머릿속으로 정리해가도록 한다.

② 적극성

* 집단토론식 면접에서 '솔선하여 발언하는 태도는 적극적인 인상을 주지만, 다른 사람의 말을 방해하면서까지 의견을 말하는 것은 자기중심적이고 분위기를 파악하지 못하는 사람으로 평가될 수 있으므로 주의하도록 한다.

* 여기에 토론의 분위기를 자연스럽게 이끌어갈 수 있는 리더십을 발휘한다면 좋은 평가를 받게 될 것이다. 그런 점에서 주제에 대해 자신이 있다면 제일 먼저 발언하는 것도 좋다. 단 위험부담이 있을 수 있으므로 잘 판단해야 한다.

③ 협조성

* 집단토론에서 중요한 것은 자신의 의견을 명확히 제시하면서 다른 발언자의 의견을 경청하는 자세이다. 이것이 그룹토론에서 가장 중요시 되는 요소인 조직속의 개인의 협조성이다.

* 사회자의 진행에 협력하고 있는지, 시기적절하게 충실한 발언을 하고 있는지 등의 항목이 포인트가 높다.

* 반대로 다른 사람의 의견에 반대하고, 자신의 주장만을 끝까지 밀어붙이려고 토론을 논쟁으로 끌고 가서는 안 된다.

* 자신의 의견에 문제가 있다고 생각되면 주장을 관철시키려고 하지 말고 그 이유를 설명하면서 수정하여 토론의 질을 높이도록 하는 것이 협조성과 기여도에서 더 좋은 점수를 받게 될 것이다.

④ 표현력

* 발언할 때에는 내용을 간략하게 정리할 수 있는지의 여부도 보게 된다. 아무리 알찬 의견이라도 설명을 길게 하면 논리성과 표현력이 부족하다는 평가를 받게 될 것이다.

* 주절주절 이야기를 장황하게 늘어놓는 것은 다른 사람의 발언시간을 빼앗는 결과가 된다. 이것도 협조성의 평가에서는 마이너스가 된다.

* 반론을 제기할 때도 '*** 씨의 의견 잘 들었습니다. A에 대한 것은 저도 공감합니다. 하지만 B에 대해서는 이견이 있습니다. 그 이유는…' 하고 차분하게 자신의 의견을 피력하도록 한다.

* 같은 편의 발언을 이어갈 때도 '*** 씨의 의견 잘 들었습니다. 거기에 A에 대해 좀 더 보충 발언을 하겠습니다'라고 예의를 지키며 발언하도록 한다. '저는 A에 대해 반대합니다. 이유는… '라고 하면 감정적이고 공격적으로 보이게 된다.

⑤ 태도

* 다른 사람이 발언할 때 약간 미소 띤 얼굴로 공감하는 부분에 고개를

끄떡여 주고, 중요한 것은 메모를 하도록 한다. 단 너무 메모에 열중하는 것은 좋지 않다.

* 또한 중요한 것 하나, 시선 처리가 중요하다. 즉 발언자와 시선을 맞추라는 것이다. 자신이 발언할 때도 참석자 모두에게 시선을 번갈아 주도록 신경을 써야 한다.

* 여기에 말소리의 연출도 필요하다. 발표할 때 목소리의 높낮이를 조절해야 의사 전달도 잘 된다. 말의 높낮이와 말의 속도 조절, 적당한 제스처의 커뮤니케이션 스킬을 보여 주면 좋은 평가를 받게 될 것이다. 이것은 많은 연습이 필요한 부분이다.

5. 결론 도출이 중요하다

* 처음 보는 사람들이 제한된 시간에 주어진 주제를 놓고 설왕설래하며 많은 의견이 나왔다.

* 이제는 결론을 도출해 내야 한다. 적당한 시점에서 누군가가 나서서 정리를 해가도록 한다. 여기서도 협조성과 리더십이 중요하다.

* 우선 찬반론에 대체로 공감했던 중요한 문제를 중심으로 정리해가도록 한다. 최상의 결론을 위해 마음을 모으는 지혜가 필요하다.

* 몇 가지를 핵심을 골격으로 정리하여 결론을 내고 대안이 필요한 주제는 대안까지 정리하면 된다.

* 단, 토론의 결론을 내야 하는 경우도 있지만 그렇지 않은 경우도 있으므로, 이때는 참가자들이 합의하여 정리하는 형식으로 마무리하면 된다.

* 면접관이 마지막까지 지켜보고 있다는 것을 염두에 두고, 정리하는 과정에서도 책상 정리, 옷매무새 점검 등 퇴실하기까지 진지한 자세로 임하도록 한다.

6. 잘 모르는 주제는 요약하고 방향을 제시하라

* 토론주제를 잘 모르는 경우도 있을 수 있다. 이때 난감해하지 말고 침착하게 지혜를 발휘하도록 한다.

* 토론은 우리말로 하므로 알아들을 수 있고 이해는 할 수는 있을 것이다. 여기에서 순발력을 발휘해야 한다.

* 지명하지 않은 한 나서지 말고 몇 사람의 발언을 메모를 하며 듣는 게 중요하다.

* 대략 주제에 대한 개념을 이해한 후 발언 차례가 오면 다른 사람들이 발언한 내용들을 간략히 정리하여 발표하는 것이다. 물론 요약하는 기술이 필요하다.

* 이때 당당한 자세도 중요하다. 거기에 신선하지 않은 대안이라도 순발력 있게 제시해야 한다.

3. 그룹토론의 평가항목

> 1. 적극적으로 발언하는가
> 2. 논리적이고 창의성이 있는가
> 3. 최선을 결론을 도출하기 위해 다른 참가자의 좋은 내용　　을 수용하는 유연성과 협조성이 있는가
> 4. 표현력은 어느 정도인가
> 5. 주제에 대한 이해도와 지식수준은 어느 정도인가
> 6. 설득력은 어느 정도인가
> 7. 발언 기회의 양보 등 팀워크에 대한 협조성은 어떤가
> 8. 어떤 역할로 어느 정도 기여하는가

4. 토론면접의 키 포인트

	토론 포인트	반대의 경우
1	결론부터 이야기하라.	서론이 길면 정리되지 않는다
2	적극적으로 발언하라	소극적이면 탈락한다
3	자신감 있게 발표하라	자신감이 없으면 제대로 표현되지 않는다
4	창의적인 내용을 논리적으로 말하라	평범한 내용은 창의성, 논리성 결여로 평가된다
5	핵심을 말하라	중언부언하면 표현력 부족으로 평가된다
6	발언자의 이야기를 경청하고, 정당한 발언에 공감하라	집중하지 않으면 중간에 엉뚱한 발언을 하는 수가 있다
7	다른 지원자가 발언할 때 끼어들거나 끊지 마라	성격이 급하고 이기적으로 평가된다
8	다른 지원자의 발언을 반복하지 마라	사고성 결여, 이기적으로 평가된다
9	내 주장을 강조하지 마라	강조하면 억지가 되기 쉽고 유연성 부족으로 평가 된다
10	자신과 다른 의견을 반박하지 마라	유연성, 협조성 결여로 평가된다
11	책임회피적인 발언을 하지 마라	기회주의적이고, 무책임하다고 평가 된다
12	감정을 통제하라	평정심을 잃으면 감정이 논리를 대신한다
13	최선의 결론을 내도록 함께 노력하라	

5. 집단 토론 평가표

평가 항목		평가 착안점	평가등급별 배점				
주도성	(+)	*발표한 의견이 토론에 큰 영향을 주었는가 *논점에 대해 적절한 의견을 제시했는가 *적절한 단계에서 다음 단계로 토론을 진행했는가 *자진하여 토론의 첫 발언을 하였는가	30점	25점	20점	15점	10점
	(−)	*요구하기 전에는 발표를 하지 않음 *남의 발표한 다음 의견을 말하는 정도임 *발표한 의견이 참석자의 주목을 받지 못함 *다른 사람의 의견을 듣거나 묻지 않고 자기 의견만을 말함					
협동성	(+)	*집단의 목표를 항상 염두에 두고 진행하였는가 *토론이 끊어지지 않도록 노력했는가 *다른 사람에게서도 좋은 의견을 끌어내려고 노력했는가 *감정적인 주장이나 대립된 주장을 포용하였는가	30점	25점	20점	15점	10점
	(−)	*자기 의견만을 강하게 주장함 *과제 해결에 어긋나는 비판을 함 *남의 의견이나 기분에 개의치 않음 *자기 논조에 빠져 논제를 벗어남					
공헌도	(+)	*적절한 논점을 제시했는가 *과제해결에 도움이 되는 지식을 제공하였는가 *얽힌 토론, 빗나간 토론을 제자리로 돌려 놓았는가 *결론 도달에 공헌하였는가	30점	25점	20점	15점	10점
	(−)	*주제와 관계없는 발언을 함 *의견이 논점에서 조금 벗어나는 발언을 함 *이미 나온 이야기를 되풀이 함 *자기 의견에 집착하여 토론에 장애가 됨 *과제해결에 관계없이 남을 비판하여 토론을 얽히게 함					

종합평가	점
	면접관　　　(인)

담뱃값 인상에 대해 토론 하십시오

[찬성 의견]

저는 담뱃값 인상을 찬성합니다. 흡연율이 60%로 세계 1위인 우리나라의 담뱃값은 세계 여러 나라와 비교해 볼 때 많이 낮은 편이고, 담뱃값 인상은 흡연인구를 줄일 수 있는 가장 효과적인 방법입니다. 흡연자의 건강, 청소년 흡연을 방지, 간접 흡연으로 타인의 건강을 해쳐 사회 전체의 의료비 부담을 키우는 담배의 세금을 높이는 것은 세계적인 추세입니다. 국민 건강과 빈곤층에 자금 지원을 확대 할 수 있는 가장 실효성 있는 방안입니다. 정부는 세수를 늘릴 명분 있는 정책으로 두 마리 토끼를 한꺼번에 잡을 수 있는 방안이기도 합니다. 물론 담뱃값 인상 외에도 금연홍보 캠페인을 적극적으로 펼치면서, 금연구역을 확대 지정하고, 금연치료 지원을 하는 등의 노력도 병행하여 흡연인구를 줄여 가야 할 것입니다.

[반대 의견]

저는 담뱃값 인상에 반대합니다. 담뱃값 인상이 흡연률 감소에 전혀 도움이 되지 않는다고 하는 애연가도 많습니다. 정부는 형평성이 높은 법인세나 소득세, 재산세 인하로 예상되는, 다시 말하면 부자 감세로 구멍 난 재정을 서민에게 부담이 되는 간접세를 올려 이를 메우기 위한 것이라고 생각하지 않을 수 없습니다. 그렇지 않아도 우리 사회의 빈부격차는 더 확대되고 있는데 격차를 줄이는 위해서는 많이 번 사람이 많이 내는 것이 조세형평에도 맞다고 생각합니다. 담뱃값에 포함된 건강증진세가 본래 목적과는 다르게 건강보험 재정 유지에 이용되고 있는 것도 잘 알려진 사실 아닙니까? 개인의 기호품인 담배에 징벌적 세금, 이른바 '죄악세'를 물리는 것이라고 생각합니다.

 일반의약품의 슈퍼마켓 판매에 대해서 토론하십시오

[찬성 의견]

저는 찬성합니다. 사실 가정상비약을 슈퍼에서 판매한다고 해도 지금처럼 병·의원에서 처방받을 수도 있고 약국에서 구입할 수도 있습니다. 단지 선택 폭이 늘어나 또 병원이나 약국을 오가며 드는 비용과 시간도 줄어 소비자 편의가 증대할 뿐만 아니라 약을 제때 못 먹어 추가로 드는 비용도 절감될 것입니다. 이렇게 되면 과용하는 부작용이 따를 수 있습니다. 그러나 현재도 약국을 돌며 감기약을 사려면 얼마든지 살 수 있습니다. 늦은 밤이나 공휴일에 해열제 등의 일반의약품을 구입하려면 문을 여는 당직약국을 찾아 몇 시간씩 헤매야 합니다. 따라서 슈퍼와 편의점의 유통관리 기준을 엄격하게 하고 구입 연령, 구입 수량을 제한한다면 가정상비약 정도는 슈퍼나 편의점에서 팔아도 괜찮다고 생각합니다.

[반대 의견]

저는 반대합니다. 모든 의약품에는 부작용이 있는데 슈퍼에서 팔린 의약품이 문제가 될 경우 누가 책임 질 것입니까? 특히 약품에 문제가 생겼을 경우 해당 약품의 즉각적 회수가 수많은 슈퍼에서 가능하겠습니까? 그건 약국만이 할 수 있다고 생각합니다. 약사회에 따르면 우리나라의 약국 당 인구는 2,300여명으로 약국 접근성이 세계 최고 수준이라고 합니다. 그러므로 편의보다는 안전을 더 중시해야 할 것입니다. 일반의약품의 슈퍼 판매가 얼핏 복잡한 문제가 아닌 것으로 보이지만 일반의약품에는 심각한 부작용을 발생시킬 수 있는 약들이 상당 수 포함돼 있어 처방의약품과 함께 투여할 경우 심각한 부작용을 발생시킬 수 있는 약들이 적지 않다고 합니다. 그런 측면에서 저는 반대합니다.

개발과 환경보호 균형점에 대해 토론하십시오

정부는 수도권과 전국의 그린벨트(개발제한구역)을 해제하고, 이를 개발해 경제를 살리겠다는 취지로 추진해왔습니다. 그러나 원칙 없는 해제와 개발로 산과 숲, 산림이 훼손되기도 했습니다. 그린벨트를 풀어 골프장을 짓는 황당한 일도 있습니다. 앞으로도 대규모 국책성 사업은 물론 신도시 개발 등으로 자연의 훼손은 불가피 하겠지만 개발과 환경의 최적 균형점을 찾아야 할 것입니다. 한번 훼손된 자연환경은 복원에 많은 비용과 오랜 기간이 걸립니다. 아니 복원이 불가능하다고 하는 게 이해가 쉬울 것입니다. 자연은 지킬 때가 가장 아름답습니다. 재개발로 인해서 단돈 500~1000만원을 받고 서울에서 쫓겨나 경기도나 지방으로 밀려나가고 있는 주민들도 생각해야 합니다. '저탄소 녹색성장' '녹색운동' '녹색자전거'을 외치고, 탄소 배출량 절감을 위해 앞장서서 국가 간 협력을 모색하겠다면서 한편으로는 경제논리와 주먹구구식 개발로 환경을 파괴하고 있습니다. 토지소유자들의 권리에 제약을 주는 재산권 침해 문제가 있기도 하지만 개발은 필요불급한 경우에 한해야 한다고 생각합니다. 환경적으로 우수한 지역을 확실하게 묶어두어 자연을 보존하고 가꾸어 지구온난화에 따른 기후재앙을 막고, 아름다운 강산을 후손에게 물려주어야 합니다.

조기 유학에 대해 토론하십시오

[찬성 의견]

저는 조기 유학에 반대합니다. 교육환경은 지식의 습득뿐 아니라 인성의 형성에도 중요합니다. 어린이들은 친구들과 어울려 놀며 공부하고 대화하며 인간관계를 맺어갑니다. 인생 공부를 해가는 것이죠. 인생 공부도 가정교육도 큰 걱정하지 않아도 자연스럽게 이루지게 됩니다. 그러나 조기 유학은 우리말도 제대로 알지 못하는 아이에게 영어 한 가지를 공부시키기 위해 너무 많은 대가를 치러야 한다는 데 문제가 있습니다. 생각해보십시오. 어린아이가 겪을 한국인인지, 외국인인지의 정체성 혼동, 부적응으로 받을 고통, 사회의 이단아가 될 가능성, 거기에 기러기 아빠 등의 가정문제, 외화유출로 인한 경제적 손실 등 많은 문제가 있지 않습니까? 그럼에도 조기 유학의 성공률이 10%라는 것은 교육을 잘 시키기 위한 방법으로는 위험률이 너무 크다는 것입니다. 지자체에서 운영하고 있는 외국인들과 같이 영어로 생활하며 공부할 수 있는 영어마을 활용하는 것이 좋다고 생각하며, 제주도에서 추진 중인 영어 교육도시 등 그 대안이 될 것으로 생각합니다.

[반대 의견]

저는 조기 유학에 찬성합니다. 우리나라의 창의성과 개성은 무시한 채 치열한 경쟁만 시키는 주입식 교육으로는 글로벌 시대의 인재로 키우기가 쉽지 않습니다. 조기 유학은 자신이 가지고 있는 능력을 더 넓은 세계에서 키울 수 있고, 다양한 교육체계에서 적성과 소질을 잘 개발할 수 있다고 생각합니다. 또한 세계화된 사회에서 성공하기 위해 필요한 외국어 능력을 습득하는 것은 미래의 큰 경쟁력이 됩니다. 여기에

세계 각국에서 온 친구들을 사귀며 여러 나라의 문화를 보고 느끼다
보면 세상을 보는 시야도 넓어지게 됩니다. 타국에서 살다보면 어린
나이에 자립심과 독립심도 키울 수 있게 될 거구요. 국내에서 배울 수
없는 것들을 직접 해외에서 보고 배우며 겪기 때문에 개인이 확실한
목적을 가지고 노력한다면 조기 유학의 문제점은 얻는 것에 비하면
별문제가 되지 않을 것으로 생각합니다.

 ## 양심적 병역거부에 대해 토론하십시오

[찬성 의견]

저는 찬성합니다. 개인의 양심, 종교적 신념은 존중되어야 한다는 점에서 정당하다고 생각합니다. 자신의 신념을 유지하는 것은 개인이 추구할 수 있는 행복권입니다. 양심적 병역거부는 양심의 자유에 해당되는 것입니다. 양심의 자유는 자유권적 기본권이며, 물질적 자유권인 재산권 등에 비해 우월한 가치를 인정받는 정신적 자유권입니다. 그러므로 대체 의무를 강구하는 것이 이상적이며 바람직한 방법이라고 생각합니다. 대체복무 제도가 도입되면 사회 전반의 관용의 증가, 사회 복지 서비스 향상 등과 같은 사회적 이익도 발생됩니다. 단, 그러한 양심적 병역 의무의 대안으로 시행하려면 정확한 기준을 마련하고 국민적 합의도 이끌어내야 할 것입니다.

[반대 의견]

저는 반대합니다. 개인의 양심, 종교적 신념, 행복 추구권 등은 존중받아야 하지만 분단 상황에 있는 국가의 존재에 우선 가치를 두어야 한다고 생각합니다. 양심이란 어떤 일의 옳고 그름을 판단함에 있어서 그렇게 행동하지 아니할 수 없는 마음인데, 그 진실성을 판단할 방법이 없습니다. 결국 양심적 병역거부라는 이유로 병역을 회피하려 한다면 국방의 의무는 누가 하려고 하겠습니까? 양심과 종교를 이유로 병역을 기피하려는 이기적인 사람들이라고 생각합니다. 자신의 의무와 책임은 다하지 않고 종교적 자유를 주장하는 것은 잘못된 것입니다. 국가 구성원으로 국가를 먼저 생각해야 한다고 생각합니다.

공공장소 CCTV 설치에 대해 토론하십시오

[찬성 의견]

범죄로부터 개인의 생명과 재산을 보호해 안전한 삶을 보장하는 것이 바로 '인권'을 보호하는 일입니다. 우리 사회는 강도, 방화, 도둑 등 많은 범죄가 끊임없이 발생하고 있습니다. CCTV는 이런 우리 사회의 감시자로서의 역할을 하고 있습니다. 각종 범죄, 사건, 사고를 예방하고, 해결할 수 가장 좋은 방안입니다. 많은 사람들이 더 안심하고 생활 할 수 있게 됩니다. CCTV 1대가 경찰관 10명보다 효과적이라고 하지 않습니까? 사생활을 침해하고 감시당한다는 불안감을 부정할 수는 없겠지만, 우리의 안전을 위해 필요한 감시 수단이라고 생각합니다. 단, 문제점을 최소화하려는 자세와 노력이 병행되어야 할 것입니다.

[반대 의견]

우리는 하루에도 부지불식간에 CCTV에 수십 번 노출된다는 통계가 있습니다. 감시 체제가 일반화된 사회는 자율성과 역동성을 잃게 됩니다. 곳곳에 설치되고 있는 CCTV의 문제점 세 가지를 지적하겠습니다. 첫째, CCTV를 설치하면 많은 사람들이 감시를 받게 됩니다. 누구든 타인으로부터 사생활을 침해받지 않을 권리가 있습니다. 둘째, 감시 대상인 주민을 범죄자로 간주하는 것입니다. 셋째, CCTV를 설치하면 일시적인 방책이 될 수 있어도 범죄는 다른 곳에서 이루어지게 됩니다. 결론적으로 CCTV 설치보다는 경찰 인력을 늘려 담당지역을 자주 순회하여 범죄를 예방하는 것이 더 나을 것으로 생각합니다.

임금 피크제에 대해 토론하십시오

[찬성 의견]

저는 임금 피크제에 찬성합니다. 근로자가 정년까지 근무하는 것을 보장해주는 대신 일정 연령에서부터 임금을 동결하거나 줄여나가는 형태는 급변하는 기업의 환경에서 근로자에게는 고용안정을, 기업에는 비용부담을 줄여주면서 사회적으로는 일자리를 늘릴 수 있기 때문입니다. 임금 피크제를 도입하여 전체 정규직의 인건비를 줄이고, 청년층 일자리를 늘리면 청년실업 문제도 해소하는 좋은 방법이 될 수 있습니다. 근속연수에 따라 임금이 올라가는 현행 임금체계 하에서는 기업의 임금부담이 크게 되고, 이로 인하여 명예퇴직이나 비정규직화가 늘어나고, 청년실업자도 늘어날 수밖에 없습니다. 또한 양질의 고령인력을 저비용으로 활용할 수 있어 기업의 경쟁력도 강화된다고 생각합니다.

[반대 의견]

저는 임금 피크제에 반대합니다. 고령 노동자의 일자리 보장과 기업의 비용절감을 위해 도입된 임금 피크제가 애초의 취지와는 달리 조직 내 이질감을 확산시키는 것은 물론 노동의욕을 저하시키는 것으로 알고 있습니다. 기업이 재정적인 차원에서는 비용을 절감하는 이익을 얻고 있으나, 대상자들의 업무 집중도와 조직충성도 하락이라는 문제점이 나타나고 있다고 합니다. 또한 고령인력의 고용기간을 연장할 경우 청년인력의 실업난도 가중될 수 있습니다. 여기에 정년보장을 위한 임금 피크제가 기업 입장에서 정리해고 대체수단으로 활용될 위험성도 많다고 생각되어 반대합니다.

토론8 **평등성과 수월성 교육에 대해 토론하십시오**

[수월성 교육 찬성 의견]

저는 수월성 교육에 찬성합니다. 학생들의 학습능력은 저마다 다릅니다. 공부 잘하는 아이는 그의 수준에 맞는 환경에서 교육을 받아야 자신의 능력을 키워갈 수 있습니다. 다수를 위한 보편적인 교육보다 소수를 위한 수월성 교육이 필요하다고 생각합니다. 글로벌 사회에 맞는 인재를 육성하려면 수월성 교육제도로 전환해야 한다고 생각합니다. 현재의 교육제도는 전체 학생의 하향평준화를 가져왔습니다. 교육의 평준화로 학교 간 경쟁이 사라지고, 수월성을 요구하는 변화된 수요에 부응하지 못해 학부모와 학생의 공교육 만족도가 매우 낮다는 것은 다 알고 사실입니다. 수월성 교육에 대해 전향적인 논의가 이루어져야 한다고 생각합니다.

[평등성 교육 찬성 의견]

저는 평등성 교육에 찬성합니다. 학교는 시장이 아니고 교육은 상품이 아닙니다. 교육에서 시장논리나 상품으로 접근해서는 안 되며, 교육의 공공성이 확보되어야 합니다. 교육은 돈으로 대물림되거나 환산할 수 없는 국민의 기본권이라는 개념으로 파악하여야 함에도 수월성 교육으로 기득권을 유지하려고 하고 있습니다. 이는 특정 계층의 이해만을 충족시키는 제도로 변질되고, 사회적 위화감을 조장할 것입니다. 교육은 서로 다른 환경과 능력을 가진 모든 학생들이 일정한 수준까지 도달하도록 교육재정을 확충하여 교육의 질적 수준을 높이는 결과의 평등을 추구해야 합니다. 교육과정도 학생들의 바른 인성과 창의성을 길러주고, 민주적인 학교문화를 만들어가도록 바꿔야 합니다.

경제적 빈곤, 가출 등으로 길거리와 서울시 등이 마련한 자유의 집, 희망의 집 등에서 살아가는 노숙자들이 점점 늘어나고 있습니다. 5,000명 정도로 추산되는 노숙자 외에 쪽방, 만화방 등에서 살아가는 예비노숙자들도 5,000명 정도로 추산된다고 합니다. 이들 중에 상당수는 정부에서 일자리를 만들어 주기를 바란다고 합니다. 단순히 수용하여 해결하려는 미봉책보다 정부의 대폭적인 지원으로 자활교육을 실시하는 것이 훨씬 실효성 있는 대책이라고 생각합니다. 따라서 노숙자의 특성에 맞는 전문화된 자활프로그램을 운영하고, 지금의 6개월 단위의 단기사업 대신 장기 자활사업에 역점을 두어 사회로 돌아갈 수 있게 하는 것이 중요하다고 봅니다. 지금의 무료 급식소와 노숙자 쉼터도 지역공동체별로 확대해 가야 합니다. 일부 교회와 단체에서 노숙자를 지원하고 있는데, 많은 단체의 지원이 필요한 것 같습니다. 특히 노숙자들도 우리의 이웃이고 우리가 보살펴야 할 같은 국민이라는 인식의 전환과 관심으로 사회적 공감대를 형성해 대안을 마련해야 한다고 생각합니다.

　지구 온난화로 인한 기상이변이 빈번하게 발생하는 것을 우리 모두 익히 알고 있습니다. 지금의 재앙은 100년 후의 닥칠 재앙의 서곡에 불과하다고 합니다. 지구온난화의 대처 방안으로 우선 인간의 사고 전환부터 시작되어야 한다고 생각합니다. 우리는 공장, 자동차 등에 의하여 환경이 오염된다고 생각합니다. 이러한 환경적 개념의 사고를 생태적 개념의 사고로 전환해야 합니다. 환경적 개념은 인간을 중심으로 생각하지만, 생태적 개념은 모든 생명을 같이 생각하기 때문입니다. 이제 우리는 일상생활에서 쉽게 가능한 것부터 실천해 가야 합니다. 우선 에너지를 절약해야 합니다. 에어컨 사용을 줄이고, 가까운 거리는 걷거나 자전거를 타고, 차는 가급적 대중교통을 이용해야 합니다. 환경친화적 상품을 사용하고 일회용 상품 사용을 자제해야 합니다. 또한 도시녹화사업과 쓰레기 발전 이용촉진 등으로 CO_2의 배출을 줄여야 합니다. 현재 사용하고 있는 원자력발전을 늘리고, 세계 여러 나라와 공조하여 환경에 영향을 미치지 않고 고갈될 염려가 없는 새로운 에너지 즉 대체에너지와 청정에너지 개발을 서둘러야 합니다.

 영어 공용화에 대해 토론하십시오

[찬성 의견]

저는 영어 공용화에 찬성합니다. 세계의 대다수 국가들이 학교 교육에서 영어 교육을 강화하고 있고, 지구촌에서 가장 많이 쓰고 있는 언어로 실질적 예비 국제 공용어입니다. 인터넷의 보급으로 외국 문화를 접하기 쉬워지면서 국제적으로 통용되는 언어의 사용이 갈수록 증가하고 있습니다. 우리나라는 입시에서 차지하는 영어의 비중 때문에 오래전부터 학원, 과외 열풍이 불었습니다. 그런가 하면 영어를 배우기 위해 조기 유학을 가고, 해외연수로 엄청난 비용을 지출하고 있습니다. 자녀의 영어 실력 차이가 곧 사회적 지위와 부의 차이로 이어지지 않을까, 영어 구사능력 차이가 다시 다음 세대의 빈부격차가 되지 않을까 하는 마음에 영어 사교육에 올인하고 있는 가정이 얼마나 많습니까? 이러한 현실에서 세계화 시대의 한국인, 미래의 한국을 위해서는 국가적 차원에서 좀 더 적극적으로 영어를 수용하여 영어공용화를 시행하는 것이 바람직하다고 생각합니다. 누구나 영어를 쉽게 배울 수 있고, 사용하는 환경을 조성하여 영어로 인한 교육적, 사회적, 경제적 병폐, 대물림의 뿌리도 뽑아내야 한다고 생각합니다. 세계의 주역이 대한민국이 되기 위하여 영어의 생활화가 필수적이라고 생각합니다.

[반대 의견]

저는 영어 공용화에 반대합니다. 영어는 교육적 측면만이 아니라 생활에서도 필요한 언어라는 것은 인정합니다. 영어의 사용은 지금보다 더 증대될 것이므로 영어 교육의 부분적 강화는 필요하다고 생각하지만, 영어공용화가 아닌 그 대안에 대한 논의가 필요하다고 생각합니다. 어느 토론에서 한국의 '영어 풍'은 외국인들과의 커뮤니케이션을 위한 것이 아니라 우리끼리의 경쟁을 위한 것이라고 지적하는 것을 들은 적이 있습니다. 영어 공용화를 반대하는 가장 큰 이유는 민족성, 정체성 상실의 위험이 있기 때문입니다. 우리 언어에 대한 자긍심과 우리말의 사용이 줄어들 뿐 아니라 우리 문화도 쉽게 잊혀지게 되는 것은 심각한 문제입니다. 청소년층의 영어 실력은 늘어날지 몰라도 당장 영어 공용화 정책을 시행한다고 해도 중장년층은 영어를 습득하기 어렵거니와 상류층과 하류층의 계층 대립이 심화될 것으로 보입니다. 학부모들은 지금보다 더 영어의 가치성을 높게 보고 두세 배의 투자를 하는 이상 현상도 나타날 것으로 예상됩니다. 세계화 시대에 영어를 잘하는 것은 중요하지만 그렇다고 온 국민이 영어를 한다고 매달릴 일은 아니라고 봅니다. 증가하는 통역 · 번역사의 수요는 전문적으로 양성하고, 현재 자치단체별로 추진하고 있거나 운영 중인 영어마을을 영어를 배우려는 사람들에게는 자연스럽게 배우고 습득할 수 있는 환경을 만드는 것이 더 효율적이라고 생각합니다.

[찬성 의견]

　저는 찬성합니다. 교원평가제는 말 그대로 교원을 평가하고 이를 통해 교육의 효율성을 높이고자 하는 제도로 교사들의 전문성 신장에 목적을 두고 있습니다. 교사는 자신의 수업이나 교육활동에 대해 동료 교원, 학생, 학부모들로부터 의견을 들어 스스로의 강점과 약점을 알게 되고, 약점은 보강할 수 있는 계기가 될 수 있을 것입니다. 교사는 학생에게 양질의 수업을 제공해야 할 의무가 있습니다. 그러기 위해서 자기 발전과 수업에 대한 연구를 해야 합니다. 현행 제도는 인사나 보수는 연계시키지 않는 완전한 평가제는 아니지만 유학을 보내거나 사교육비를 지출하기 힘든 대다수 국민을 위하여 공교육의 질을 높이는 지름길입니다. 또한 교원평가제는 일부 교사들에 대한 불신을 회복할 수 있는 하나의 방법이라고 생각합니다.

[반대 의견]

　저는 강력히 반대합니다. 교육환경의 개선은 교원평가제가 아닌 다른 방향으로 모색되어야 한다고 생각합니다. 저는 교사라는 인격체는 추진되고 있는 평가제와 같은 방식으로 평가될 수도 없고, 평가되어서도 안 된다고 생각합니다. 교육의 평가는 객관화하여 수량적, 계량적으로 산출할 수 있는 성질의 것이 아니라는 말입니다. 결국 불필요한 갈등과 학생과 교사, 학부모 간의 불신과 교육적 열의 저하만을 초래하고 있습니다. 지금의 교육문제는 근원적으로 교육제도의 문제이지 교사의 수업능력, 도덕성의 문제가 아니라는 것입니다. 교육은 일차적으로 학생들의 인격 교육이 우선되어야 하는데 따끔한 충고와, 질타는 말끔히 사라지게 되고 인기에 영합하려는 교사만 늘어나게 될 것입니다.

[찬성 의견]

저는 찬성합니다. 세상은 점점 대형화, 전문화되어 가고 있습니다. 대형 할인마트 역시 대형화를 앞세워 동네상권, 지방의 작은 도시까지 확산되고 있습니다. 소비자는 소비의 지혜 있어야 합니다. 경기가 어려울 때는 더욱 더 단 몇 푼이라도 아끼고 절약하면서 살아야 합니다. 대형 할인마트는 한곳에서 다양한 물품을 비교하며 싼 값에 구입할 수 있습니다. 또한 쾌적한 쇼핑 공간을 제공하여 편리하고 문화생활도 즐길 수 있지 않습니까? 재래시장이나 영세 상인들은 어렵겠지만 다수의 소비자들에게는 대형 할인마트의 확산이 도움이 된다고 생각합니다. 재래시장도 새로운 시장으로 거듭나고 소비자들도 가끔 재래시장에 가서 팔아주는 마음도 필요할 것입니다.

[반대 의견]

저는 반대합니다. 전통시장 반경 500m 이내에 기업형 슈퍼마켓(SSM) 출점을 규제토록 한 유통산업발전법이 법제화 되지 않았다면 대형 할인마트의 지방 확산은 계속 되고, 많은 문제점을 야기시킬 것으로 생각합니다. 이에 따라 재래시장, 소형점포들은 매출에 엄청난 타격을 받게 되어 점차 폐업하는 점포가 늘어나게 될 것입니다. 소비자는 당장 싸게 상품을 살 수 있기 때문에 단기적으로 이익을 보겠지만 대형 할인마트의 이익은 기업의 대주주에게 집중될 수밖에 없고, 부의 편중을 더욱 심화시킬 것입니다. 이러한 부의 편중을 막고, 영세 상인들을 살리기 위해서는 정부차원에서 적극적으로 재래시장 활성화 방안을 강구해야 합니다.

종교단체의 과세에 대해 토론하십시오

[찬성 의견]

저는 찬성합니다. 성직자들도 대한민국 국민으로 의무를 다 하여야 하고 오히려 사회 지도자로서 더 무거운 책임을 져야 한다고 생각합니다. 노블레스 오블리주 구현에 마땅히 앞장서야 하는 계층이 오히려 비과세 대상 운운하는 것은 결국 사회의 특별한 신분으로 인정하라는 말이고, 이로 인하여 추앙은커녕 성직자의 위상만 추락시킬 뿐입니다. 성직자라고 소득이 있는데도 세금을 부과하지 않는 것은 조세평등주의에 위배된다는 것을 강조해서 말씀드립니다. 일부 종교단체에서는 목사, 주지스님이 유용, 횡령을 고발하고, 그들끼리 사고 팔고, 세습하고 있습니다. 이런 문제들을 해결하기 위해서도 세금을 부과해야 할 것입니다.

[반대 의견]

우리나라에서는 종교단체에 대해 자선단체와 같은 수준의 조세 감면이나 비과세 혜택을 주고 있습니다. 그것은 종교단체는 영리를 목적으로 하는 것이 아니라 자선단체와 같이 사회의 공익에 기여하고 있다고 보기 때문입니다. 성직자의 과세 문제의 가장 큰 핵심은 성직자의 활동이 영리 추구를 위한 노동인가 아니면 비영리적인 성직 활동인가입니다. 성직자들은 신의 대리자로써 신의 말씀을 사람들에게 전하는 역할을 하고 있습니다. 성직 수행은 월급을 받고 일하는 근로로 보아서는 안 된다는 말입니다.

양성평등론에 근거하여 여성의 의무 군복무에 대해 토론하십시오

[찬성 의견]

저는 양성평등론에 입각한 여성의 의무적 군복무에 찬성합니다. 여성들이 남성의 취업 시 군가산점제에 강하게 반발하여 폐지되었지 않습니까? 남자와 여자는 성만 다를 뿐 같은 인간인데, 단지 군복무를 했다는 이유로 차별할 수 있느냐, 이렇게 주장하였습니다. 여기에 여성은 임신, 출산, 이런 것들도 이유로 하면서…. 군복무와 출산은 개념이 다르고, 출산은 권리에 가깝지 의무가 아님에도 억지 주장을 한다고 생각합니다. 양성의 절대적 평등은 여성들이 자신들의 의무를 최대한으로 수행할 때 이루어져야 한다고 생각합니다. 따라서 여성의 군복무도 점진적으로 시행하여야 한다고 생각합니다.

[반대 의견]

여성으로서 여성의 의무적 군복무가 이슈화 되어가는 것에 대해 황당스럽습니다. 여성들이 흔히 주장하는 출산과 군복무를 말하지 않더라도 남성과 여성은 분명히 신체적 차이가 있다는 것은 인정할 것입니다. 여성의 체질로는 군복무가 어렵다고 생각합니다. 또한 가정에서나 사회에서나 힘든 일은 남성들이 하고, 섬세한 손길이 필요한 것은 여성들이 하지 않습니까? 남성들은 취업 등에서 군복무 경력을 반영시키기 위해 '우리가 군대에서 고생하고 손해 보고 있으니 여성도 똑같이 고생해 해봐라!' 하고 시행 되어서는 안 되는 억지 주장을 하는 것입니다. 여성의 군복무가 사회의 진정한 평등을 가져올 수 있을 것인지에 대한 진지한 논의가 있어야 한다고 생각합니다.

 금산분리에 대해 토론하십시오

[찬성 의견]

저는 금산분리에 찬성합니다. 만약에 산업자본이 금융자본을 지배할 경우 위험한 상황이 초래될 가능성이 있고, 경제력이 집중되기 때문입니다. 금산분리가 되어야 하는 가장 큰 이유는 은행들은 자기자본금의 보유액에 비하여 실제 국민들로부터 예치 받은 예금으로 인한 보유자산은 수백 배에 달합니다. 이러한 막대한 액수의 보유자산이 금산분리 폐지로 인해 기업의 사금고로 전락할 경우에 그 폐해를 보십시오. 저축은행 사태에서 보듯이 자금의 공급자(금융)와 수요자(산업자본)가 동일인에 의해 지배될 때의 모럴 해저드의 폐해는 상상을 초월합니다. 2009년 국회를 통과한 은행법과 금융지주회사법 개정안에 따라 현재 산업자본이 은행이나 은행지주회사의 지분을 소유할 수 있는 한도는 현재 9%입니다. 엄청난 사고를 방지하기 위해서는 예전대로 4%로 해야 하고, 관리감독 시스템을 보완해야 할 것입니다.

[반대 의견]

저는 금산분리를 지금보다 완화해야 한다고 생각합니다. 2009년에 완화되어 9%로 완화되기는 하였지만, 기업에 넘치는 산업자본을 금융에 투자하게 하여 이용의 효율성을 높이고, 금융이 경쟁력을 갖춰 세계로 나아가기 위해서는 산업 자본의 유입이 필요하고 이를 위해서는 더 완화해야 한다고 생각합니다. 산업자본의 금융산업 진출을 더 완화하되 부작용을 막을 법적 제도적 조치를 취하고 은행 감독을 철저하게 한다면 크게 우려할 일은 아니라고 봅니다.

대북정책에 대해 토론하십시오

　대북정책은 동일 민족으로서 폐쇄된 북한을 개방화시키고, 인권문제, 경제문제, 핵문제 등을 풀어가면서, 궁극적으로는 통일을 대비하는 것에 초점을 맞추어야 한다고 봅니다. 지금까지는 북한에 끌려가면서 남북경협과 대북지원을 확대하는 노력을 기울여 왔습니다만, 이제는 대북정책 기준을 확고히 해야 한다고 생각합니다. 북한의 변화를 유도하면서, 그 변화에 따라 접촉과 교류, 남북경협과 대북지원을 확대해가야 한다고 생각합니다. 김대중 정권 이래 햇빛정책이 계속되어 왔지만 북한은 이에 부응하지 않고 있습니다. 오히려 천안함 사건, 연평도 포격에서 보듯이 북은 지금도 변한 게 없습니다. 금강산 관광 문제에서도 북한이 주장하는 재산권은 반드시 우리가 요구하여 관철시켜야 합니다. 북한의 온갖 위협과 공갈에도 지금까지는 '퍼주기'를 해서라도 남북의 대화를 유도하는 것이 우선적 과제였다면, 이제는 물길을 바로잡아 나가는 것이 대북정책의 핵심이 돼야 한다고 생각합니다. 남북경협이든 대북지원이든 중요한 것은 실질적인 효과를 거두어야 한다는 것입니다. 그러기 위해서는 진정성 있는 태도를 보일 때 대북지원을 해야 할 것입니다. 그러나 북한의 입장에서는 비핵화도 어려운 일이고, 개방도 쉬운 일이 아니기 때문에 조급함을 가지면 안 된다고 봅니다. 북한도 변하지 않을 수 없는 상황이므로 가시적 결과에 집착하여 조급해하지 말고, 비핵화, 개방의 길로 갈 수 있도록 시간을 줘야 합니다. 북한의 변화를 이끌 수 있는 장기적 관점의 대북정책 수립이 필요한 시점이라고 생각합니다.

 ## 대학 기여 입학제에 대해 토론하십시오

[찬성 의견]

저는 찬성합니다. 물론 대학이 사회진출, 사회적 지위에 중요한 요소로 작용하는 우리 사회에서는 민감한 사안입니다. 돈 많은 부모를 둔 자녀라는 이유로 좋은 대학에 들어가는 것을 우리의 정서로는 받아들이기 힘들지도 모릅니다. 사립대 재정에서 정부 지원금이 차지하는 비중은 5%가 안 된다고 합니다. 대학 재정의 70%를 학생 등록금으로 운영하는 상황에서 사립대 교육의 질적 경쟁력을 기대하기는 어렵습니다. 기부금 재정으로 실력 있는 교수의 강의, 첨단 시설과 기자재로 교육의 질을 높이고, 대학발전에 쓸 수 있어야 합니다. 또한 저소득층 자녀들에게 더 많은 장학금을 줄 수 있게 하는 것이 좋다고 생각합니다.

[반대 의견]

우리의 교육은 지금도 빈부의 양극화가 심각한 상황입니다. 고교 평준화 제도에도 불구하고, 부유층은 서민들이 상상할 수도 없는 돈을 사교육에 쏟아 부으며 자녀들을 대학에 보내고 있습니다. 서울대를 비롯한 유명대학 학생들 가운데 80% 가량이 강남 8학군 등 부유층 자제들이라는 것은 다 알고 있는 사실입니다. 저소득층 자녀 몇 명에게 장학금을 주고 대학 간판의 대물림, 사회적 지위의 대물림을 하겠다는 발상이라고 생각합니다. 기여 입학제가 허용되면 가뜩이나 힘든 저소득층 자녀들의 대학 진학은 '낙타가 바늘구멍 통과하기'가 될 것입니다. 또한 엄청난 부작용도 예상됩니다. 대학 재정은 국가 경쟁력 제고 차원에서 정부와 대학이 다른 방안을 강구해야 한다고 생각합니다.

《 끝 》